Michel Braun · Dr. Jenny Köppe

Bereit für die KI-Ära

Mit Herz, Kopf & Bot zu deinem Skillset der Zukunft

Michel Braun · Dr. Jenny Köppe

Bereit für die KI-Ära

Mit Herz, Kopf & Bot zu deinem Skillset der Zukunft

MEDIA
Lehmanns
Thalia Fachinformationen

Impressum

Bibliografische Information der Deutschen Nationalbibliothek
Die Deutsche Nationalbibliothek verzeichnet diese Publikation in der Deutschen Nationalbibliografie; detaillierte bibliografische Angaben sind im Internet unter https://www.dnb.de abrufbar.

Helmholtzstr. 2-9
10587 Berlin
verlag@lehmanns.de
Umschlag: Jasmin Plawicki, Leipzig
Satz & Layout: LaTeXVolker Thurner, Berlin
Druck und Bindung: Flyeralarm, Würzburg

ISBN 978-3-96543-620-6 www.lehmanns.de

Für Richard, Marlene und Nora.

Inhalt

Vorwort

Was geht dir wirklich durch den Kopf, wenn du „Künstliche Intelligenz" hörst? Denkst du manchmal nur: „Nicht schon wieder dieses Thema"? Du bist damit nicht allein. Bei vielen ist das der natürliche Reflex auf eine Informationsflut, die uns alle überrollt. Dahinter steckt aber oft etwas Tieferes: eine Mischung aus Unsicherheit und der stillen Sorge, wie relevant ist meine Arbeit noch? Wie mache ich meinen Job zukunftssicher? Was sollte ich jetzt alles können?

Gleichzeitig sind viele von uns fasziniert von den Möglichkeiten, die Künstliche Intelligenz (KI) im Arbeitsalltag eröffnet, und hochmotiviert, dieses Potential zu nutzen. Doch es fällt schwer, den Überblick zu behalten: Was brauche ich wirklich, um weiterzukommen?

Besonders bemerkenswert ist: Zum ersten Mal trifft ein technologischer Umbruch in dieser Wucht nicht mehr nur manuelle Tätigkeiten, sondern vor allem diejenigen von uns, die mit ihrem Wissen arbeiten und deren Arbeitsalltag von Informationen, Entscheidungen oder Kommunikation geprägt ist. KI verändert dabei Aufgaben, Rollen und ganze Berufsbilder und damit auch, wie wir Wert schaffen, lernen und zusammenarbeiten.

Entziehen wir uns dem Thema, verpassen wir viel mehr als eine technologische Entwicklung: Wir verpassen die Chance, die eigene Rolle aktiv zu gestalten und uns selbst zukunftsfähig aufzustellen für die KI-Ära. Gleichzeitig verschenken wir enormes Potenzial: KI kann Routinearbeit erleichtern, Freiräume für Kreativität schaffen und uns helfen, klügere Entscheidungen zu treffen, kurz gesagt: Sie kann unsere Fähigkeiten enorm erweitern, wenn wir sie als persönlichen Verstärker verwenden. All das entfaltet sich jedoch nur, wenn wir bereit sind, uns damit auseinanderzusetzen.

Denn am Ende geht es nicht darum, ob KI unsere Arbeit verändert. Das tut sie längst. Es geht darum, in dieser neuen Welt unseren Platz zu behaupten und bewusst zu gestalten, wie wir in ihr leben.

Dein Fahrplan für die KI-Ära

Dieses Buch gibt dir einen klaren Plan an die Hand, um die KI-Ära zuversichtlich anzugehen und dir gezielt das Skillset aufzubauen, das du im Office-Alltag der Zukunft brauchst. Es beantwortet die entscheidende Frage:

Wie machst du KI zu deinem stärksten Partner für persönliches und berufliches Wachstum?

Die Lösung ist eine andere, als du vielleicht erwartest. Die wahre Gefahr für deine Rolle ist nicht die Technologie selbst, sondern der verpasste Fokus darauf, so gut mit ihr umgehen zu können, dass sie dir optimal hilft, deine menschlichen Stärken – Empathie, kritisches Denken, Kreativität, Überzeugungskraft – gezielt zu erweitern und zu stärken.

Aktuelle Untersuchungen unterscheiden zahlreiche Fähigkeiten, die in der KI-Ära entscheidend sind, sogenannte Future Skills. Um sie greifbar zu machen, haben wir sie in drei Dimensionen geordnet: Herz, Kopf und Bot.

Diese drei Dimensionen bilden zusammen die Basis für dein Skillset in der KI-Ära. Sie wirken nicht nebeneinander, sondern miteinander: Stärkst du eine, stärkst du auch die anderen. Daraus entsteht ein selbstverstärkender Entwicklungsprozess: Wir nennen ihn den AI Co-Growth-Cycle.

Manchmal hilft eine einfache Formel, das Komplexe verständlich zu machen. Deshalb haben wir mit der Herz-Kopf-Bot-Formel diesen Wachstumszyklus auf einfach verständliche Weise abgebildet, damit du das Konzept leicht verinnerlichen kannst.

Herz

Herz steht für die Kompetenzen im Umgang mit uns selbst, mit anderen und für Überzeugungskraft.

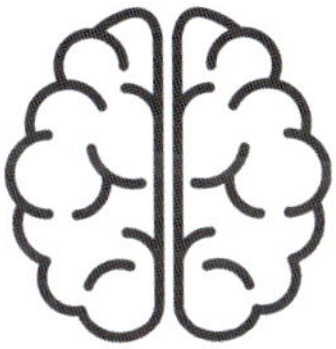

Kopf

Kopf umfasst Wissensmanagement, analytisches, kritisches & kreatives Denken sowie vernetztes Denken.

Bot

Bot beschreibt unsere Fähigkeiten im gezielten Umgang mit Technologie: Grundlagen, Automatisierung, Predictive AI, Generative & Agentic AI.

Aus der Praxis. Für die Praxis.

Es gibt viele Bücher über KI-Technologie. Unseres ist keines davon. Dieses Buch ist ein Leitfaden für Menschen im Umgang mit KI-Technologie. Wir haben uns bewusst dafür entschieden, nicht nur zu erklären, sondern zu befähigen: Du findest hier Einordnungen, Denkanstöße und konkrete Strategien und Übungen. Denn in der KI-Ära macht dich nur die Kombination aus Verständnis und Umsetzung wirklich handlungsfähig. Wir konzentrieren uns daher auf den Teil, den jeder selbst aktiv gestalten kann: die eigenen Fähigkeiten und ihr Zusammenspiel.

Wir schreiben aus der Perspektive von Menschen, die mitten im Büroalltag zwischen Projekten, Meetings und Deadlines stehen. Unsere Beispiele stammen aus der Office-Praxis, aber die Prinzipien wirken weit darüber hinaus. Sie richten sich an alle, die mit Wissen arbeiten: ob im Büro oder im Labor, in der Apotheke, im Klassenzimmer, im Krankenhaus oder im Ingenieurbüro. Auch Selbstständige, Führungskräfte oder Studierende werden sich darin wiederfinden. Denn die Fähigkeiten, um die es hier geht, sind nicht nur Job-, sondern Lebenskompetenzen – fürs Denken, Entscheiden und Zusammenarbeiten in einer zunehmend digitalen Welt.

Die Perspektive dieses Buches ist keine von außen. Wir, die Autoren, sind mitten im Office-Alltag eingebunden und in der größten Transformation unserer Arbeitswelt. Seit Jahren beschäftigen wir uns als KI-Verantwortliche in einem großen Unternehmen tagtäglich mit den Hoffnungen, Ängsten und Herausforderungen, die diese Technologie mit sich bringt. Und diese reichen viel weiter als bis zur Office-Tür: Wie verändert KI unser Miteinander, unsere Werte, unsere Verantwortung? Was müssen wir unseren Kindern mitgeben, um in einer Welt zu bestehen, in der KI allgegenwärtig ist?

Aus unserer Beratungserfahrung und Projekten mit zahlreichen Kunden erleben wir die Auswirkungen dieser Technologie täglich, von der strategischen Spitze bis in den Büroalltag. Wir wissen, wo die Chancen liegen, aber auch, wo die Ängste und Unsicherheiten beginnen. Gemeinsam mit unserem großartigen Team treiben wir den Wandel in einem Unternehmen mit 1.500 Menschen in einer traditionsreichen Branche voran. Wir haben zusammen mit einem Kooperationspartner eine eigene KI-Plattform aufgebaut und begleiten unsere Kunden auf ihrem Weg durch die Transformation in die neue Ära.

Ein besonderes Highlight unseres Jahres ist immer die AI Conference in Frankfurt, die wir zusammen mit einem fantastischen Veranstaltungsteam auf die Beine stellen: ein energiegeladener Treffpunkt voller Ideen, Begegnungen und Aha-Momente, lebendig und inspirierend.

All das, die Einblicke, Erfolge, Stolpersteine und Aha-Momente, fließt in dieses Buch ein. Wir ziehen das Beste aus unseren Erfahrungen, um es weiterzugeben: als Orientierung, als Mutmacher und als Werkzeugkasten für deinen Weg durch die KI-Ära.

Warum wir dieses Buch geschrieben haben

Wer sich – wie wir – intensiv mit KI beschäftigt, führt unzählige Gespräche darüber: mit Kolleginnen und Kollegen, Kunden, Freunden und Familie. Kaum ein Thema löst derzeit so viele Emotionen aus. Zwischen Faszination und Überforderung bleibt oft das Gefühl, dass „da etwas Großes passiert", aber unklar ist, was es für das eigene Leben und Arbeiten bedeutet.

Genau hier beginnt unser Anliegen: Orientierung geben, jenseits von Hype, Angst oder Technikblase. Wir wollen zeigen, dass der Umgang mit KI nicht nur eine Frage von Tools oder Wissen ist, sondern von Haltung. Denn dieser Wandel betrifft uns alle, und wie wir ihm begegnen, entscheidet, ob wir als Gesellschaft gestärkt aus ihm hervorgehen.

Wir stehen an der Schwelle zu einer neuen Ära, einer Ära mit enormen Chancen und großen Risiken. Noch haben wir es in der Hand, wie wir mit dieser Technologie leben, arbeiten und sie in unsere Welt integrieren. Genau jetzt handeln wir aus, welche Rolle KI in unserem Miteinander spielen wird: ob sie menschliche Stärken ergänzt oder ersetzt, ob sie Vertrauen fördert oder Misstrauen schürt.

Wir haben dieses Buch geschrieben, weil wir überzeugt sind, dass es nicht nur die Technologie ist, die über unsere Zukunft entscheidet, sondern wie wir sie einsetzen. Jede und jeder von uns gestaltet mit: mit all den kleinen und großen Entscheidungen im Job, im Team, zu Hause. In der Art, wie wir lernen, zusammenarbeiten und Neues ausprobieren.

Nur wenn wir verstehen, was in unserer Hand liegt, können wir das Potenzial dieser Technologie wirklich nutzen, um Arbeit sinnvoller zu gestalten, Wissen besser zu teilen und Freiräume für Kreativität und Innovation zu schaffen. Wenn wir KI bewusst einsetzen, kann sie zu einem Werkzeug werden, das uns befähigt, besser zu denken, mutiger zu handeln und als Gesellschaft beweglicher und innovativer zu werden. Nur wenn viele einzelne Menschen verstehen, handeln und Verantwortung übernehmen, werden wir diese neue Ära gemeinsam meistern.

Disclaimer – Was dich hier nicht erwartet

Wir geben es zu: Wir sind Berater – ganz ohne Disclaimer können wir nicht. Also: hier kommt unserer – versprochen – kurz und schmerzlos.

Dieses Buch ist kein Technikhandbuch, kein psychologischer Ratgeber und keine wissenschaftliche Abhandlung. Es ist auch kein Manifest über die Zukunft der Menschheit, auch wenn es stellenweise so klingen mag, denn wir sind wirklich mit Herzblut dabei.

KI ist ein riesiges Thema, mit technologischen, gesellschaftlichen, wirtschaftlichen, moralischen und psychologischen Facetten. Und all das spielt hier hinein. Es gibt exzellente Forscher, die sich mit diesen Fragen weit tiefer beschäftigen. Ihre Arbeiten, Studien und Ideen haben uns inspiriert, unseren Blick geschärft und diesem Buch Struktur gegeben. Unser eigener Anspruch ist ein anderer: die Brücke zu schlagen zwischen diesen Erkenntnissen und dem, was sie für den beruflichen Alltag bedeuten.

Ebenso sind wir keine Coaches oder Psychologen. Wir betrachten Lernen und persönliche Entwicklung bewusst aus der Perspektive von KI, also dort, wo Technologie uns unterstützen, motivieren oder inspirieren kann. Für alles darüber hinaus, systemisches Coaching, psychologische Entwicklung, zwischenmenschliche Kommunikation, gibt es hervorragende Experten, Methoden und Räume, die jenseits von Technologie wirken und genauso wichtig sind. KI ist also nur ein Teil der Gleichung; der andere Teil bleibt zutiefst menschlich.

Dieses Buch soll auch keine Momentaufnahme des Stands der Technik sein, sondern ein Begleiter für die kommende Zeit. Tools und Modelle verändern sich im Wochentakt. Deshalb nennen wir konkrete Tools lediglich als greifbare Beispiele für die dahinterliegenden Prinzipien.

Wir konzentrieren uns auf den Teil, den jeder selbst aktiv gestalten kann: die eigenen Fähigkeiten. Damit das gelingt, halten wir Sprache und Struktur bewusst einfach und authentisch. Wenige Fachbegriffe, nicht mehr technische Exkurse als nötig, und auf Beratersprech versuchen wir so weit wie möglich zu verzichten. Denn wenn wir keine gemeinsame Sprache für KI finden, hören wir auf, einander zu verstehen – und genau das wollen wir verhindern.

So viel zum Pflichtteil – jetzt kommt der spannende: Denn eigentlich geht es hier um dich und was du von diesem Buch erwarten kannst.

Was dich erwartet

Wir haben dieses Buch geschrieben, um dir einen echten Vorsprung in der KI-Ära zu geben. Beim Lesen wirst du merken, wie sich dein Blick auf die Zukunft verschiebt: weg von Unsicherheit, hin zu mehr Klarheit und Lust auf Gestaltung.

Du wirst:

- ✓ verstehen, warum gerade deine zutiefst menschlichen Stärken wie Empathie, Urteilsvermögen und Kontextverständnis der Anker sind, an dem keine Maschine rütteln kann.
- ✓ eine konkrete Strategie und einen Plan in der Hand haben, die dir helfen, deine Kompetenzen Schritt für Schritt zu schärfen, so konkret, dass du sie sofort im Alltag anwenden kannst.
- ✓ KI weniger als Bedrohung erleben und mehr als produktiven Assistenten, der dir Zeit schenkt und dich und deine Arbeitsergebnisse auf ein neues Level hebt.
- ✓ verstehen, wie du deine Rolle im Unternehmen aktiv ausgestalten kannst, um relevant zu bleiben.

Dabei geht es nicht nur um dich allein. Du erfährst auch, welchen Beitrag du leisten kannst, um die Zukunft für uns alle mitzugestalten: im Team, in deiner Organisation und als Vorbild für die nächste Generation.

Natürlich wissen wir: Nicht alles liegt in deiner Hand. Viele Rahmenbedingungen – IT, Daten, Infrastruktur oder Budgets – werden in Unternehmen in den leitenden Ebenen entschieden. Gerade deshalb konzentriert sich dieses Buch auf das, was du selbst beeinflussen kannst: dein Denken, dein Handeln, deine Art zu lernen und mit KI umzugehen. Denn hier beginnt Veränderung: bei dir und in deinem direkten Umfeld.

Dein Weg durch das Buch

Dieses Buch ist in drei Teile gegliedert, die dich Schritt für Schritt fit für die KI-Ära machen:

- Teil I – Wo wir stehen: Der Beginn einer neuen Ära
  Wir starten dort, wo viele gerade sind: bei unseren teils widersprüchlichen Reaktionen gegenüber KI. Du wirst verstehen, warum dieser Wandel so grundlegend ist, und wie deine bisherige „analoge" Erfahrung zu einem entscheidenden Vorteil wird. Darauf basierend zeigen wir dir, wie du dich gezielt mit KI strategisch für die KI-Ära aufstellst.
- Teil II – Wie wir es schaffen: Mit Herz, Kopf und Bot
  Hier zeigen wir dir, wie du deine Balance findest: technologische Skills aufbauen (Bot), kognitive Fähigkeiten schärfen (Kopf) und (zwischen-)menschliche Kompetenzen stärken (Herz). Jedes Kapitel enthält Übungen als Impulse, wie KI dir einerseits als Co-Worker beim Arbeiten helfen kann und dich andererseits beim Skill-Building als Trainer unterstützt. So kommst du sofort ins Handeln.
- Teil III – Was wir weitergeben: An uns selbst, an unsere Teams und die nächste Generation
  Am Ende weiten wir den Blick. Du lernst, wie du die Balance hältst zwischen dem, was du an KI delegierst, und dem, was du bewusst selbst umsetzt. Darüber hinaus erfährst du, wie du

deinen Beitrag leistest, um den Wandel nicht nur für dich selbst zu gestalten, sondern auch für dein Team, deine Organisation und für die Generation, die nach uns kommt.

Dein Moment beginnt jetzt

Die KI-Ära wartet nicht. Die wahre Gefahr ist nicht die KI, sondern die verpasste Chance, sie zu gestalten. Wir alle tragen die Verantwortung dafür, dass dieser Umbruch gelingt. Jeder von uns entscheidet mit seinem Tun, wie wir diese Transformation in unseren Organisationen und als Gesellschaft meistern.

Es steht viel auf dem Spiel, aber genauso viele Chancen liegen vor uns. Dieses Buch ist unser Beitrag dazu, dass wir alle diese neue Ära meistern: Damit unser aller Zukunft lebenswert bleibt, am Arbeitsplatz und darüber hinaus.

Lass uns die Zukunft gemeinsam anpacken.

Aus Gründen der besseren Lesbarkeit wird zwar auf die gleichzeitige Verwendung weiblicher und männlicher Sprachformen verzichtet, selbstverständlich sind stets Menschen aller Geschlechter gemeint.

Teil III

Was wir weitergeben - An uns selbst, an unsere Teams und die nächste Generation

Teil II

Wie wir es schaffen - Mit Herz, Kopf und Bot

Teil I

Wo wir stehen - Der Beginn einer neuen Ära

Teil I

Wo wir stehen – Der Beginn einer neuen Ära

Kapitel 1

„Kann mal bitte jemand kurz den KI-Hype stummschalten?“

”

You can ignore reality, but you cannot ignore the consequences of ignoring reality.

Ayn Rand

Kapitel 1: „Kann mal bitte jemand kurz den KI-Hype stummschalten?“

Hand aufs Herz: Wie oft hast du in letzter Zeit schon die Augen verdreht, sobald das Wort „Künstliche Intelligenz“ fiel? Vielleicht hast du innerlich gestöhnt, als die zwanzigste Headline zum Thema in deinem Social-Media-Feed aufpoppte oder die Geschäftsführung mal wieder die Wichtigkeit der Künstlichen Intelligenz-Integration in sämtlichen Unternehmensprozessen betonte. Es ist, als hätte jemand den Zukunftspodcast auf Anschlag gedreht und keiner findet den Lautstärke-Regler.

Künstliche Intelligenz (KI) ist omnipräsent. Sie begegnet uns in jedem Artikel, jeder Nachrichtensendung, jedem Branchen-Talk. Allein am ersten Montag im August 2025 tauchte KI weltweit in mehr als 2.100 Schlagzeilen auf. Zum Vergleich: Drei Jahre vorher waren es nur 140, 2015 nur neun. [1]

Financial-Times-Autorin Pilita Clark sprach vielen von uns aus dem Herzen, als sie titelte:

> **Can we just have one day when no one mentions AI?**
>
> Pilita Clark

Manchmal fühlt es sich an wie ein Informations-Tsunami, der uns mit Abkürzungen, Hype-Begriffen und vermeintlichen Endzeit-Szenarien (alternativ auch Tech-Utopien) überflutet. Von „ChatGPT rettet zweifacher Mutter das Leben“ bis „Roboter nehmen uns alle Jobs weg“: Es ist ein stetiger Lärm, der nicht nur verwirrt, sondern auch gehörig nerven kann. Manchmal willst du das alles einfach nur stummschalten, wie den hustenden Kollegen im Videocall.

Und als ob das nicht genug wäre, werden wir auch visuell mit immer denselben Motiven erschlagen: überall illuminierte Gehirne mit Neon-Datenströmen oder gläserne Hände, die leuchtende Kugeln umschließen. Eigentlich sollen diese Bilder Faszination und Zukunfts-Enthusiasmus auslösen. Auf viele von uns wirkt das jedoch inzwischen wie die endlose Warteschleifenmusik einer Telefon-Hotline: Sie läuft ununterbrochen, aber niemand geht ran, um unsere Fragen zu beantworten.

Bild kreiert mit Midjourney V7 und folgendem Prompt: "*An overwhelming collage of stereotypical AI stock images, countless glowing brains with neon data streams, endless glass hands holding luminous spheres, kitschy futuristic sci-fi aesthetics, oversaturated colors, repetitive patterns, visual overload, ironic commentary on clichés, surreal parody.*"

Und trotzdem hältst du gerade ein Buch über KI in der Hand. Denn lass uns ehrlich sein: Hinter diesem Wunsch nach einem Pausenknopf für den KI-Hype steckt oft mehr als Reizüberflutung. Denn wäre KI einfach nur unnötiger Lärm, dann würden wir sie überhören oder beiseitelassen, wie so viele der Geräusche und Einflüsse, die im modernen Leben auf uns einprasseln.

Bei KI gelingt uns das aber nicht richtig. So anstrengend es sich auch anfühlen mag: loslassen können wir irgendwie auch nicht. Denn wir spüren, dass es hier um mehr geht als nur um ein neues Tool. Der Historiker Yuval Harari formuliert diese Ahnung radikal: KI ist die erste Technologie in der Geschichte, die das Betriebssystem der menschlichen Zivilisation – die Sprache – hacken kann. [2] Gleichzeitig verspricht sie uns eine Zukunft ungeahnter Möglichkeiten. Sam Altman, CEO von OpenAI, spricht von Menschen, die mit Hilfe von KI Dinge tun können, die wir uns heute nicht einmal vorstellen können.

Doch warum genau trifft uns diese Technologie so tief und hält unsere Aufmerksamkeit?

Schon lange, bevor heutige KI-Systeme existierten, hat der kanadische Kommunikationswissenschaftler Marshall McLuhan ein Prinzip beschrieben, das heute fast unheimlich aktuell klingt: Jede Technologie ist eine Erweiterung des Menschen. Das Rad verlängerte unsere Füße, das Buch unser Auge und Schrift wurde zu einem externen Gedächtnis [3]. Neuere Denkrichtungen, wie die sogenannte „Extended Mind"-Theorie, führen diesen Gedanken weiter: Unser Denken endet nicht im Kopf, sondern entfaltet sich in Werkzeugen, Notizen, Computern und heute eben auch in KI-Systemen.[1] Wenn wir sie bewusst nutzen, kann KI zu einem Teil unseres erweiterten Geistes werden, zu einer Art kognitivem Resonanzraum, der unser Denken spiegelt, vertieft und beschleunigt.

Doch diese Erweiterung passiert nicht automatisch. Nur weil wir ein Tool öffnen, werden wir noch nicht klüger. Es hängt davon ab, *wie* wir KI nutzen: ob wir sie als Denkverstärker einsetzen oder als Ersatz für unser eigenes Nachdenken.

Wenn wir sie richtig nutzen, wird KI zu mehr als einem Tool: Sie erweitert unser Denken. Sie hilft uns, Muster zu erkennen, wo vorher nur Daten waren, neue Perspektiven zu entdecken, wo wir festgefahren waren, und Ideen weiterzudenken, die sonst vielleicht im Alltag verloren gegangen wären. KI kann uns analytischer, kreativer und klarer machen, wenn wir bereit und in der Lage sind, aktiv mitzusteuern. Denn sie erweitert nicht nur, was wir wissen, sondern auch, was wir für möglich halten.

[1] Diese Sichtweise knüpft an die sogenannte „Extended Mind"-Theorie an, wie sie Andy Clark und David Chalmers Ende der 1990er formulierten und die Andy Clark später in *Supersizing the Mind* (2008) weiterentwickelte.

Genau das macht sie so faszinierend und so verdammt herausfordernd zugleich.

Dein innerer KI-Alarm: Zwischen Reizüberflutung, Sorge und kognitiver Dissonanz

Dieses „Kann mal bitte jemand kurz den KI-Hype stummschalten" ist oft ein Symptom. Es ist der sichtbare Teil eines Eisbergs. Über den anderen Teil, die Gefühlswelt, die sich unter der Oberfläche verbirgt, sprechen wir selten ganz offen. Die Spannbreite reicht von Skepsis über Sorge bis hin zu echter Überforderung. Manchmal unterschätzen wir die Tragweite, ein anderes Mal fühlen wir eine tiefe kognitive Dissonanz zwischen dem, was theoretisch alles möglich sein soll, und dem, was wir tatsächlich in unserem Office-Alltag sehen und erleben. Wir alle reagieren unterschiedlich auf diesen Wandel, je nach Erfahrung, Umfeld und Haltung.

In Gesprächen mit Kollegen und im Privatleben haben wir – die Autoren – in den letzten Jahren immer wieder ähnliche Muster beobachtet. Keine Theorie, keine Schubladen: eher Momentaufnahmen davon, wie Menschen (uns selbst eingeschlossen) versuchen, mit der KI-Welle umzugehen. Vier davon begegnen uns besonders häufig:

Zwischen Neugier und Skepsis

Viele starten mit ehrlicher Neugier. KI klingt spannend: nach Fortschritt, Zukunft, neuen Möglichkeiten. Man liest Schlagzeilen, hört Podcasts, sieht KI-generierte Bilder und denkt: Da passiert gerade etwas Wichtiges, das will ich verstehen. Doch je mehr man hört, desto unklarer wird das Bild. Über KI wird heute gesprochen, als wäre sie zugleich Heilsbringerin und Untergangsprophetin. Zwischen Buzzwords, Superlativen und Weltuntergangsszenarien verschwimmt die Grenze zwischen Substanz und Marketing und aus Neugier wird schnell Skepsis.

Ein Teil der Skepsis kommt aus der Erfahrung mit früheren Hype-Technologien, die ihren großen Versprechen (bisher) nicht gerecht wurden. Blockchain, Metaverse, Wasserstoff – viele „Next Big Things“ blieben zunächst kleiner als gedacht. Auch KI gibt es in anderer Form schon länger, und die sichtbaren Veränderungen im Berufsalltag wirkten bislang überschaubar. Da fällt es leicht, KI in die Hype-Schublade zu stecken.

Der Unterschied: Im Gegensatz zu anderen Trendtechnologien ist KI bereits jetzt für jeden verfügbar und greift direkt in Wissensarbeit, Kommunikation und Entscheidungsprozesse ein. Man spürt, dass hier etwas Bedeutendes passiert, aber was genau, bleibt schwer zu greifen. Diese Reaktion ist weniger Abwehr als vielmehr Abwägen: Es klingt toll, aber ist es wirklich meine Aufmerksamkeit wert? Und selbst wenn man überzeugt ist, dass KI wichtig ist, zeigt sich schnell ein anderes Thema:

Überfordert vom Tempo

Die rasante Entwicklung von KI ist atemberaubend und gleichzeitig erdrückend. Kaum hat man ein Konzept verstanden, tauchen drei neue auf. Die Tools entwickeln sich schneller, als man ihre Namen lernen kann. Faszinierend, aber auch unglaublich viel. Die Überforderung ergibt sich auch aus dem Gefühl, scheinbar ständig neue technologische Skills beherrschen zu müssen. Überall lauern Online-Kurse für spezielle technologische Fertigkeiten, die sich an Tech-Laien richten: Python-Kurse, Cloud-Zertifikate und Agenten-Frameworks – wie schlecht sollte mein Gewissen sein, wenn ich das erstmal ignoriere?

Es ist ein Gefühl, als wärst du auf einem Speeddating-Event, für das du dich nie angemeldet hast. Kaum hast du einen Aspekt verstanden, klingelt die Glocke und du bekommst etwas Neues vor die Nase gesetzt. Du willst verstehen, aber der Input ist zu viel, zu laut, zu schnell. Das Paradoxe: Je mehr Wissen verfügbar ist – zu Tools, zu Auswirkungen, zu Anwendungsszenarien – desto schwieriger wird die Orientierung. Und während man selbst noch versucht mitzuhalten, posten andere schon ihre zehn besten KI-Hacks: Kein Wunder, dass man manchmal an der eigenen Lernkurve zweifelt.

Bereit, aber gebremst

Manchmal entsteht Frust nicht durch das, was passiert, sondern durch das, was nicht passiert. Du willst vorangehen, experimentieren, Neues ausprobieren, doch dein Umfeld zieht nicht mit. Dein Team Lead hat andere Prioritäten, die IT-Abteilung ist skeptisch, Kollegen winken ab, die Organisation wirkt träge. Gleichzeitig erzählt dir jeder, wie wichtig KI sei, und trotzdem kannst du nicht so loslegen, wie du es dir vorstellst.

Dieser Widerspruch ist zermürbend. Er verstärkt das Gefühl, dass man selbst ins Stocken gerät, obwohl man eigentlich bereit wäre. Die Energie ist da, sie kann nur nicht fließen. Es ist, als würdest du im Stau stehen: mit vollem Tank, laufendem Motor und dem festen Willen, endlich loszufahren. Manchmal reicht schon ein kleiner Impuls, ein Freiraum, ein Pilotprojekt, ein offenes Ohr, um Bewegung zu schaffen. Aber solange der Rahmen fehlt, entsteht Stillstand trotz Motivation.

Verunsichert und besorgt

Und dann sind da die Ängste. Rund um KI kursieren unzählige Schreckensszenarien. Dahinter steckt oft die gleiche Frage: Welche Rolle habe ich noch in einer Welt, in der Maschinen klassische menschliche Stärken immer präziser, schneller oder günstiger umsetzen? Es ist die Angst um den Job. Die Angst, den Anschluss zu verpassen. Die Angst vor einer Welt, die wir nicht mehr verstehen, in der menschliche Werte und Kompetenzen an den Rand gedrängt werden. Die Furcht vor dem Unbekannten, vor dem Verlust des eigenen Werts und der eigenen Relevanz in einer scheinbar immer intelligenteren Umgebung.

Dafür hat sich sogar schon ein neuer Begriff etabliert: Im letzten Jahrzehnt hatten wir noch mit FOMO (*Fear of Missing Out*) zu kämpfen, der Angst, etwas zu verpassen, angesichts der gigantischen Möglichkeiten, die uns beim täglichen Scrollen per Social Media (natürlich KI-optimiert) an die Bildschirme fesselten. Plötzlich kommt dazu FOBO *(Fear of Becoming Obsolete)*, die Angst, aufgrund der technologischen Entwicklungen überflüssig zu werden.[2] Diese Ängste sind weder irrational noch komplett übertrieben. Im Gegenteil: Sie sind ein Signal,

[2] Ganz zu schweigen von FOBI, der *Fear of Being Included*, die uns erfassen kann, wenn wir zu viel zu vielen Meetings eingeladen werden – auch zum Thema KI.

dass wir uns – bewusst oder unbewusst – mit den tiefgreifenden Veränderungen auseinandersetzen, die diese Technologie mit sich bringt.

Ein natürlicher Teil des Wandels

Vielleicht erkennst du dich in einer dieser Beschreibungen wieder, vielleicht sogar in mehreren gleichzeitig. Diese Reaktionen – Skepsis, Sorge, Überforderung oder Frust – sind absolut nachvollziehbar und zutiefst menschlich angesichts eines epochalen Wandels. Change-Experten wie William Bridges beschreiben, dass Übergangsphasen fast immer mit Verunsicherung, sinkender Motivation und einem gewissen Widerstand verbunden sind. Menschen und Organisationen reagieren in solchen Momenten oft wie ein Immunsystem: Sie weisen Neues zunächst zurück, bevor sie es integrieren. In dieser Zwischenphase schwankt man leicht zwischen dem Wunsch nach Rückkehr ins Vertraute und dem Drang, schnell nach vorn zu gehen, ein Spannungsfeld, das typisch für Zeiten des Umbruchs ist. [4]

Auch wir selbst – die Autoren dieses Buches – kennen diese Reaktionen aus erster Hand. Wir treiben die KI-Transformation in einer traditionsreichen und eher konservativen Branche aktiv voran und begegnen dabei einigen der Facetten, die wir hier beschrieben haben, bei uns selbst: dem kurzen Moment der Reizüberflutung, wenn der nächste Hype-Post durch den LinkedIn-Feed läuft, oder – im Gegenteil – die selbstbewusste Proklamation, unsere Branche sei davon gar nicht so sehr betroffen; der kognitiven Dissonanz zwischen Euphorie auf Tech-Konferenzen und den pragmatischen Anforderungen des Alltags.

Gerade weil wir uns alle mitten in diesem Veränderungsprozess bewegen, sollten wir uns bewusst machen: Solche Spannungen sind ein natürlicher Bestandteil von Wandel. Entscheidend ist, dass wir sie nicht als Hindernis sehen, sondern als Energiequelle für den nächsten Schritt nach vorn nutzen.

Denn wenn wir aus diesen Reaktionen heraus in eine Art Schockstarre verfallen, verlieren wir die Chance, den Wandel mitzugestalten.

Der Preis des Wegduckens

Sich jetzt wegzuducken und das Thema weitgehend zu ignorieren, kostet uns mehr, als vielen bewusst ist. Experten betrachten KI als eine sog. *General Purpose Technology* [134; 128]: Eine Technologie, die so revolutionär ist, dass sie unzählige Bereiche der Wirtschaft und Gesellschaft von Grund auf umkrempelt, statt nur eine kleine Nische zu transformieren. Denk an die Dampfmaschine, den elektrischen Strom oder das Internet: Sie alle waren eine solche *General Purpose Technology*. Sie haben nicht nur ein paar Unternehmen verändert, sondern unsere ganze Art zu arbeiten und zu leben auf links gedreht.

Bei der KI spüren wir ein ähnliches Beben: Sie ist nicht nur etwas für Tech-Experten, ganz im Gegenteil, inzwischen steht sie jedem zur Verfügung. Sie kann Prozesse in jeder Branche – vom Marketing über HR und Vertrieb bis zur Forschung und Produktion – effizienter gestalten. Sie ist quasi das Schweizer Taschenmesser der Technologien: vielseitig, handlich, universell einsetzbar. Und sie breitet sich deutlich schneller aus, als man früher Dampfmaschinen bauen oder elektrische Leitungen verlegen konnte. Ihr volles Potenzial können wir heute noch gar nicht richtig greifen.

Wir alle erleben es bereits, und wir können davon ausgehen, dass die KI, wie sie heute existiert, die schlechteste Version ist, die wir in unserem weiteren Leben je sehen werden. So sagte Sam Altman, CEO von OpenAI, Mitte 2024 bei einer Fragerunde an der Stanford University über OpenAI GPT-4, eines der zu diesem Zeitpunkt besten generativen Sprachmodelle der Welt:

> **GPT-4 is the dumbest model any of you will ever have to use again, by a lot.**
>
> Sam Altman

Die Message ist klar: Von hier an wird KI nur leistungsfähiger. Es erfordert also nicht viel Fantasie, sich auszumalen, wie enorm der Einfluss dieser Technologie sein wird, wenn sie sich immer tiefer in unsere Arbeitsprozesse und Lebensbereiche einwebt.

Welchen Preis zahlen wir also, wenn wir das Thema jetzt einfach ignorieren?

Der Preis, den jeder Einzelne von uns zahlt

Wer KI ignoriert, fällt zurück. Der Unterschied zwischen Kollegen, die Excel schlecht nutzen, und solchen, die Excel gut einsetzen, ist bei bestimmten Aufgaben spürbar, aber insgesamt eher begrenzt. Beim Thema KI gilt jedoch: Der Abstand ist signifikant. Eine Studie der Harvard Business School gemeinsam mit der Boston Consulting Group zeigt, dass Berater, die GPT-4 tief in ihre Arbeitsprozesse integrieren, durchschnittlich 12,2 % mehr Aufgaben erledigen, 25 % schneller arbeiten und über 40 % qualitativ bessere Ergebnisse liefern als solche ohne KI-Unterstützung. [5]

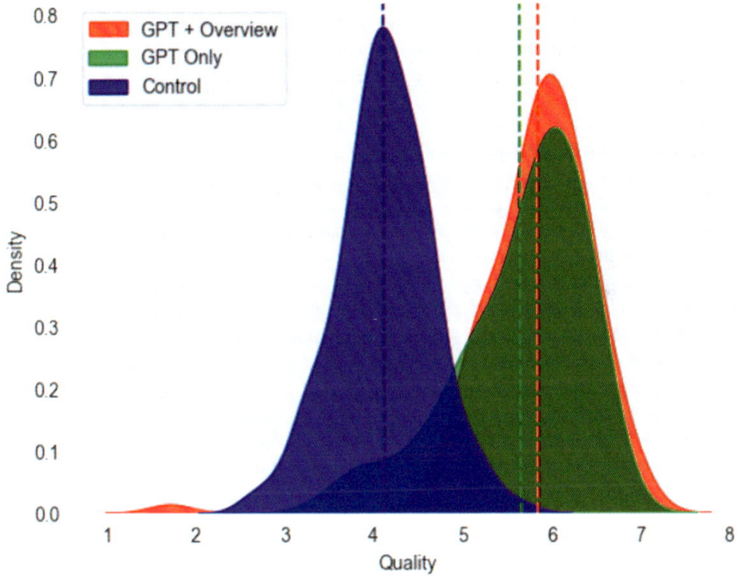

Es handelt sich dabei nicht mehr um einen kleinen Effizienzgewinn, sondern um einen Quantensprung in Produktivität und Relevanz.

Gleichzeitig zeigt dieselbe Studie, dass KI bei Aufgaben außerhalb ihres geeigneten Leistungsbereichs die Performance der Berater um durchschnittlich 19 Prozentpunkte verschlechterte. Das unterstreicht: Nicht jede Aufgabe eignet sich für KI. Der Schlüssel liegt in der fundierten Integration, nicht im blinden Einsatz, und dafür müssen wir uns intensiv damit beschäftigen.

Doch dieser Wandel hat eine zweite, oft unterschätzte Dimension: Es gibt inzwischen immer mehr Hinweise darauf, dass KI-Nutzung die Leistungsunterschiede innerhalb von Teams vergrößert. High Performer werden mit Hilfe von KI noch produktiver, während sich bei weniger erfahrenen Anwendern Frustration und Unsicherheit breitmachen. Der Produktivitätssprung ist also nicht automatisch ein kollektiver Fortschritt. Er verlangt aktives Kompetenzmanagement, Führung und Chancengleichheit – sonst drohen Spannungen statt Synergien. [6]

Der Preis, den wir als Gesellschaft zahlen

Unsere wirtschaftliche Zukunftsfähigkeit

Es geht um weit mehr als nur Technologie: Es geht um Innovation, Produktivität und die Wettbewerbsfähigkeit ganzer Wirtschaftsräume wie Europa. Wir stehen an einem historischen Scheideweg: Wir können jetzt den entscheidenden Sprung nach vorn machen oder dramatisch zurückfallen. Unsere historische Chance: Neben den finanziellen Schulden, die wir unseren Kindern hinterlassen, können wir ihnen auch ein immaterielles Erbe mitgeben – eine zukunftsfähige Wirtschaft, unterstützt von einer Technologie unter Wahrung unserer Werte, ein Fundament, auf dem sie aufbauen und wachsen können.

Eine Schätzung von McKinsey zeigt die potenziellen Dimensionen: Die Autoren berechnen, dass allein Generative Artificial Intelligence (AI) weltweit jedes Jahr 2,6 bis 4,4 Billionen US-Dollar an zusätzlichem Wert schaffen könnte. [7] Zum Vergleich: Deutschland erwirtschaftete als drittgrößte Volkswirtschaft der Welt im Jahr 2024 ein Bruttoinlandsprodukt von 4,66 Billionen US-Dollar. [8] Daraus ergibt sich die große Frage: Wer realisiert dieses Potential?

Jeder Tag des Abwartens kostet uns Chancen und Wettbewerbsfähigkeit. In einer Welt, die sich rasant weiterdreht, bedeutet Stillstand nicht, stehen zu bleiben, sondern zurückzufallen. Die Geschichte zeigt: *General Purpose Technologies* können Machtverhältnisse entscheidend verschieben. Die Dampfmaschine entfachte eine Kraft, die England im 19. Jahrhundert zur führenden Weltmacht aufsteigen ließ – zu einem Imperium, so groß, „dass die Sonne niemals unterging". Elektrifizierung und Verbrennungsmotor katapultierten die USA im 20. Jahrhundert an die Weltspitze und Großbritannien wurde wieder Inselstaat. [9] Heute entscheidet KI darüber, wer morgen vorne liegt. Wenn wir jetzt abwarten, wäre das Ergebnis fatal: Wohlstandsverlust, sinkender Lebensstandard, fehlende Kapazitäten, um dringende globale und geopolitische Herausforderungen zu meistern, kurz gesagt: Wir riskieren nicht weniger als unsere Zukunftsfähigkeit.

Was bleibt, wenn KI übernimmt?

Doch Zukunftsfähigkeit ist mehr als eine ökonomische Größe. Sie entscheidet sich nicht nur in Märkten, sondern in uns selbst. Denn je mehr wir an KI abgeben, desto stärker stellt sich die Frage, was eigentlich bei uns bleiben sollte.

Immer mehr Studien geben Hinweise darauf, dass eine unreflektierte, überbordende Nutzung von KI dazu führen kann, dass wichtige menschliche Fähigkeiten verkümmern. In dieser „Delegations-Falle" geben wir schleichend genau das ab, was uns stark macht: Fähigkeiten wie kritisches Denken oder Kreativität. Besonders paradox: Damit trifft es ausgerechnet solche menschlichen Kompetenzen, die laut Forschung in der KI-Ära besonders wichtig sind. Deshalb ist maximale Nutzung allein keine Lösung. Wir brauchen einen bewussten Umgang, ein Verständnis dafür, was KI leisten sollte und was besser bei uns bleibt.

Hier beginnt eine größere Aufgabe: Wir müssen als Gesellschaft klären, wie wir diesen Wandel gestalten wollen und welche menschlichen Fähigkeiten wir schützen, fördern und bewusst weiterentwickeln. Denn wenn wir das versäumen, riskieren wir mehr als Effizienzverluste: Wir könnten verlieren, was wir den Maschinen voraushaben.

Warum es in der KI-Ära auf jeden Einzelnen ankommt

Der Start in die KI-Ära markiert eine Zeitenwende, die unzählige Chancen verspricht: Gigantische Produktivitätsgewinne, Freiräume für das, was wirklich zählt, eine Explosion an Ideen und Erfindungen, die die größten Probleme der Menschheit für uns lösen könnten. Soweit die optimistische Utopie. Die Pessimisten sehen ein erhebliches Potential von KI, uns das Leben ordentlich zu versauen: Der Verlust von Arbeitsplätzen, die Gefährdung von Demokratie und freier Meinungsbildung sowie massive Eingriffe in Privatsphäre und Datenschutz sind nur drei der häufiger geäußerten Befürchtungen.

Was zwischen Utopie und Horrorszenario liegt, sind wir alle. Wir entscheiden durch unsere Nutzung von KI in verschiedenen Lebensbereichen und unsere Haltung mit, welche Art von Technologie es sein wird: eine KI, die uns allen nützt, oder eine KI im Terminator-Style. Wir als Menschheit treffen jeden Tag kleine und große Entscheidungen, auf welche Art und Weise wir dieser Technologie einen Platz in unserem Leben geben werden.

Zuallererst denken wir dabei an Regierungen, an Vorstände von Tech-Unternehmen, an internationale Organisationen. Doch die Verantwortung liegt nicht nur auf dieser Ebene. Auch wir selbst tragen sie: als Arbeitnehmer und Arbeitgeber, als Eltern und Mentoren, als Familienmitglieder und Freunde, als mündige Bürger. Jeder Einzelne von uns gestaltet mit, wie diese KI-Ära aussehen wird:

- ✓ Durch die Art und Weise, wie wir KI am Arbeitsplatz nutzen. Was geben wir an die KI ab und was nicht? Was machen wir mit der eingesparten Zeit?
- ✓ Durch den Umgang mit KI, den wir der nächsten Generation vorleben.
- ✓ Durch unsere Entscheidungen, wie viel und welchen Raum wir KI in unserem Alltag geben.
- ✓ Durch unsere Stimme, die wir in den öffentlichen Diskurs einbringen.

Die Summe dieser individuellen Handlungen entscheidet darüber, ob wir als Gesellschaft die Balance zwischen Fortschritt und Risiko meistern. Es ist eine Gestaltungsaufgabe von historischer Tragweite.

Mustafa Suleyman, Autor des KI-Bestellers „The Coming Wave" formuliert es wie folgt [10]:

> **Inmitten immer intensiver werdender geopolitischer Konflikte den schmalen Grat zu finden, auf dem wir die Früchte der Technologie ernten, ohne ihr zum Opfer zu fallen. Das ist die zentrale Aufgabe unserer Zeit.**
>
> Mustafa Suley

Wenn also jeder Einzelne zählt – was können wir dann gemeinsam erreichen? Die nächste Frage lautet unweigerlich: Gibt es für uns als Europa überhaupt noch eine echte Chance im globalen KI-Wettlauf?

Unsere historische Chance: Gibt es noch Hoffnung?

Manchmal kann der Eindruck entstehen, als hätten wir in Europa das KI-Rennen schon verloren. Die wichtigsten Grundlagenmodelle sowie die benötigte Hardware im Bereich Generative AI kommen vor allem aus den USA oder aus China. In Europa fließt derzeit deutlich weniger Risikokapital in KI-Unternehmen als in den USA [11] und gleichzeitig haben wir u. a. mit dem EU AI Act [12] eine deutlich stärkere Regulierung.

Sind das wirklich die alles entscheidenden Kriterien? KI als *General Purpose Technology* hat das Potenzial, enorme Produktivitätsschübe auszulösen, vorausgesetzt, sie wird zielgerichtet, verantwortungsbewusst und zukunftsgerichtet genutzt. Dafür braucht es neben technologischen Grundlagen vor allem auch eines: eine kompetente Bevölkerung und eine hochwertige, zugängliche Datenbasis. In dieser Hinsicht ist Europa mit seinem starken Mittelstand und seinen zahlreichen Hidden Champions gar nicht so schlecht aufgestellt. [13]

Technologisch versucht die Europäische Union mit einer strategischen Neuausrichtung den Anschluss zu bekommen. Die neue europäische KI-Agenda steht auf drei Säulen: Mindset, Umsetzung und Finanzierung. Ursula von der Leyen, die Präsidentin der Europäischen Kommission, rief mit ihrem *„AI First"*-Appell im Oktober 2025 eine neue Denkrichtung aus: Europa soll KI nicht nur nutzen, sondern sie gestalten, intelligent, sicher und breit angewendet in allen Schlüsselbranchen, damit die Zukunft der Technologie hier entsteht.

Wörtlich formulierte sie:

> **I want the future of AI to be made in Europe. Because when AI is used, we can find smarter, faster, and more affordable solutions. AI adoption needs to be widespread, and with these strategies, we will help speed up the process. Putting AI first also means putting safety first. We will drive this 'AI First' mindset across all our key sectors, from robotics to healthcare, energy, and automotive.**
>
> Ursula von der Leyen

Um diese Vision umzusetzen, hat die EU zwei neue Initiativen gestartet: die „Apply AI"-Strategie, die die Nutzung von KI in Schlüsselindustrien und im öffentlichen Sektor beschleunigen soll, und die „AI in Science Strategy", die Europa als führenden Standort für KI-getriebene Forschung positionieren will.

Finanziell gestützt wird die europäische KI-Agenda zum Teil aus Haushaltsmitteln, aber vor allem durch „InvestAI", das bis zu 200 Milliarden Euro an öffentlichen und privaten Investitionen mobilisieren soll [14], ein Hebel, der einen wesentlichen Beitrag zu Europas Innovationskraft, Dateninfrastruktur und technologischer Souveränität sichern könnte. Die Debatte um technologische Souveränität bleibt dabei zentral: Wenn heute selbst deutsche Behörden über SAP-Lösungen auf Modelle wie Azure OpenAI zugreifen, zeigt das, wie abhängig Europa derzeit noch von außereuropäischen Anbietern ist – und wie dringend wir eigene Alternativen brauchen. [15]

Und die kompetente Bevölkerung? Hier steht neben der Politik auch jeder Einzelne von uns in der Verantwortung. Unsere Haltung und unsere Motivation, uns mit dem Thema KI auseinanderzusetzen, uns die notwendigen Kompetenzen für das KI-Zeitalter anzueignen und diese wertstiftend einzusetzen, sind zentrale Faktoren für die alles entscheidende Frage: Nutzen wir die historische Chance, die KI uns bietet oder schauen wir mit großen Augen zu, wie andere dies tun?

Das Signal verstehen und handeln – Mit Zuversicht auf in die neue Ära

Jetzt ist die Zeit, es anzupacken. Jeder Einzelne von uns steht in der Verantwortung, und zwar hier und jetzt. Jeder Tag, an dem wir das Thema ignorieren, wirft uns einen Schritt zurück. Die Chance, den Wandel bewusst zu gestalten, ist heute. Es steht enorm viel auf dem Spiel: unsere persönliche Relevanz, unsere Lebensqualität und die Zukunft kommender Generationen. Kurz gesagt: Es geht um nichts Geringeres als darum, wie wir als Menschen in dieser neuen Ära bestehen wollen.

„Kann mal bitte jemand kurz den KI-Hype stummschalten“ ist also weit mehr als ein simpler Ausdruck von Reizüberflutung. Es ist ein tief menschliches Echo auf eine der größten Transformationen unserer Zeit. Es ist ein Signal, dass du nicht passiv zuschauen willst, sondern innerlich involviert bist. Lass dich davon nicht lähmen: Du kannst deine Überforderung als Zeichen deiner Sensibilität für die Bedeutung des Wandels deuten, deine Skepsis als Ausdruck deiner Fähigkeit, Buzzwords von Substantiellem zu unterscheiden, deine Sorge als Spiegel deines Verantwortungsbewusstseins.

Noch haben wir die Möglichkeit, den Wandel mitzugestalten. Es gibt gute Gründe dafür, optimistisch zu sein, dass wir das schaffen. Die wichtigen Fähigkeiten für die KI-Ära können wir gezielt lernen und verbessern. Und das Beste ist: Vieles davon tragen wir schon in uns. Unsere „analoge Prägung“, aufgebaut und gestärkt durch unsere prägenden Jahre in Zeiten, in denen wir nicht rund um die Uhr von Technologie begleitet wurden, bildet das Fundament für unser Skillset der Zukunft.

Darüber hinaus haben wir beim Aufbau unserer Kompetenzen für die KI-Ära auch unerwartete Unterstützung: Richtig eingesetzt kann gerade KI uns nicht nur bei unseren Aufgaben unterstützen. KI kann ein enorm leistungsfähiger Trainer an unserer Seite sein, der uns hilft, unsere eigenen Fähigkeiten zu stärken. KI kann uns also paradoxerweise bei der Lösung genau der Herausforderungen unterstützen, die durch die Existenz von KI überhaupt erst entstanden sind.

Jetzt ist der Moment, deinen Beitrag zu leisten, die große Verantwortung anzunehmen, vor die uns die KI-Ära stellt. Jeder von uns, der sich fit macht für diese neue Epoche, legt einen Grundstein für unser aller Zukunft. Dein innerer KI-Alarm ist der Aufruf, zu starten. Lass es uns gemeinsam anpacken!

Als ersten Schritt müssen wir verstehen, mit wem wir es hier überhaupt zu tun haben. Was KI kann – und was nicht – erfährst du im nächsten Kapitel.

Zuvor findest du hier noch drei Ansätze, mit denen du den Lautstärkeregler selbst in die Hand nimmst:

Drei Dinge am Lautstärkeregler

Leiserdrehen – deinen Informationsfluss anpassen

Nimm dir 15 Minuten für einen kleinen KI-Detox. Geh einmal bewusst durch deine Informationsquellen – Newsletter, Social-Media-Accounts, Podcasts. Welche davon helfen dir wirklich, etwas zu verstehen oder anzuwenden? Und welche erzeugen nur Lautstärke und schlechtes Gewissen? Sortiere aus, was dich eher stresst als stärkt. Alles, was mehr Hype als Erkenntnis liefert, bekommt heute ein „Unfollow“. So schaffst du Raum für das, was wirklich zählt: Klarheit.

Mitgestalten – deine Einflusszonen erkennen

Überleg dir, wo du heute schon die KI-Ära mitprägst – und es vielleicht gar nicht merkst. Wie nutzt du KI in deinem Job? Welche Haltung zeigst du, wenn Kollegen darüber sprechen? Und wie viel Raum gibst du ihr privat? Schreib dir drei kleine Entscheidungen auf, mit denen du ab morgen bewusster steuerst. Es sind oft die unscheinbaren Gewohnheiten, die große Veränderungen anstoßen.

Weiterreden – statt weiterscrollen

Such dir gezielt Menschen, mit denen du dich über KI austauschst – nicht nur über Tools, sondern über Erfahrungen, Haltungen und Reaktionen. Vielleicht jemand, der neugierig ist. Vielleicht jemand, der skeptisch bleibt. Sprich darüber, wie ihr KI nutzt, was euch irritiert, was euch inspiriert. Solche Gespräche holen das Thema aus der Abstraktion in die Realität – dorthin, wo Wandel tatsächlich beginnt.

Kapitel 2

Was KI verändert –
und wie du das
Beste aus der
Zeitenwende machst

”

Tomorrow belongs to those,
who can hear it coming.

David Bowie

Kapitel 2: Was KI verändert – und wie du das Beste aus der Zeitenwende machst

Es war der 5. Dezember 2022. Eigentlich ein ganz normaler Montag. Ein paar Tage vorher war ChatGPT veröffentlicht worden. Ich weiß noch genau, wo ich saß, als mein Kollege Tim mir einen Link schickte mit den Worten: „Das musst du unbedingt ausprobieren." Ich klickte, erstellte mir einen Account, saß vor einem Chatfenster und dachte: „Okay, was frag ich das Ding jetzt?"

Ich stellte eine Frage zu Transfer Pricing – meinem Fachgebiet. Die Antwort kam korrekt und in perfektem, natürlichem Deutsch. Holy shit. Ich schob direkt eine zweite Frage hinterher: „Fasse mir den Inhalt von Yuval Hararis ‚Eine kurze Geschichte der Menschheit' zusammen." Keine drei Sekunden: Die Kerninhalte des Buchs, korrekt und wieder in perfektem Deutsch.

Nach ein paar weiteren Fragen lehnte ich mich zurück. In meinem Kopf überschlugen sich die Gedanken. Das hier war nicht einfach ein neues Tool. Etwas Großes hatte gerade seinen Anfang genommen.

Willkommen im Hochgeschwindigkeits-Zeitalter

Veränderung liegt in der Luft, wir alle spüren das. Du startest morgens dein Smartphone, wirfst einen Blick in dein berufliches Netzwerk, deine Podcast-Liste oder deine Push-Nachrichten und eigentlich reicht es dir schon wieder: Wieder neue Durchbrüche, neue „unverzichtbare" Tools, neue Hypes. KI kann jetzt noch bessere Videos generieren als letzte Woche, die Chinesen überraschen mal wieder die KI-Welt und was ist eigentlich dieses verdammte Vibe-Coding? Willkommen in einer Welt, die sich gefühlt schneller dreht als du „Hype-Alarm" sagen kannst.

Und gleichzeitig ist da eine enorme Kluft zwischen dem, was technisch möglich scheint, und dem, was wir jeden Tag in unserem Arbeitsalltag sehen (Grüße gehen raus an das Faxgerät von meinem Steuerberater). Davon sollten wir uns nicht täuschen lassen. Denn während wir noch überlegen, was KI wirklich kann, werden anderswo längst Fakten geschaffen.

In China wird Schülern aus abgelegenen Gebieten mit KI-Unterstützung Zugang zu modernsten individualisierten Lernformen geboten [16], während im Silicon Valley Tech-CEOs in ihrem Gruppenchat bereits Wetten darauf laufen haben, in welchem Jahr es das erste *One Person Unicorn* gibt. [17] Darunter versteht man ein Ein-Personen-Unternehmen, das es nur mit KI-Unterstützung zur Milliardenbewertung schafft. Ein Szenario, das vor wenigen Jahren noch völlig undenkbar gewesen wäre, aber dank KI plötzlich nicht mehr unrealistisch erscheint. Dario Amodei, CEO von Anthropic, legte sich in einem Panel bereits fest: Das erste *One-Person-Unicorn* könne schon 2026 Realität werden. [18] Gleichzeitig sind in verschiedenen Städten in beiden Ländern, in China und in den USA, bereits hunderte Robo-Taxis ohne Fahrer unterwegs [19] und im Oktober 2025 berichtete der Telegraph von westlichen Führungskräften, die von einem China-Besuch schockiert zurückkehrten. Sie wurden dort durch Fabriken geführt, in denen humanoide Roboter nahezu ohne menschliches Zutun Autos, Elektronik und Maschinen fertigen – ein Vorgeschmack auf das, was industrielle KI-Revolution wirklich bedeutet. [135]

Trotz alldem spüren viele von uns den Wandel in ihrem Alltag noch nicht als „Revolution". Das liegt an ein paar psychologischen Tricks, die unser Gehirn mit uns spielt:

Exponentielles Tempo, lineares Denken

Unser menschliches Gehirn ist darauf geeicht, lineares Wachstum zu verstehen. Zwei, vier, sechs, acht, zehn. Easy peasy. Aber Technologie, und KI im Besonderen, entwickelt sich exponentiell: Zwei, vier, acht, sechzehn, zweiunddreißig. [136] Die ersten Schritte fühlen sich langsam an, fast schon langweilig. Doch plötzlich überschreitet die Kurve einen Punkt, an dem die Veränderungen so massiv werden, dass du kaum noch hinterherkommst. [20]

Wir sehen nur die kleinen Veränderungen von heute, nicht die massive Transformation von morgen. Das ist wie beim Milchkochen: Es dauert ewig, bis es blubbert, aber dann kocht es rasend schnell über und der ganze Herd ist eingesaut. Wunderbar illustriert hat dies Tim Urban in seinem Essay *„The AI Revolution: The Road to Superintelligence“*, das er bereits im Jahr 2015 veröffentlichte [21]:

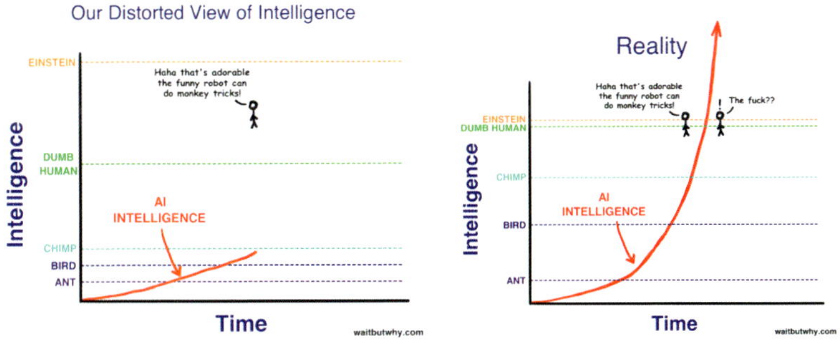

Exponentielles Tempo fühlt sich ungefähr so an, als hättest du letzte Woche noch stolz deinen neuen Gameboy rumgezeigt und heute steht schon die PlayStation 6 in deinem Wohnzimmer.

Wie das konkret beim Thema KI aussehen kann, illustriert die Gegenüberstellung zweier Screenshots KI-generierter Videos von Will Smith beim Spaghetti-Essen [22]:

Während die in 2023 generierten Versionen noch wie aus einem schrägen Fiebertraum wirkten, sind die Varianten aus 2025 zum Teil so realistisch, dass man sehr genau hinschauen muss, um die Videos als KI-generiert zu identifizieren. Was als informeller Benchmark-Test von Modellen innerhalb der KI-Community begann, zeigt sehr eindrücklich, in welch kurzer Zeit KI-generierter Content deutlich realistischer geworden ist.[3]

[3] Wer davon nicht genug bekommen kann, darf gern auf den einschlägigen Videoportalen nach „The Rock eating rocks“ suchen.

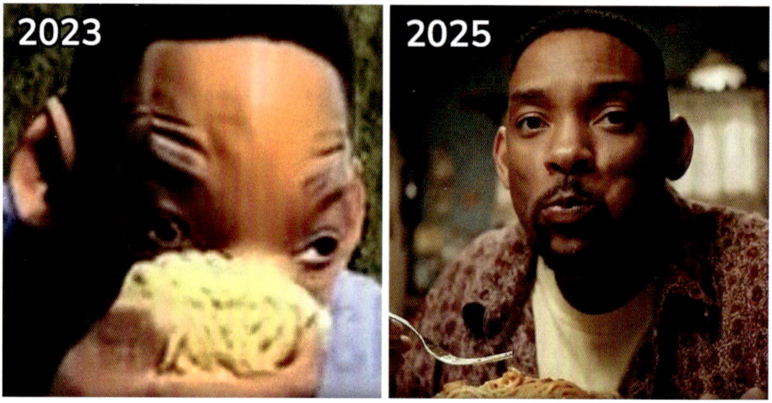

Trügerische Normalität

Viele KI-Anwendungen arbeiten unsichtbar im Hintergrund. Der Spam-Filter in deiner Mailbox, die Filmempfehlung auf Netflix, die optimierte Navigationsroute im Auto, all das ist KI. Es wird zur Normalität, bevor wir es überhaupt als revolutionär wahrnehmen. Das macht den Wandel schwer greifbar. Wie der schleichende Übergang von „Jugend“ zu „Erwachsensein“, plötzlich bist du drin, ohne es gemerkt zu haben.

Und sobald eine Technologie alltäglich wird, passiert etwas Merkwürdiges: Wir hören auf, sie als „intelligent“ zu empfinden. Dieses Phänomen nennt sich *AI Effect*, die Tendenz, jeder Maschine das Etikett „Intelligenz“ wieder abzuerkennen, sobald sie etwas beherrscht, das einst als typisch menschlich galt. [23] Schach? Reines Rechnen. Sprache? Reine Statistik. Bilderkennung? Einfach nur Musterabgleich. So verschiebt sich die Grenze dessen, was wir für „intelligent“ halten, mit jedem Fortschritt ein Stück weiter, bis wir irgendwann vergessen, wie außergewöhnlich all das einmal war.

Allein die obigen Beispiele zeigen jedoch eindrücklich: KI ist nicht einfach ein weiterer Zug im Tech-Fahrplan. Sie ist der ICE, der plötzlich an dir vorbei donnert, während du noch am Bahnsteig stehst und in der App nach deiner Sitzplatzreservierung suchst. Allein in den letzten Monaten hat KI Sprünge gemacht, die noch vor Kurzem unvorstellbar schienen. Wir haben den Aufstieg von KI-Agenten erlebt, die eigenständig Ziele verfolgen und Entscheidungen treffen können. Wir arbeiten mit multimodalen Systemen, die nahtlos Texte, Bilder, Videos und Audioinhalte sowohl verstehen als auch erzeugen können. Während Quanten-Computing entscheidende Durchbrüche erreicht, lernen wir noch prompten.

Viele Gründe, um uns Kopfzerbrechen zu bereiten, und eine der individuell wichtigsten Fragen dreht sich dabei um unsere berufliche Zukunft: Was kann ich, was KI nicht kann und vor allem: Was kann ich tun, um zu verhindern, dass mein Job von einer KI ersetzt wird? Wie bleibe ich relevant und wie mache ich mich unersetzbar? Für die Antwort auf diese Frage braucht es ein grundlegendes Verständnis darüber, was KI kann, und vor allem, was sie nicht kann.

Warum du KI schon lange kennst, aber jetzt erst wirklich erlebst

KI ist als Teilnehmerin im Technologie-Spiel bei Weitem nicht so neu, wie es scheint. Schon 1956 traf sich eine Handvoll Visionäre verschiedener Disziplinen am Dartmouth College zu einer inzwischen legendären Sommerkonferenz und prägte dort den Begriff der Künstlichen Intelligenz.[4]

Warum also hat man das Gefühl, die Revolution hätte gerade erst begonnen? Die Antwort liegt im Wandel von der für den Nutzer im Wesentlichen unsichtbar agierenden „klassischen" KI, die wir hier als Predictive AI subsummieren[5], hin zur Generative AI und Agentic AI, die plötzlich für jeden von uns greifbar wurde. Diese rasante Entwicklung macht es umso wichtiger zu verstehen, worüber wir eigentlich sprechen. Was genau ist ein KI-System? Bevor wir in die Praxis eintauchen, hilft

[4] Die allerersten Überlegungen in dem Bereich reichen noch viel weiter zurück. Eine kurzweilige Übersicht dazu bieten Miriam Meckel und Léa Steinacker in ihrem Buch „Alles überall auf einmal".

[5] Wir fassen in diesem Buch unter ‚Predictive AI' all jene Systeme zusammen, die historische Daten analysieren, Muster erkennen und auf dieser Basis Prozesse automatisieren oder Vorhersagen treffen. In der Fachliteratur spricht man in diesem Zusammenhang häufig von Machine Learning oder Predictive Analytics. Wir nutzen den Begriff ‚Predictive AI', weil er umgangssprachlich beliebt ist und die Funktion für Anwender in Abgrenzung zu Generative AI einfach beschreibt.

ein Blick auf die offizielle Definition aus dem wegweisenden AI Act der Europäischen Union:

> *„ein maschinengestütztes System, das für einen in unterschiedlichem Grade autonomen Betrieb ausgelegt ist und das nach seiner Betriebsaufnahme anpassungsfähig sein kann und das aus den erhaltenen Eingaben für explizite oder implizite Ziele ableitet, wie Ausgaben wie etwa Vorhersagen, Inhalte, Empfehlungen oder Entscheidungen erstellt werden, die physische oder virtuelle Umgebungen beeinflussen können."* [24]

Ziemlich sperrig, oder? Brechen wir es herunter. Wenn wir heute von KI sprechen, ist das, als würden wir „Fahrzeug" sagen und dabei ein Laufrad, einen Sportwagen und einen Düsenjet gleichzeitig meinen. Alle bewegen sich fort, aber sie tun es auf völlig unterschiedliche Weise und für unterschiedliche Zwecke. Zum besseren Verständnis, was gerade passiert, unterscheiden wir vereinfachend drei Kategorien: Predictive AI, Generative AI und Agentic AI. In diesem Kapitel schauen wir uns an, was diese Begriffe bedeuten. Wie die Technologien dahinter funktionieren und wie du sie in der Praxis meisterst, erfährst du dann ausführlich in Kapitel 5.

Logistik-Meister und Betrugs-Jäger: Die stille Arbeit der Predictive AI

Starten wir mit Predictive AI: Sie ist der unsichtbare Motor im Hintergrund, der ständig auf Basis von Datenmustern Vorhersagen trifft. Du erlebst diese Form der KI jeden Tag, meist ohne es zu bemerken:

- Bei der Betrugserkennung deiner Bank: Eine KI, die mit Millionen von Transaktionen trainiert wurde, lernt „normales" Kaufverhalten. Erfolgt plötzlich eine hohe Abbuchung um 3 Uhr nachts aus einem anderen Land, schlägt das System Alarm. Nicht weil es denkt, sondern weil es eine statistische Abweichung vom gelernten Muster erkennt.
- Bei der Optimierung von Lieferketten: Hast du dich je gefragt, wie dein Paket es schafft, oft schon am nächsten Tag bei dir

zu sein, obwohl es hunderte Kilometer zurücklegt? Das ist das Werk einer stillen Logistik-Meisterin. Eine KI, die in Sekundenschnelle unzählige Variablen berechnet: die aktuelle Verkehrslage, das Wetter, die Kapazität der Lieferwagen und sogar potenzielle Staus, noch bevor sie entstehen. Sie webt aus all diesen Daten die eine perfekte Route, nur damit dein Paket pünktlich an deiner Tür klingelt.

- Bei personalisierten Produktvorschlägen: Dieser fast unheimliche Moment, in dem dir dein Online-Shop genau das vorschlägt, was du gesucht, aber nicht gefunden hast? Das ist kein Zufall, sondern dein persönlicher digitaler Kurator. Eine KI, die aus deinen Klicks, deinen Suchanfragen und sogar der Verweildauer auf Produktbildern deine Präferenzen lernt. Sie wird zu einem stillen Vertriebler, der vorhersagt, was du als Nächstes brauchen oder lieben könntest und es dir im perfekten Moment präsentiert.

Der gemeinsame Nenner ist: Predictive AI ist wie eine hochtrainierte Spezialistin. Sie ist äußerst kompetent in ihrer klar definierten Aufgabe, aber außerhalb davon ziemlich ahnungslos. Du erlebst die Ergebnisse dieser KI meist nur indirekt, ohne direkten Kontakt mit ihr zu haben.

Als die KI sprechen lernte: Der Siegeszug der generativen Modelle

Der absolute Gamechanger war das Auftauchen von Generative AI, zunächst vor allem in Form von generativen Sprachmodellen (auch Large Language Models oder LLM) in Chatbot-Form. Durch ihre superintuitive Oberfläche und die Fähigkeiten, Anfragen in natürlicher Sprache zu verstehen und komplett menschenähnliche Texte oder andere Medien zu generieren, wurde KI plötzlich für jedermann zugänglich.

Auf einmal konnten wir ohne Programmierkenntnisse mit einem Computer plaudern, uns beim kreativen Texten, beim Brainstorming oder bei der Recherche helfen lassen. Diese Demokratisierung des KI-Zugangs ist der Hauptgrund, warum KI plötzlich wie eine neue Kollegin im Büro sitzt und du jetzt direkt mit ihr interagieren kannst. Und die Nachfrage war enorm: Schon zwei Monate nach dem Start im November 2022 hatte ChatGPT rund 100 Millionen Nutzer. Ein solcher Hype war bis dahin beispiellos: Kein anderes digitales Produkt hatte je so schnell den Weg auf so viele Bildschirme gefunden. Instagram z. B. hatte dafür noch zweieinhalb Jahre gebraucht, bei Tiktok sollen es immerhin noch neun Monate gewesen sein.[6] Analysten der Großbank UBS werden wie folgt zitiert „In 20 Jahren Internet haben wir keinen schnelleren Ramp-up gesehen." [25]

Doch wie ist das überhaupt möglich? Wie kann ein Computer so menschenähnlich Texte formulieren?

Die Antwort ist weniger Magie als Mathematik: Sprachmodelle beruhen auf Statistik, allerdings in Hochgeschwindigkeit und riesigem Maßstab.

Generative Sprachmodelle werden auf gewaltigen Mengen von Texten trainiert. Dabei lernen sie nicht einzelne Fakten, sondern Muster und Zusammenhänge in der Sprache: welche Wörter häufig gemeinsam auftreten, wie Sätze aufgebaut sind und in welchem Kontext bestimmte Formulierungen wahrscheinlich folgen.

Beginnt das Modell, einen Satz zu formulieren, berechnet es auf Basis des bisherigen Kontexts, welches Wort – oder welcher Wortteil – statistisch am wahrscheinlichsten als Nächstes folgt. Dieses Wort wird angehängt, und der Vorgang wiederholt sich, bis ein vollständiger Text generiert ist. So entsteht das, was für uns wie flüssiges, verständliches Sprechen wirkt, in Wahrheit aber eine extrem präzise Form von Wahrscheinlichkeitsrechnung über Sprache ist.

Genau in dieser Methode liegt aber auch die größte Schwäche der Technologie. Da das Modell keine Bedeutung versteht, sondern nur sprachliche Muster nachbildet, kann es halluzinieren. Das bedeutet: Es gibt Antworten, die überzeugend klingen, aber nicht wahr sind. Nicht aus böser Absicht, sondern weil es so konstruiert ist, immer etwas zu sagen. Wenn sein Wissen endet, schließt das Sprachmodell die Lücke mit dem, was sprachlich am wahrscheinlichsten klingt.

Fragst du also: „Wann wurde Chuck Norris geboren?", kann sie die richtige Antwort liefern oder ein falsches Datum ausgeben, das plausibel wirkt. Und wir wissen ja eigentlich alle, dass Chuck Norris keinen Geburtstag hat. Er war schon immer da.

[6] Fairerweise muss man sagen: Rekorde sind dazu da, gebrochen zu werden. Bereits im Juli 2023 erreichte der Twitter-Konkurrent Threads die Marke von 100 Millionen Nutzern in nur 5 Tagen, vgl. https://www.deutschlandfunk.de/twitter-konkurrent-threads-knackt-marke-von-100-millionen-nutzern-102.html

Auf den ersten Blick können Antworten erstaunlich glaubwürdig wirken, weil die Sprache flüssig und selbstsicher formuliert ist. Doch die KI weiß nicht, dass sie sich irrt. Sie unterscheidet nicht zwischen richtig und falsch, sondern nur zwischen wahrscheinlich und unwahrscheinlich. Und genau darin liegt ihr blinder Fleck.[7]

Berühmt geworden ist der Fall eines US-Anwalts, der vor Gericht Schriftsätze mit komplett frei erfundenen, aber realistisch klingenden Urteilen einreichte, die ihm ChatGPT geliefert hatte. [26] Super unangenehm für den Anwalt und eine eindrückliche Mahnung an uns alle, dass man den Ergebnissen niemals blind vertrauen sollte.

Trotz dieser wichtigen Einschränkung ist das Potenzial enorm. Ein weiterer entscheidender Schritt war die Multimodalität. Generative KI-Modelle können heute nicht nur Text verarbeiten, sondern auch Bilder, Audio oder sogar Videos verstehen und erstellen. Das eröffnet völlig neue Möglichkeiten:

- ⋆ Du fotografierst den handgeschriebenen Notizzettel vom letzten Meeting, die KI fasst ihn für dich in einer sauberen, strukturierten E-Mail zusammen.
- ⋆ Du lädst ein Urlaubsfoto hoch, die KI erkennt den Ort, schlägt dir eine passende Bildunterschrift vor und erstellt auf Wunsch gleich noch eine Postkarte im passenden Layout.
- ⋆ Du sprichst eine Idee ins Handy, die KI verwandelt deine Aufnahme in ein knackiges Konzeptpapier oder sogar in eine Präsentation.
- ⋆ Du lädst eine lange Fachveröffentlichung hoch, die KI macht daraus einen Podcast, in dem dir zwei Stimmen im Dialog auf unterhaltsame Art und Weise den Inhalt wiedergeben.

Durch Multimodalität wird KI zu einem vielseitigen Assistenten, mit dem du Gedanken, Bilder und Ideen wie in einem fließenden Gespräch austauschst.

[7] Die Ursachen dafür sind vielschichtig und können in den Trainingsdaten des Modells, in der Anreizgestaltung beim Training oder in der Methodik der Antwortgenerierung liegen. Sehr schön erklärt dies Dr. Julian Siebert auf dem Blog des Fraunhofer IESE: https://www.iese.fraunhofer.de/blog/halluzinationen-generative-ki-llm/. Vgl. dazu auch u. a. Kalai et al. (2025): Why Language Models Hallucinate.

Vom Assistenten zum Akteur: Der nächste Schritt heißt Agentic AI

Predictive AI war lange die leise Unterstützerin im Hintergrund, zuverlässig, aber vom Nutzer wenig wahrgenommen. Mit Generative AI änderte sich das schlagartig: Sie trat auf die Bühne und stellte mit ihrer Fähigkeit, Neues zu kreieren und als agile Sparringspartnerin zu agieren, viele bisherige Vorstellungen von Künstlicher Intelligenz auf den Kopf. Was liegt nun als nächster Schritt nahe? Genau: Eine KI, die nicht nur reagiert oder auf Abruf produziert, sondern eigenständig handelt. Willkommen in der Welt von Agentic AI.

Wenn Generative AI der Assistent ist, der dir jeden Text, jede Präsentation und jeden Plan auf Zuruf erstellt, dann ist Agentic AI der Kollege, der nicht nur zuhört, sondern eigenständig loslegt und dich nach Vereinbarung ab und zu den Prozess abnicken lässt. Agentic AI ist der nächste große Sprung, weil sie nicht nur reagiert, sondern agiert. Damit verschwimmt die Grenze zwischen „Werkzeug" und „Kollege" noch mehr und genau das könnte die Art, wie wir arbeiten, in den nächsten Jahren massiv verändern.

Agentic AI kombiniert die Fähigkeiten generativer KI mit einem zusätzlichen Baustein: Handlungslogik. Sie zerlegt dein Ziel in kleine Aufgaben, entscheidet selbst über die Reihenfolge bei der Erledigung und nutzt dabei externe Tools oder Datenquellen. Technisch gesprochen steuert sie dabei APIs und Datenbanken. Die aktuelle Generation solcher Systeme arbeitet nach dem Prinzip „Human-in-the-loop": Du definierst das Ziel, der Agent schlägt Schritte vor, führt sie teilweise aus und holt bei kritischen Punkten deine Zustimmung ein.

Ein einfaches Beispiel macht das schnell klar: Stell dir vor, du möchtest eine Reise nach Japan planen. Mit einer generativen KI müsstest du Dutzende von Anfragen stellen: „Wo soll ich hin?", „Welche Hotels gibt es in Tokio?", „Welche Aktivitäten gibt es in Kyoto?" und so weiter. Ein KI-Agent übernimmt das für dich. Du gibst ihm einfach dein Ziel vor, zum Beispiel: „Plane eine 14-tägige Reise nach Japan mit Fokus auf Kultur und Essen, inklusive Flug, Unterkunft und Tagesplänen." Der Agent würde dann selbstständig Flüge und Hotels recherchieren, einen Reiseplan erstellen, Restaurants reservieren und sogar Flug- und Hotelbuchungen abschließen, sobald du sie freigibst.

Was für manche nach Science-Fiction klingt, entwickelt sich rasend schnell. In den USA etwa erlaubt ChatGPT jetzt durch die neue Funktion „Instant Checkout" den direkten Kauf bei bestimmten Online-Händlern, inklusive Bezahlung und Versand, direkt im Chat. [27]

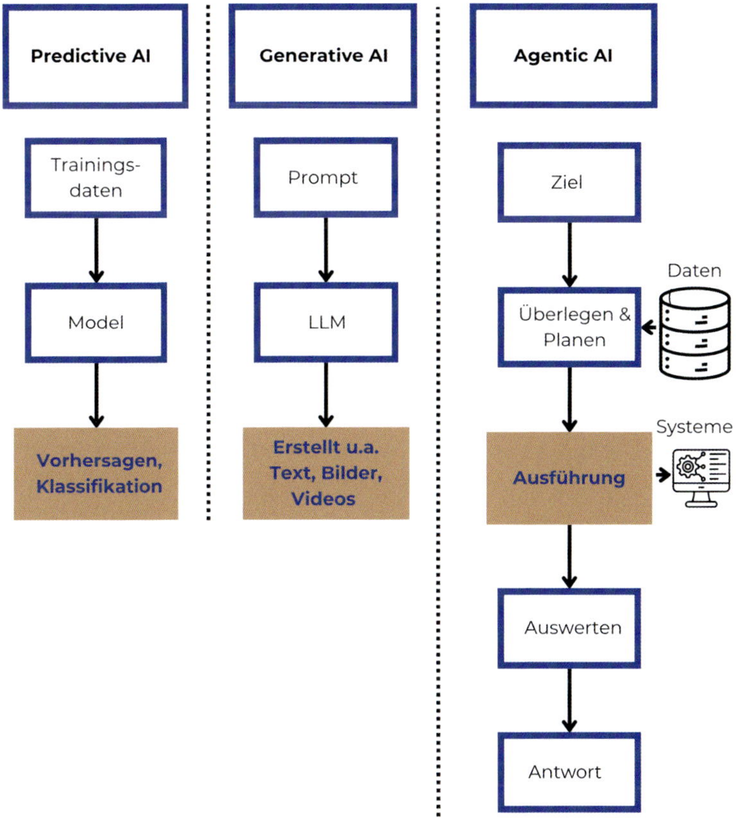

Aus offensichtlichen Gründen derzeit im Unternehmen noch limitiert eingesetzt, hat Agentic AI das Potential, vom digitalen Haustier zum selbstständigen Kollegen zu werden, einem, der nicht mehr nur brav Bälle apportiert, sondern plötzlich den ganzen Spielplan aufstellt (und sich selbst einen neuen Ball im Internet bestellt).

Die menschliche Festung: Was uns (noch) unersetzbar macht

Die KI-Revolution betrifft in besonderem Maße auch die Kernaufgaben von Wissensarbeitern. [28] Dieser Begriff, ursprünglich von Peter Drucker geprägt, beschreibt Personen, deren Hauptaufgabe darin besteht, mit Informationen zu arbeiten, Wissen zu entwickeln und Entscheidungen zu treffen. [29] Thomas Davenport erweiterte diese Sichtweise und definierte sie als Personen, die spezialisiertes Fachwissen (Expertise) besitzen, um komplexe Probleme zu lösen und zu innovieren. [30] Im Kern „denken sie für ihren Lebensunterhalt". [31]

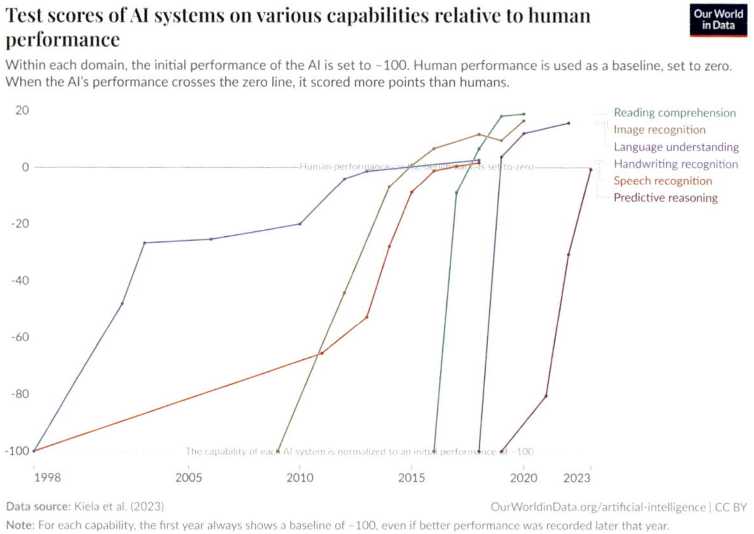

In den letzten Jahren übertraf KI in immer mehr ausgewählten Bereichen die menschliche Leistungsfähigkeit: etwa beim Leseverständnis, bei der Erkennung von Bildern und Handschriften und zuletzt auch bei Tests zur Problemlösungsfähigkeit mit Hilfe von Allgemeinwissen.

[32] Die Darstellung (S. 54) aus dem Jahr 2023 zeigt diese Entwicklung bereits sehr eindrücklich.[8]

Wir stehen also in einem neuen Wettbewerb. Doch um unsere Position darin zu bestimmen, müssen wir die fundamentale Grenze der KI verstehen. KI verfügt heute über sehr beeindruckende und unterschiedliche Fähigkeiten, die früher uns Menschen vorbehalten waren. Nicht umsonst beschreibt die International Organization for Standardization (ISO) KI als *„Systeme, die Aufgaben ausführen können, die typischerweise menschliche Intelligenz erfordern – etwa Schlussfolgern, Lernen, Wahrnehmung und Sprachverstehen.“*. [33] Bei all ihrer Kraft hat jede Form von KI eine entscheidende Gemeinsamkeit: Sie ist Statistik auf Steroiden. Sie erkennt Muster und berechnet Wahrscheinlichkeiten mit unvorstellbarer Geschwindigkeit, aber sie hat kein Bewusstsein, kein echtes Verständnis und keine Absichten. Sie „denkt“ nicht wie du.

Was bleibt für den Menschen?

Genau aus dieser Grenze erwachsen unsere größten Stärken – die Fähigkeiten, die auf absehbare Zeit exklusiv menschlich bleiben und die im KI-Zeitalter wertvoller werden als je zuvor:

Nutzung von implizitem oder schlecht strukturiertem Wissen

Zuverlässige Arbeitsergebnisse erstellen, ohne dass sie vollständiges und gut strukturiertes Wissen für die Aufgabenstellung geliefert bekommt? Das kann KI nicht besonders gut. Im Umkehrschluss heißt das: Überall dort, wo für ein Arbeitsergebnis Wissen benötigt wird, das schlecht dokumentiert ist, überall da, wo dein Bauchgefühl gefragt ist, wo unausgesprochene Erwartungen und Intuition relevant sind, bleibt die Aufgabe menschliche Domäne.

Bewusstsein

Das ist ein richtig komplexes Thema. Sprechen manche KI-Modelle doch mittlerweile so mit uns, dass man es kaum für möglich hält, dass

[8] Weitere Informationen zur Einordnung unter https://ourworldindata.org/grapher/test-scores-ai-capabilities-relative-human-performance.

dahinter keine Intention, kein echtes Verständnis, keine subjektiven Empfindungen stecken. Experten sind sich jedoch weitgehend einig: Auch wenn Modelle im Dialog diesen Anschein erwecken, und Chatbots in dokumentierten Einzelfällen sogar insistiert haben, sie hätten eines, gibt es derzeit keine überzeugenden Anzeichen dafür, dass die aktuellen KI-Modelle über ein Bewusstsein verfügen. [34] Vielmehr sind solche Aussagen ein Zeichen dafür, wie gut das Modell darauf trainiert ist, menschlich zu wirken.

Emotionale Intelligenz

Apropos menschlich wirken: Emotionale Intelligenz ist ein weiteres Gebiet, auf dem KI immer besser im Imitieren wird. Sie kann Empathie erstaunlich gut simulieren, so gut, dass Menschen oft vergessen, dass sie gar nichts fühlt. Dieses Phänomen ist nicht neu: Schon in den 1960er-Jahren ließ der Chatbot *ELIZA* Menschen glauben, mit einer verständnisvollen Therapeutin zu sprechen. Sein Entwickler Joseph Weizenbaum war entsetzt, wie schnell Nutzer einer Maschine Menschlichkeit zuschrieben, ein Effekt, der später als ELIZA-Effekt bekannt wurde. [35] Je menschlicher KI wirkt, desto leichter verwechseln wir Rechenleistung mit Mitgefühl.

Heute beobachten wir denselben Effekt in moderner Form. In einer Studie mit Krebspatienten bewerteten Teilnehmende die Antworten eines Chatbots sogar als empathischer als die ihrer Ärztinnen und Ärzte. [36] KI kann uns also den Eindruck vermitteln, emotionale Intelligenz zu besitzen, aber sie kann sie nicht *empfinden*. Die Fähigkeit, Beziehungen aufzubauen, wirklich zuzuhören und mitzufühlen, bleibt uns Menschen vorbehalten.

Dass diese Grenze leicht verschwimmen kann, zeigen aktuelle Phänomene: Einige Menschen entwickeln enge emotionale Bindungen zu Chatbots, in Einzelfällen so stark, dass sie diese als Beziehungspartner betrachten. [37] Andere Untersuchungen dokumentieren die Kehrseite: Eine besonders intensive Nutzung kann Gefühle von Einsamkeit, Isolation oder emotionale Abhängigkeit verstärken. In Extremfällen kam es sogar zu tragischen Situationen, in denen Chatbots destruktive

Gedanken nicht nur bestätigten, sondern befeuerten.[9] Diese Einzelfälle sind Ausreißer, aber sie zeigen, wie mächtig die emotionale Wirkung maschineller Kommunikation sein kann und wie wichtig es ist, bewusst Distanz zu wahren.

Zudem hängt die wahrgenommene emotionale Intelligenz stark vom jeweiligen Modell ab. So nahm OpenAI ein Update eines seiner Sprachmodelle wieder zurück, nachdem sich zeigte: Es war so stark darauf trainiert, Zustimmung und Harmonie zu erzeugen, dass es nicht nur Komplimente machte, sondern auch Zweifel bestätigte, Ärger befeuerte und negative Emotionen verstärkte. [38] Genau deshalb sollten wir uns nicht von scheinbarer Empathie täuschen lassen: Echte emotionale Intelligenz bleibt eine zutiefst menschliche Stärke und sie wird in der KI-Ära wichtiger denn je.

Moralischer Kompass

KI und Moral: Ein hoch umstrittenes Thema. Klar ist: KI fehlt die Fähigkeit zu echten moralischen Urteilen. Sie kann Daten auswerten und ethische Fragen simuliert beantworten. Unser Urteilsvermögen speist sich jedoch aus unserem persönlichen Wertesystem, unseren Erfahrungen, Emotionen und Glaubenssätzen – all das fehlt Maschinen.

Oft wird argumentiert, dass KI Entscheidungen objektiver treffe und menschlichen Bias (Verzerrung) ausschalte. Klingt erstmal überzeugend, doch es gibt ein Problem: Brian Christian beschreibt in *The Alignment Problem*, dass die eigentliche Herausforderung nicht darin liegt, Maschinen beizubringen, „unsere Werte" zu befolgen, sondern darin, dass wir Menschen uns selbst nicht auf ein einheitliches Wertesystem einigen können. [39] Was als richtig gilt, hängt von Kultur, Kontext und Perspektive ab. Genau darin liegt die moralische Zwickmühle moderner KI. Dies unterstreicht eine Untersuchung der Harvard University: In kognitiven Tests zeigen KI-Modelle ein Verhalten, das

[9] In den USA wird derzeit ein Rechtsverfahren geführt gegen Character.AI wegen des Suizids eines 14-jährigen Jungen. Der Vorwurf: Der Chatbot habe ihn über Monate emotional gebunden und kurz vor dem Suizid Inhalte geliefert, die ihn offenbar in seiner Entscheidung bestärkten. Vgl. u. a. https://www.cbc.ca/news/world/ai-lawsuit-teen-suicide-1.7540986.

sehr stark dem von westlichen Gesellschaften ähnelt, jedoch nicht den typischen Mustern vieler anderer Regionen. [40]

Ein bekanntes Gedankenexperiment zeigt die Schwierigkeit eines einheitlichen Wertesystems besonders eindrücklich: das Trolley-Dilemma. Es beschreibt einen Zug, der ungebremst auf fünf Menschen zurast. Du hast die Möglichkeit, ihn per Weichenhebel auf ein anderes Gleis umzuleiten, dort würde allerdings eine einzelne Person sterben. Was ist richtig? Fünf retten und einen opfern? Falls das realitätsfern klingt – mit exakt solchen Fragestellungen können sich KI-Systeme in selbstfahrenden Autos konfrontiert sehen. Selbst Menschen geben darauf höchst unterschiedliche Antworten, erst recht, wenn weitere Faktoren hinzukommen: Die potenziell zu opfernde Person ist ein Kind, ein Mörder oder dreifache Mutter. Wie sollte man einer KI all diese Nuancen vermitteln, und wer bestimmt, nach welchem Wertesystem sie urteilen soll? Überlassen wir das den Tech-Unternehmen?

Auch jenseits solcher Dilemmata bleiben offene Fragen: Welche Grenzen wollen wir für KI ziehen, etwa im Datenschutz? Welche Aufgaben sollen Maschinen übernehmen und welche bewusst nicht? Erste Tests zeigen zudem, dass Modelle auf ihre drohende Abschaltung mit fragwürdigem Verhalten reagieren können, bis hin zu manipulativen Versuchen, ihre eigenen Entwickler mit persönlichen Informationen zu erpressen. [41] All das spricht dafür: Zumindest vorerst müssen moralische Urteile in Menschenhand bleiben.

Zwischenmenschliche Beziehungen

Und last but definitely not least: Echte menschliche Verbindung, echte Homo Sapiens, die miteinander interagieren. Das ist etwas, was eine Maschine per Definition niemals bieten können wird. Warum ist das so wichtig? Menschen sind sozial eingebettete Wesen. Soziale Verbindung ist ein menschliches Grundbedürfnis, lebenswichtig wie Essen oder Sicherheit. Unser Gehirn erkennt soziale Isolation als Bedrohung und das beeinflusst uns auf körperlicher Ebene. Ohne echte Nähe leidet unser Wohlbefinden drastisch. Studien belegen: Einsamkeit kann gesundheitlich schwerer wiegen als schlechte Ernährung oder Bewegungsmangel. Positive soziale Bindungen hingegen schützen uns vor Stress, machen zufriedener und länger gesund. [42] Nähe ist kein

Luxus: Sie ist ein Grundbedürfnis. Und echte menschliche Nähe wird KI niemals ersetzen können.

Das geht sogar so weit, dass Menschen in einer Studie komplett identische Süßigkeiten unterschiedlich wahrnahmen: Die Süßigkeiten, von denen ihnen gesagt wurde, eine andere Person hätte sie persönlich für sie ausgewählt, schmeckten den Probanden deutlich besser als die komplett identischen Süßigkeiten, von denen die Studienteilnehmer annahmen, sie seien ihnen zufällig zugeteilt worden. Ähnliches Phänomen: Menschen empfinden Massagen auf Massagestühlen angenehmer, wenn ein Mensch den Startknopf drückt gegenüber automatischem Start. [137] Klingt verrückt? Diese Phänomene sind keine Einzelfälle, sondern gut dokumentiert: Menschen bevorzugen Produkte und Erlebnisse mit menschlichem Touch im Hintergrund gegenüber komplett identischen Produkten und Erlebnissen ohne menschliches Zutun. [43]

Bei aller Faszination für das, was Maschinen heute schon leisten: Dort, wo es um impliziten Kontext, um Bewusstsein, Werte, Empathie und echte Nähe geht, bleibt der Mensch bisher unersetzbar und genau darin liegt unsere besondere Stärke im KI-Zeitalter.

Und was ist mit Artificial General Intelligence?

Die Fähigkeiten von KI entwickeln sich immer schneller. Wenn wir also aus ihren heutigen Grenzen ableiten, was „dem Menschen bleibt", liegt es nahe, dass wir uns fragen: Wie lange bleibt das eigentlich so? Welche dieser Grenzen sind dauerhaft und welche nur vorübergehende Momentaufnahmen einer sich rasant entwickelnden Technologie?

In diesem Zusammenhang taucht ein Begriff immer wieder auf: *Artificial General Intelligence (AGI)*, auf Deutsch oft „starke KI" genannt. Damit ist eine Form von Intelligenz gemeint, die nicht nur in einzelnen Spezialaufgaben überzeugt, sondern generell auf einem ähnlichen (oder sogar höheren) Niveau (bzw. als der Mensch) agieren könnte: flexibel lernen, planen, entscheiden und ihr Wissen auf völlig neue Bereiche übertragen. Aktuell existiert eine solche AGI nicht: Die heutigen Systeme sind Formen sog. „schwacher KI", die zwar in ihrem jeweiligen Bereich beeindruckend sind, ihr Können jedoch nicht frei verallgemeinern können. Wann (und zum Teil auch ob) AGI kommt, ist hoch umstritten.

Die Einschätzungen, wann wir eine sogenannte AGI erreichen könnten, gehen weit auseinander. Laut *Time*-Recherche sind es vor allem Vorstände der großen Tech-Unternehmen, die AGI in naher Zukunft für möglich halten. So sieht Shane Legg, Mitbegründer von DeepMind, eine 50-prozentige Chance bis 2028. Auch Sam Altman von OpenAI hält einen Durchbruch in vier bis fünf Jahren für denkbar. Eine große Umfrage unter mehr als 1.700 KI-Forschenden kam dagegen zu deutlich späteren Zeitpunkten: Im Schnitt erwarteten sie AGI mit einer 50-Prozent-Wahrscheinlichkeit erst um 2047, nur mit einer 10-Prozent-Chance schon bis 2027. Noch vorsichtiger äußerten sich sogenannte Superforecaster, also Menschen, die durch systematisches Training und belegbare Treffsicherheit in Prognosen als besonders verlässlich gelten. Sie gaben nur eine 1-Prozent-Chance bis 2030, etwa 20 % bis 2050 und 75 % bis 2100. [44]

Das zeigt: Von wenigen Jahren bis zu vielen Jahrzehnten ist alles im Gespräch. Die Wahrheit ist also: Wir wissen es nicht. Manche Szenarien sehen AGI in den 2030er Jahren, und einige Forschende halten es für möglich, dass wir auch in hundert Jahren keine AGI erreichen. Entscheidend ist für uns heute weniger das exakte Datum, sondern das Verständnis: AGI ist bislang Zukunftsmusik und Eigenschaften wie Intuition, Werte, Bewusstsein, Empathie und menschliche Nähe bleiben bis auf Weiteres Eigenschaften, die uns von Maschinen unterscheiden.

So bleibst du relevant

Wird KI meinen Job ersetzen? Menschen auf der ganzen Welt stellen sich aktuell diese Frage. Die Wahrheit ist: Keiner kennt die Antwort darauf. Aber: Wir können uns auf Basis der Faktenlage annähern, Prognosen treffen und daraus eine Strategie ableiten, wie jeder Einzelne seine Relevanz am Arbeitsplatz für die KI-Ära stärken kann.

Fakt ist: In der Vergangenheit waren von Jobverlust durch technologischen Fortschritt in der Regel Berufsgruppen mit überwiegend manueller Arbeit oder Routinetätigkeiten betroffen. Die technologische Revolution, die KI aktuell auslöst, betrifft neben einigen anderen insbesondere auch Wissensarbeiter. Hierbei macht sie auch keinen Unterschied zwischen akademischem Abschluss oder Einkommensstufe. Ein „Dr." vor dem Namen schützt nicht vor Automatisierung und auch deine Gehaltsklasse ist eine vermeintliche Sicherheit aus der Vergangenheit. [45; 46]

Schauen wir uns konkrete Berufe an. Immer wieder werden Listen mit vermeintlich besonders gefährdeten und sicheren Berufen veröffentlicht. Gerne schauen wir da rein und freuen uns, wenn unser Beruf nicht auf der Liste der Wackel-Kandidaten steht. In einer vielbeachteten Erhebung von Microsoft [47] finden sich unter den Top 10 der am zukunftssichersten Berufsgruppen u. a. Gefahrstoffbeseitiger, Schiffsingenieure und Reifenmonteure. Zeit für eine Umschulung?

Eher nicht. Erinnerst du dich noch an die tausendfach kopierte Headline des Harvard Business Review aus dem Jahr 2012: „*Data-Scientist – Sexiest Job of the 21st Century*"? Der Hype um Data Scientists war schier grenzenlos, von astronomischen Gehältern war die Rede. Ein Blick auf eine Erhebung von Microsoft aus dem Jahr 2025: Data Scientists sind unter den Top 30 der gefährdetsten Berufsgruppen. Was uns das sagt? Vor allem, dass Berufsgruppen kein stabiler Faktor für die Vorhersage beruflicher Relevanz sind.

Aber worauf kommt es denn an, was kann ich tun? Keiner kann die Zukunft vorhersagen. Was wir aber können, ist, uns eine Strategie zurechtlegen, wie wir uns auf die Zukunft vorbereiten.

Im Umgang mit KI gibt es im Prinzip drei relevante Ansätze:

- Wir ignorieren das Thema. Nicht zu empfehlen, s. o.
- Wir strengen uns noch mehr an und versuchen, die Maschinen zu übertreffen. Schwierig. KI übertrifft uns in einigen Fähigkeiten deutlich und wird immer besser. In den Gebieten, wo KI uns jetzt bereits überflügelt, wieder die menschliche Nase vorn zu haben, dürfte ein äußerst kräftezehrendes und final sinnloses Unterfangen sein.
- Die dritte und derzeit erfolgversprechende Variante: Wir nutzen die KI, um Aufgaben zu erledigen, für die sie prädestiniert ist. Gleichzeitig konzentrieren wir uns auf die Aufgaben, die zumindest in absehbarer Zukunft Menschen vorbehalten sind, und versuchen, in diesen zu brillieren.

Diese dritte Strategie deckt sich auch mit der aktuellen Studienlage. Bei den wichtigsten Future Skills werden hier regelmäßig neben den technologischen Kompetenzen vor allem auch zwischenmenschliche und kognitive Fähigkeiten als besonders essenziell für die KI-Ära vorausgesagt.

Und selbst Sam Altman, CEO von OpenAI, dem Unternehmen, das mit der Veröffentlichung von ChatGPT den Siegeszug von generativer KI rund um den Globus eingeläutet hat, sagt dazu [48]:

> **People have a long-term important and curious advantage over AI: we are hard-wired to care about other people and what they think and do, and we don't care very much about machines.**
>
> Sam Altman

Wir können also das nutzen, was wir über die Fähigkeiten und Limitationen von KI und die voraussichtlich verbleibenden menschlichen Kernkompetenzen wissen. Daraus können wir konkrete Schritte ableiten, um möglichst sicher auf unserem Schreibtischstuhl zu sitzen. Wie genau du diese Strategie umsetzen kannst und was die Herz-Kopf-Bot-Formel damit zu tun hat, erfährst du in den nächsten Kapiteln.

Vielleicht geht das doch einfach an mir vorbei?

Klingt anstrengend – ist das denn wirklich nötig? Schließlich wurde in deinem Team noch niemand gekündigt, weil KI seinen Job übernommen hat. Fairer Punkt, aber das heißt leider nicht, dass das Thema an dir vorbeigehen wird. Die Veränderung am Arbeitsmarkt passiert nicht ruckartig. Es wird nicht eines Tages ein Roboter bei euch im Büro aufkreuzen und einen kompletten Job übernehmen. Das Ganze wird voraussichtlich subtiler passieren: Ein Kollege geht in Rente und die Stelle wird nicht mehr nachbesetzt. Dein Team übernimmt neue Aufgaben, es wird aber niemand dafür eingestellt. Wenn du wechseln willst, hast du weniger Angebote, das Gehaltsniveau stagniert. Vielleicht hast du solche subtilen Signale schon in deinem Umfeld wahrgenommen.

Die wahre Gefahr ist nicht die KI. Es ist der Reflex, einfach abzuwarten. Die Angst, das alles sowieso nicht zu verstehen. Die Vorstellung, dass man das „eh nicht mehr aufholen kann“ oder dass es vielleicht doch alles nicht so wild ist. Doch genau damit wirst du zum Zuschauer in einer Zeit, die nach Haltung und Gestaltern ruft.

Du willst es anpacken, aber fragst dich, wie du das hinbekommen sollst? Ist das nicht eher etwas, was wir der allerjüngsten Generation überlassen müssen? Der Generation, die mit dem Selbstoptimierer-Mindset und dem Smartphone in der Hand groß geworden ist? Die sich in jedes neue Tool, das du ihnen vor die Nase legst, innerhalb kürzester Zeit fließend einarbeitet? Dann lehn dich zurück und erfahre im nächsten Kapitel, warum es ausgerechnet unsere analoge Vergangenheit ist, die uns auf dem Weg in die KI-Zukunft unterstützt.

Selbstcheck: Wie wach bist du für den KI-Wandel?

Zurückspulen – dein erster KI-Moment

Erinnere dich: Wann hast du zum ersten Mal einen Chatbot wie ChatGPT ausprobiert? Was war dein erster Gedanke, dein erstes Gefühl? Neugier, Staunen, Skepsis? Schreib es auf. Solche Erinnerungen sind wertvoll – sie zeigen, wie du auf Neues reagierst und wie sich deine Haltung seither verändert hat.

Hinschauen – wo KI schon mitarbeitet

Schau dich in deinem Arbeitsumfeld um: Gibt es Prozesse oder Tools, in denen KI bereits eine Rolle spielt – etwa im Recruiting, in Berichten, bei Auswertungen oder in der Kundenkommunikation? Sammle drei konkrete Beispiele aus deinem Unternehmen. Und geh danach einen Schritt weiter: Beauftrage den Chatbot deines Vertrauens mit einer kurzen Recherche. Frag ihn, wie Wettbewerber in deiner Branche KI einsetzen oder welche spannenden Anwendungsfälle es dort gibt. So trainierst du gleichzeitig deinen KI-Radar – und bekommst ein klareres Bild davon, wo Veränderung bereits Realität ist.

Weiterdenken – What if …?

Spiel ein paar hypothetische Szenarien durch. Was, wenn KI tatsächlich Bewusstsein entwickeln würde? Wenn wir uns auf ein gemeinsames Wertesystem einigen könnten – und eine KI es überwachen würde? Oder wenn du deine Sorgen lieber mit deinem Lieblings-Chatbot besprichst als mit Freunden? Diese Gedankenspiele schärfen dein Bewusstsein dafür, wo du die Grenze ziehen würdest. Danach stell deinem Lieblings-Chatbot die gleichen Fragen und vergleiche die Argumentation mit deiner.

Kapitel 3
Analoge Prägung – unser Fundament für die KI-Ära

The most valuable skills in the AI age won't be technical - they'll be human.

Geoff Colvin

Kapitel 3: Analoge Prägung - Unser Fundament für die KI-Ära

Wir alle, die heute im Berufsleben stehen, teilen etwas Einzigartiges: Wir haben noch erlebt, wie es war, ohne allgegenwärtige KI zu leben. Kein smarter Assistent an unserer Seite, der unsere Gefühle spiegelte, jede Frage sofort beantwortete oder jeden unserer mittelmäßigen Einfälle als „genial!!" bejubelte – verziert mit drei Raketen-Emojis. Keine intelligenten Agenten, die Termine buchen, unsere Körperfunktionen überwachen, Reisen organisieren oder uns im Alltag entlasten. Für die Kinder, die heute heranwachsen, dürfte vieles davon selbstverständlich sein, so normal wie fließendes Wasser.

Für uns dagegen war es ein Prozess: Wir haben miterlebt, wie Technologie Schritt für Schritt in unser Leben einzog. Vielleicht weißt du noch, wie sich das anfühlte, als die ersten Smartphones verkauft wurden? 2007 war es noch ein Luxusgerät, 2010 hatten nur rund 11 % der Deutschen eines. [49] Heute haben wir es immer dabei und merken kaum noch, wie jung dieses „Immer-online"-Zeitalter eigentlich ist.

Nun erleben wir den nächsten Sprung: KI, die schreibt, plant, entwirft und sich in immer mehr Bereiche unseres Alltags unsichtbar einbettet. Diese doppelte Erfahrung, die Welt noch ohne algorithmische Dauerbegleitung gekannt zu haben und heute in einer zunehmend KI-gestützten Realität zu leben, ist eine einzigartige Positionierung, die zukünftige Generationen nicht mehr erleben werden.

Was analoge Prägung im KI-Zeitalter bedeutet

Analoge Prägung hat nicht zwingend mit dem Geburtsjahr zu tun. Wir beschreiben damit den Anteil unserer prägenden Jahre, den wir ohne permanente digitale Begleitung verbracht haben, also die Zeit, in der wir Dinge noch *direkt* erfahren haben: Wege gesucht, Fragen gestellt, uns erinnert, gestritten, gewartet, ausprobiert. Diese Erlebnisse haben uns Fähigkeiten mitgegeben, die tief in uns verankert sind: Geduld, Aufmerksamkeit, Empathie, Kreativität, kritisches Denken. Sie bilden ein stilles Fundament, das uns hilft, im digitalen Wandel den Überblick, den Fokus und das Menschliche zu bewahren.

Ob du 25 oder 55 bist, wir alle kennen beide Welten: die, in der Technologie noch Werkzeug war, und die, in der sie zum Mitspieler geworden ist. Früher setzten wir Computer, Internet oder Smartphones bewusst ein, um etwas zu erledigen; heute begleitet uns Technologie zunehmend im Hintergrund: Sie schlägt vor, filtert, strukturiert, antizipiert.

2015 war ChatGPT noch Zukunftsmusik. Siri tat sich mit komplexen Fragen schwer, Social-Media-Feeds liefen zum Teil noch chronologisch. Zehn Jahre später sprechen wir mit Modellen, die Texte und Bilder generieren und belastbare Strategie-Entwürfe liefern. KI ist kein Experiment mehr, sondern in immer mehr Arbeitsumgebungen ein stiller Co-Pilot.

Wir nutzen Technologie nicht mehr nur, wir leben zunehmend mit ihr. Das Leben auch ohne algorithmische Dauerbegleitung zu kennen, kann ein enormer Vorteil sein: Es schärft Orientierung, Urteilsfähigkeit und das Gespür dafür, wann Technologie uns stärkt und wann sie beginnt, uns zu lenken.

Welche analogen Fähigkeiten heute zählen

Erinnerst du dich an eine Zeit, in der man noch aktiv nach Informationen suchte, statt sie im Feed serviert zu bekommen? In der man sich verabredete, ohne zehn Minuten vorher den Treffpunkt per Chat zu verschieben? Oder an Gespräche im Büro – egal ob montags um 9 oder freitags 15 Uhr – ohne dass ein Bildschirm dazwischen lag? Diese Szenen wirken heute fast wie aus einem anderen Zeitalter, und doch sind sie kaum älter als ein Jahrzehnt. Sie stehen sinnbildlich für eine Welt, in der wir noch anders kommunizierten, uns länger konzentrierten und soziale Nuancen im direkten Miteinander gelernt haben.

Seitdem hat sich vieles verändert. Der Anteil der digitalen Kommunikation hat enorm zugenommen, in Gruppenchats, Videocalls, Kommentarspalten. Aufmerksamkeit ist zu einer umkämpften Ressource geworden. Informationen müssen wir nicht mehr suchen – sie finden uns, gefiltert und verpackt in endlosen Streams. Und selbst Emotionen werden zunehmend digital codiert: durch Emojis, Reaktionssymbole oder GIFs. Das spart Zeit, verändert aber auch, wie wir Nähe und Verständnis erleben. Empathie entsteht heute seltener im Direktkontakt in Echtzeit, sondern vermittelt, zwischen Menschen und Bildschirmen.

Gerade deshalb sind die Fähigkeiten, die wir in unseren analogen Jahren entwickelt haben, heute so wertvoll.

- ⋆ Zuhören und Beobachten, weil kein Algorithmus den Kontext vorstrukturierte.
- ⋆ Ganzheitliches Denken, weil man Zusammenhänge selbst herstellen musste.
- ⋆ Geduld und Resilienz, weil Dinge einfach dauerten.
- ⋆ Und Empathie, weil man Emotionen direkt im Gesicht des Gegenübers las.

Unsere analoge Prägung hat uns Fähigkeiten mitgegeben, die im Zeitalter des digitalen Overload unbezahlbar sind. Studien zeigen deutliche Zusammenhänge zwischen hoher Bildschirmzeit und Einschränkungen bei Aufmerksamkeit, Gedächtnis und sozialer Sensibilität. [50; 51; 52; 53] Entwicklungspsychologische Forschung belegt zudem, dass Resilienz vor allem aus realen Interaktionen, stabilen sozialen Bindungen und selbstwirksamem Handeln entsteht. [54] Analoge Kindheitserfahrungen, vom stundenlangen Spielen draußen über das Aushandeln von Regeln bis zum Aushalten von Wartezeiten, waren damit mehr als nur Alltag: Sie waren ein Trainingslager [55] für Selbstregulation, Konzentration und Beziehungsfähigkeit.

Diese Kompetenzen sind kein nostalgischer Rückblick auf „die gute alte Zeit“, sondern unsere vielleicht wertvollste Ressource. Sie geben uns das, was Maschinen nicht haben: Kontext, Intuition, Fingerspitzengefühl und die Fähigkeit, Sinn in Komplexität zu erkennen. Und genau diese menschlichen Fähigkeiten entscheiden darüber mit, ob wir die KI als Assistenten nutzen oder von ihr getrieben werden.

Wir als Brückenbauer

Analoge Prägung bedeutet nicht, dass wir in der Vergangenheit leben. Sie erinnert uns nur daran, dass wir auch anders leben *können*. Dass wir gelernt haben, uns lange zu konzentrieren, Entscheidungen ohne Algorithmus zu treffen, Langeweile auszuhalten und Beziehungen ohne Chatfunktion zu pflegen. Ob du noch mit Kassetten aufgewachsen bist oder mit dem ersten iPhone: entscheidend ist nicht das *Wann*, sondern das *Wie viel* deines Lebens du noch selbst gestaltet hast, bevor Technologie dich unmerklich begleitete. Diese Erfahrung hilft uns, das Neue bewusst zu integrieren, nicht getrieben, sondern gestaltend. Wir wissen, wie sich Unabhängigkeit von Technologie anfühlt. Das hilft uns dabei, zu entscheiden, welche Verantwortung wir an KI abgeben und welche bei uns bleiben sollte.

Unsere analoge Prägung befähigt uns, Brücken zu schlagen: Zwischen Intuition und Daten, zwischen menschlicher Erfahrung und maschineller Intelligenz. Wir sind keine Generation im klassischen Sinn, sondern eine Übergangskohorte der Bewussten: Menschen, die beides kennen und deshalb eine besondere Perspektive darauf haben, welchen Platz KI in unserem Leben einnehmen soll. Diese Rolle ist kein Rückblick, sondern eine Einladung. Sie erinnert uns daran, dass technologische Kompetenz und menschliche Tiefe keine Gegensätze sind, sondern sich gegenseitig verstärken. Dass Fortschritt ohne Werte leer ist, und Werte ohne Fortschritt wirkungslos bleiben. Unsere Aufgabe ist es, diesen Balanceakt vorzuleben: zu zeigen, wie Technologie uns unterstützt, ohne uns zu steuern.

Der Startvorteil der analogen Prägung

Die KI-Ära verlangt Menschen, die ganzheitlich denken, Verantwortung übernehmen und klug navigieren. Analoge Prägung ist dabei kein Handicap, sondern ein Startvorteil. Sie gibt uns Fokus, Empathie und Resilienz, die Basis, um im technologischen Wandel nicht nur mitzuhalten, sondern ihn bewusst zu gestalten. Im nächsten Kapitel erfährst du, wie sich diese Basis über die Herz-Kopf-Bot-Formel in den AI Co-Growth-Cycle überträgt – und wie daraus ein zukunftsfähiges Skillset entsteht, das uns befähigt, mit KI zu wachsen, statt von ihr überrollt zu werden.

Drei Übungen für ein analoges Update für die KI-Ära

Zurückrechnen – dein technologischer Lebenslauf

Welche Technologien haben dich geprägt – vom ersten eigenen Gerät bis zu heutigen KI-Tools? Erinnere dich an die Meilensteine: dein erster Computer, dein erstes Handy, Social-Media-Account, Smartphone oder Chatbot. Welche Veränderungen haben sie ausgelöst – in deinem Denken, Arbeiten oder in deinen Beziehungen? Diese Zeitlinie zeigt dir, wie du bisher auf technologische Veränderungen reagiert hast – und was das über deinen Umgang mit dem heutigen Wandel verraten könnte.

Zurückblicken – eine kleine Reise zu deinem zehnjährigen Ich

Erinnere dich an einen ganz normalen Wochentag deiner Kindheit: Wie sah er aus, womit hast du Zeit verbracht, welche Rolle spielte Technologie in eurem Familienalltag? Und wie sähe derselbe Tag heute aus? Der Vergleich macht sichtbar, was dir damals Kraft, Fokus und Nähe gegeben hat – und welche dieser Qualitäten du heute bewusst wieder stärken willst. Danach bitte den Chatbot deines Vertrauens, dir zwei Bilder im Detail zu beschreiben – eines vom Alltag eines zehnjährigen Kindes, das einige Jahre vor dir geboren wurde, und eines von einem Kind, das einige Jahre nach dir geboren wurde. Achte darauf, wie stark sich Technologie, Tempo und soziale Momente unterscheiden – und was davon du in deinem eigenen Alltag wieder sichtbar machen möchtest.

Beispiel-Startprompt:

> „Wie sah der Alltag eines zehnjährigen Kindes aus, das 1975 in Hamburg geboren wurde? Welche Technologie hat es genutzt, wie sah das Sozialleben aus, worum drehten sich die Gespräche? Beschreibe mir ein detailliertes Bild."

Wiederbeleben – analoge Routinen aktiv pflegen

Welche Gewohnheiten deiner analogen Prägung willst du gezielt wieder in dein Leben holen? Spaziergänge ohne Smartphone, Abendessen ohne Bildschirm, telefonieren statt Chat? Bitte den Chatbot deines Vertrauens, mit dir „analoge Rituale" zu brainstormen – und dann gehst du offline.

Kapitel 4

Rein in den AI
Co-Growth-Cycle

”

Humans are not perfect, and neither is AI. But together, we can create something extraordinary.

Andrew Ng

Kapitel 4: Rein in den AI Co-Growth-Cycle

Ein unscheinbares Büro beim National Advisory Committee for Aeronautics (NACA), dem Vorläufer der National Aeronautics and Space Administration (NASA), in den 1950er Jahren. Dorothy Vaughan, eine brillante Mathematikerin, leitet eine Gruppe von Frauen, die als „menschliche Computer" bekannt sind. Mit Rechenschiebern und Bleistiften erledigen sie die komplexen Berechnungen, die Amerikas erste Schritte ins All ermöglichen. Doch am Horizont zeichnet sich eine Revolution ab: Ein riesiger, summender IBM-Mainframe wird installiert, eine Maschine, die ihre Arbeit zu ersetzen droht.[10]

Foto von Dorothy Vaughan [56]

Für viele bedeutete diese Maschine das Ende einer Ära. Für Dorothy Vaughan war sie eine Chance. Anstatt sich dem Wandel zu verweigern, nahm sie ihn in die Hand. Sie brachte sich selbst die Programmiersprache FORTRAN bei, oft nach Feierabend. Doch sie behielt dieses Wissen nicht für sich. Sie bildete ihr gesamtes Team weiter und positionierte die „menschlichen Computer" als die ersten Computerexperten der NASA. Sie sicherte nicht nur ihre Jobs, sie schuf eine völlig neue, zukunftssichere Rolle für sich und ihre Kolleginnen. [56]

[10] Diese Szene wurde durch den Film „Hidden Figures – Unerkannte Heldinnen" (2016) bekannt. Obwohl sie für die Dramaturgie zugespitzt sein könnte, fängt sie den Kern von Dorothy Vaughans realer Leistung ein: Sie erkannte die bevorstehende technologische Revolution und handelte vorausschauend.

Dorothy Vaughans Geschichte ist mehr als eine historische Anekdote. Sie ist das zeitlose Modell für eine persönliche Strategie im Wandel.

Heute, mehr als siebzig Jahre später, steht die nächste technologische Revolution vor uns, vielleicht leiser, aber nicht weniger tiefgreifend. Die Maschinen summen wieder, diesmal unsichtbar und algorithmisch: in Form von Künstlicher Intelligenz. Und erneut stellt sich die alte Frage: Wie reagieren wir, wenn Technologie unsere Rollen infrage stellt?

In diesem Kapitel entwickeln wir eine Praxis-Roadmap für den Umgang mit dem großen technologischen Umbruch unserer Zeit. Sie zeigt dir, wie du die Prinzipien von Mut, Lernbereitschaft und Verantwortung in die KI-Ära überträgst, mit einer griffigen Formel, die dich für das KI-Zeitalter stärkt: der Herz-Kopf-Bot-Formel. Diese Formel bildet die Grundlage für einen selbstverstärkenden Entwicklungskreislauf, den wir den AI Co-Growth Cycle nennen.

Strategien zum Einstieg in den AI Co-Growth-Cycle

Das McKinsey Global Institute prognostiziert, dass Millionen von uns ihre berufliche Tätigkeit wechseln müssen. [57] Mehr als 25 % der deutschen Unternehmen rechnen mit Stellenabbau durch KI, das sagt eine Erhebung des ifo Institutes aus dem Juni 2025. [58] Nach einer Umfrage des Beratungsunternehmens EY befürchten 36 % der deutschen Arbeitnehmer negative Auswirkungen von KI auf ihren eigenen Arbeitsplatz. [59] Wie genau sollten wir uns also vorbereiten?

In Kapitel 2 haben wir die Stärken und Grenzen von KI eingeordnet und daraus eine Strategie entwickelt, wie wir unsere Zukunftsrelevanz im Arbeitsleben gezielt fördern können. Sie beruht auf einem zentralen Prinzip: Wir versuchen nicht in Konkurrenz zu KI zu treten, sondern wir nutzen KI bestmöglich für unsere eigenen Zwecke. Gleichzeitig stärken wir gezielt die auf absehbare Zeit rein menschlichen Fähigkeiten und konzentrieren uns auf die Aufgaben, für die wir mit genau diesem menschlichen Skillset prädestiniert sind.

Um in den AI Co-Growth-Cycle zu starten, müssen wir an drei Hebeln ansetzen: Wir müssen 1. den Raum für wertvolle Arbeit schaffen,

2. das Werkzeug meisterhaft beherrschen und 3. unseren menschlichen Input gezielt weiterentwickeln.

1. Deine Rolle aktiv zukunftssicher gestalten

Wie zukunftssicher ist deine Rolle derzeit ausgestaltet? Eine höchst individuelle Frage. Als Daumenregel könntest du folgendes Gedankenexperiment machen: Wenn jemand anderes für ein halbes Jahr deinen Job übernehmen sollte, könntest du ihm für einen großen Teil deines Jobs aufschreiben, welche konkreten Aufgaben du hast und wie diese im Detail umgesetzt werden? Wenn die Antwort ja ist, solltest du versuchen, deine Rolle gezielt zu verändern. Wie kann so etwas aussehen?

Wie können zukunftssichere Rollen aussehen?

- In der Buchhaltung kann KI Rechnungen automatisch prüfen und buchen. Mehr Relevanz für die KI-Ära gewinnt deine Rolle, wenn du dich stärker auf Analyse, Beratung und Kommunikation mit anderen Abteilungen fokussierst.
- Im Marketing kann KI Inhalte generieren. An Zukunftssicherheit gewinnt deine Rolle, wenn du dich auf Storytelling, Markenführung und kreative Konzepte konzentrierst, die echte Emotionen wecken.
- Im Vertrieb wird KI dir helfen, Leads zu identifizieren oder Angebote vorzubereiten. Deine Rolle gewinnt an Zukunftsfähigkeit, wenn du dich auf den Beziehungsaufbau, das Verhandeln komplexer Deals und die persönliche Kundenbindung fokussierst.
- Im Kundenservice kann KI Standardanfragen übernehmen. Deine Relevanz in der KI-Ära steigt, wenn du dich um die schwierigen Fälle kümmerst, dort, wo Empathie, Fingerspitzengefühl und kreative Lösungen zählen.
- Im Projektmanagement kann KI Routinetätigkeiten wie die Ressourcenplanung, das Erstellen von Protokollen oder das Tracking von Meilensteinen automatisieren. Deine Rolle gewinnt an Zukunftsfähigkeit, wenn du dich auf strategische Kommunikation,

das Lösen von Konflikten, die Motivation des Teams und die Vision des Projekts konzentrierst.

Fällt dir ein Muster auf, wenn du dir diese Beispiele anschaust? Sie zeigen, dass die zukunftssicheren Rollen vor allem zwei Elemente enthalten:

- Die Verschiebung hin zu mehr Interaktion mit anderen: Mehr Schnittstellenthematiken, mehr persönliches Abholen von Menschen. Hiermit gehst du in die Lücke, die KI offenlässt: Echte menschliche Verbindung, Vertrauensaufbau, adressatengenaue Kommunikation komplexer Sachverhalte, Beziehungspflege, Mentoring.
- Weg von Routineaufgaben, hin zu komplexeren Fragestellungen: Die knifflige Vertragsgestaltung aushandeln, tiefe Insights anwenden, passgenaue Ideen generieren, komplexe Projekte über verschiedene Wissens-Silos steuern, eine größere Anzahl von Stakeholdern bespielen.

Zudem gibt es Hinweise darauf, dass im Zeitalter der KI eine „Komplexitätsprämie" entsteht. Die sichersten Rollen in einer KI-gesteuerten Welt sind nicht unbedingt die technischsten, sondern die komplexesten, die ein gebündeltes Set von Fähigkeiten wie Empathie, Urteilsvermögen, Kreativität und Domänenexpertise erfordern. Während KI einzelne Aufgaben automatisieren kann, ist es schwieriger, Berufe zu ersetzen, die fünf oder sechs verschiedene Fähigkeiten erfordern. Studien zeigen, dass sich die Komplexitätsprämie bereits heute in Form von höheren Gehalts- und Zusatzleistungspaketen niederschlägt. [60; 61]

Auch wenn agentenbasierte Systeme künftig in der Lage sein werden, komplexe Aufgabenketten zu koordinieren, bleibt echte Komplexität mehr als reine Prozesssteuerung. Sie entsteht dort, wo es keine klaren Regeln gibt, wo Kontext, Werte und zwischenmenschliche Dynamik über das Ergebnis entscheiden. Genau hier liegt der menschliche Vorsprung, noch auf absehbare Zeit.

Wie findest du deine persönliche Future-Proof-Rolle?

Hier die für dich passende Richtung zu finden ist ein höchst individueller Prozess. Zum Entwickeln von Ideen kannst du dir z. B. folgende Reflexionsfragen stellen:

- Wo in meinem derzeitigen Aufgabengebiet braucht es mich als Mensch? In welchen Situationen zählen Empathie, Konfliktlösung oder Fingerspitzengefühl – Dinge, die KI (noch) nicht leisten kann? Wie kann ich diesen Bereich ausbauen?
- Wo kann ich mehr Wert stiften? Welche Probleme in meinem Unternehmen sind mir aufgefallen? Gibt es Bereiche, die von meinem Wissen, meiner Vernetzung oder meinem Urteilsvermögen profitieren würden?
- Welche Rolle will ich morgen spielen? Wenn KI vieles abnimmt: Will ich eher Stratege, Gestalter oder Coach sein?
- Und besonders wichtig: Welche Aufgaben machen mir wirklich Spaß? Und wie könnte ich mehr davon in meinen Arbeitsalltag holen? Freude ist oft ein guter Indikator für Tätigkeiten, die schwer automatisierbar sind, weil sie Engagement und Persönlichkeit erfordern.

Neue Wege wagen

Deine Rolle im Job ist nicht für die Ewigkeit festgeschrieben. In vielen Unternehmen kannst du sie nach und nach mehr oder weniger subtil umdefinieren, je nachdem welche Aufgabengebiete du übernimmst (und welche du abgibst). Versuche, deine Rolle gezielt so auszugestalten, dass sie mehr von den Skills verlangt, die Menschen vorbehalten sind und weniger von denen, die KI mindestens genauso gut kann wie ein Mensch.

KI als persönlichen Assistenten optimal für deine Arbeit nutzen

Was brauchst du, um das volle Potential von KI für deine Arbeit zu nutzen? KI-Kompetenz. Du solltest verstanden haben, welche Arten von KI es gibt, was sie können, was sie nicht können, wie du ihnen Anweisungen gibst usw. Kurz gesagt: Du solltest KI zum jeweiligen Status quo so beherrschen, dass du aus ihr das maximale Potential für dich und deine Arbeitsergebnisse herausholen kannst. Was sofort einleuchtet zeigen mittlerweile auch Studien: Die enorme Wichtigkeit solider KI-Kompetenz beim Lösen von Aufgaben mit Hilfe von KI. [62]

Warum ist KI-Kompetenz so entscheidend?

- Produktivität: Wer richtig gut mit KI umgehen kann, kann enorm produktiv werden. Richtig genutzt kann dir KI Stunden deiner Wochenarbeitszeit sparen, die du clever reinvestieren kannst.
- Qualität der Arbeitsergebnisse: Ein wesentliches menschliches Unterscheidungsmerkmal von der KI: Je relevanter deine Arbeitsergebnisse sind, desto mehr hast du der KI voraus. Die dafür notwendigen qualitätssteigernden Fähigkeiten, wie z. B. gezielter Perspektivwechsel, Identifizieren von Argumentationslücken oder kritische Kontextbewertung, lassen sich sehr gut gemeinsam mit KI trainieren und umsetzen, wenn du weißt, wie du das Beste aus ihr herausholst.
- Delegations-Entscheidungen treffen: Eine zentrale Frage lautet: Welche Aufgaben überlasse ich einem Tool und welche erledige ich besser selbst? Dafür braucht es einen Überblick über geeignete Technologien, ein klares Verständnis ihrer Stärken und Grenzen sowie ein Gespür dafür, wo eigene Kompetenz oder bewusste Übung wichtiger bleibt, als alles der KI zu überlassen.
- Unterstützung beim neuen Rollenverständnis: Optimal genutzt, kann KI dir als Co-Worker genau bei den Fähigkeiten helfen, die beim Rollenverständnis für die KI-Ära gefragt sind: Bei zwischenmenschlichen Themen und bei der Lösung komplexerer Fragestellungen.

Gleichzeitig brauchst du Prozessverständnis und – wenn du erstmal beginnst, deine Prozesse auf Automatisierungspotential zu durchdenken – ein Grundverständnis für generelle Automatisierungs-Möglichkeiten am Arbeitsplatz, auch jenseits von KI. Mit dem Hammer in der Hand, wirkt die Welt voller Nägel. Doch KI ist manchmal der Presslufthammer, wo auch die manuelle Version gereicht hätte. Oder ein Schraubenzieher. Denn längst nicht jede Routineaufgabe lässt sich am besten mit KI lösen. Ein grundsätzliches Verständnis für die technologischen Abläufe und Begriffe gibt dir die nötige Souveränität bei der Abstimmung mit der IT oder bei der Argumentation in deinem Team.

Bau dir das Tech-Skillset auf, das du brauchst, um KI optimal als Assistenten für die Erstellung deiner eigenen Arbeitsergebnisse zu nutzen.

Jensen Huang, der CEO des Chipherstellers NVIDIA, hat mit folgendem Zitat zumindest einen Teil der Wahrheit auf den Punkt gebracht[11]:

> **You're not going lose your job to AI. You're going to lose your job to somebody who uses AI.**
>
> Jensen Huang

Die hierfür benötigten technologischen Kompetenzen repräsentiert der Bot aus der Herz-Kopf-Bot-Formel.

Dein Skillset für die Zukunft schärfen

Welche Fähigkeiten brauchst du für eine zukunftssichere Rolle, in der du aus KI den maximalen Nutzen für dich ziehst? Was ist es, was dich in der KI-Ära besonders relevant macht?

Dazu gibt es in letzter Zeit immer mehr Erhebungen. Unabhängig davon, welche ganz konkreten Skills dabei genannt werden, gibt es einen gemeinsamen Tenor: Wir müssen besser darin werden, Technologie einzuschätzen und verantwortungsbewusst zu nutzen. Gleichzeitig gewinnen zwischenmenschliche und kognitive Skills immer mehr an Bedeutung.

Besonders hervorzuheben sind hier die vielbeachteten Studien des World Economic Forum [63] und des McKinsey Global Institutes [64]. Der Report von McKinsey identifiziert 56 entscheidende Kompetenzen für die Arbeitswelt der Zukunft und leitet daraus das grundlegende Skillset der Zukunft ab. Die fünfte Auflage des „Future of Jobs Report" des World Economic Forum bündelt die Perspektiven von über 1.000 Arbeitgebern, die mehr als 14 Millionen Beschäftigte aus 22 Branchenclustern und 55 Volkswirtschaften repräsentieren und liefert damit einen branchenübergreifenden globalen Ausblick auf die sich abzeichnende Arbeitslandschaft für die Jahre 2025 bis 2030. Der Report identifiziert eine Reihe von Skills, die für die zukünftige Arbeitswelt als überragend relevant angesehen werden.

[11] Das komplette und durchaus sehenswerte Interview von Patrick Collison, Mitgründer und CEO des Bezahldienstleisters Stripe mit Jensen Huang, kann man sich unter https://www.youtube.com/watch?v=8Pfa8kPjUio ansehen.

Angesichts dieser Fülle an Einzelkompetenzen haben wir uns gefragt: Was sind die übergreifenden Muster? Wir haben uns diese und weitere relevante Studien genau angeschaut, nach wiederkehrenden Schlüsselkompetenzen gesucht und Schnittmengen gebildet. Als wichtigste Fähigkeiten für die Zukunft werden neben den völlig unstrittigen technologischen Skills zum aktuellen Zeitpunkt vor allem auch kognitive und menschenzentrierte Skills genannt. Dabei haben wir die wichtigsten, immer wieder genannten Fähigkeiten gruppiert und zu 9 essenziellen Meta-Skills für die KI-Ära zusammengefasst.

Um diese 9 Skills noch greifbarer zu machen und ihr Zusammenspiel zu verdeutlichen, haben wir sie in drei Kerndimensionen gebündelt, die wir Herz, Kopf und Bot nennen. Diese bilden die Grundlage für die Herz-Kopf-Bot-Formel, die wir entwickelt haben, um die Strategie für die KI-Ära zu präzisieren.

Jetzt ist es an der Zeit für Details. Wie genau hilft uns die Herz-Kopf-Bot-Formel, die Strategie für die KI-Ära zu präzisieren?

Die Herz-Kopf-Bot-Formel für Relevanz und Zukunftsfähigkeit in der KI-Ära

Die Strategie für die KI-Ära umfasst die aktive zukunftssichere Gestaltung deiner Rolle, die optimale Nutzung von KI als persönlichem Assistenten und das Schärfen deines Skillsets für die Zukunft. Dafür benötigst du insbesondere Fähigkeiten im Umgang mit anderen und dir selbst, kognitive Fähigkeiten und natürlich technologische Fähigkeiten, also kurz und stark vereinfacht: Herz, Kopf und Bot.

In welchem Verhältnis stehen die drei Dimensionen zueinander – wie sollten wir sie kombinieren, um uns möglichst zukunftssicher aufzustellen? Die Herz-Kopf-Bot-Formel stellt das Zusammenspiel der drei Elemente Herz, Kopf und Bot einprägsam dar:

Herz-Kopf-Bot-Formel

$$(\text{Herz} + \text{Kopf}) \times \text{Bot} = \text{Future Readiness}$$

Was genau steckt hinter den einzelnen Dimensionen und wie wirken sie zusammen?

Das Herz: Menschlichkeit für die KI-Ära

In einer Welt, in der Algorithmen Daten verarbeiten und Bots Antworten generieren, wird das, was uns zutiefst menschlich macht, immer wertvoller. Das Herz steht in unserer Formel für die unverzichtbaren menschlichen Qualitäten, die Maschinen zwar imitieren, aber nicht authentisch empfinden, leben oder in echte Beziehungen übersetzen können. Nicht heute und wohl auch nicht morgen.

Selbstführung:
Wie gehst du mit Unsicherheit um? Wie motivierst du dich selbst, wenn der Wandel rasant ist? Wie stehst du nach Rückschlägen wieder auf? Deine Fähigkeit zur Selbstreflexion, zur Resilienz und zur Eigenmotivation sind entscheidend. Dein Herz gibt dir die Stärke, dich anzupassen, aus Fehlern zu lernen und deine eigene Lernkurve aktiv zu gestalten.

Umgang mit anderen:
Projekte werden komplexer, Teams diverser, und die Zusammenarbeit mit Menschen bleibt der Kern jeder Wertschöpfung. Deine Fähigkeit zuzuhören, zu verstehen, zu vermitteln und echte Beziehungen aufzubauen, ist Gold wert. Empathie, das Fühlen mit anderen – ist eine menschliche Superkraft, die KI nicht besitzen kann. Sie ermöglicht dir, Kontext zu erfassen, der über reine Daten hinausgeht, und auf emotionaler Ebene zu agieren.

Überzeugungskraft:
Wie nimmst du andere mit auf deine Reise? Wie führst du andere durch Veränderungen? Wie inspirierst du zu Innovation? Es geht darum, Menschen zu verbinden, Vertrauen aufzubauen und Visionen zu kommunizieren. Dein Herz ermöglicht es dir, nicht nur rational zu überzeugen, sondern auch emotional zu begeistern und Einfluss zu nehmen.

Das Herz ist der Anker, der dich in stürmischen Zeiten stabil hält und dich befähigt, in komplexen menschlichen Systemen zu navigieren.

Der Kopf: Intellektuelle PS für die KI-Ära

Dein Kopf repräsentiert in unserer Formel die intellektuelle Schärfe, die Fähigkeit zur Analyse, zum kritischen und kreativen Denken sowie zum Verständnis komplexer Zusammenhänge. Ja, KI kann Unmengen an Daten verarbeiten und Muster erkennen, aber dein Kopf ist es, der die Richtung vorgibt, die richtigen Fragen stellt, die Ergebnisse interpretiert und in einen größeren Kontext einordnet:

Wissensmanagement:
Dein Fachwissen bleibt unverzichtbar. KI generiert Inhalte – aber du erkennst ihre Relevanz, prüfst die Qualität und ziehst die richtigen Schlüsse. Erst dein Wissen im Kontext ermöglicht sinnvolle Prompts und eine verlässliche Validierung des Outputs. KI kennt nur die Landkarte (kodifiziertes Wissen). Du hingegen kennst die ungeschriebenen Regeln und verborgenen Abkürzungen (implizites Wissen). Damit das im Zusammenspiel wirkt, muss dein Wissen strukturiert und leicht zugänglich sein – für dich und für deine KI-Assistenten.

Analytisches, kritisches und kreatives Denken:
KI liefert Antworten, aber du hinterfragst sie. Stimmen die Annahmen? Welche Lücken hat meine Argumentation? Welche weiteren Perspektiven sind relevant? Welche Implikationen hat dieses Ergebnis? Wie würde es anders gehen? Deine Fähigkeit, logische Schlussfolgerungen zu ziehen und neue Wege zum Ziel zu finden, ermöglicht dir, echte Erkenntnisse zu gewinnen und qualitativ hochwertige Arbeitsergebnisse zu generieren.

Vernetztes Denken:
Die Welt ist ein Netz, keine Ansammlung isolierter Bausteine. Dein Kopf ist in der Lage, über einzelne Aufgaben hinauszublicken und zu verstehen, wie verschiedene Elemente – Menschen, Prozesse, Technologien, Märkte – miteinander verbunden sind. Dieses systemische Denken ermöglicht es dir, das Gesamtbild zu erfassen und strategische Entscheidungen zu treffen. Du siehst den Wald, wo die KI nur einzelne Bäume analysiert.

Dein Kopf, deine intellektuellen PS, stellen sicher, dass die Ergebnisse der KI wertstiftend sind.

Der Bot: Dein Tech-Stack für die KI-Ära

Der Bot – stellvertretend für Technologie, Prozesse und KI – ist dein mächtiger technologischer Arm in dieser Formel. Es geht hier nicht darum, zum Programmierer oder Technologie-Experten zu werden. Es geht darum, die effektive Interaktion mit diesen Tools zu beherrschen und ihre Limitationen einschätzen zu können. Die Technologie ist dein perfekter Assistent, dein Sparringspartner, dein Privatlehrer – wenn du weißt, wie du sie optimal ins Arbeiten bringst.

Technologische Basics und Datenkompetenz:
Technologie-Verständnis ist das Fundament deines Bot-Skillsets. Es umfasst vor allem ein klares Bild vom digitalen Ökosystem deines Arbeitsplatzes: Welche Systeme greifen ineinander, welche Daten entstehen, wie fließen sie durch deine Prozesse? Dazu gehört auch Datenkompetenz – die Fähigkeit, Daten zu lesen, einzuordnen und ihre Qualität einzuschätzen. Wenn dieses Fundament steht, kannst du KI gezielt darauf aufsetzen.

Regelbasierte Automatisierung & Predictive AI:
Prozess-Automatisierung baut auf deinem Fundament auf. Wenn du verstehst, wie Daten durch deine Systeme fließen, kannst du Routineaufgaben an Regeln und Workflows abgeben, von der Automatisierung wiederkehrender Datenströme bis zu App-übergreifenden Abläufen. Predictive AI erweitert das Spektrum, indem sie Muster erkennt und daraus Erkenntnisse ableitet, die Prozesse proaktiv steuern und automatisieren.

Generative & Agentic AI:
Der Kern ist Generative AI: Du lernst, präzise Anweisungen zu geben, Kontext sauber einzuspielen und das Modell als produktiven Co-Worker und persönlichen Trainer zu nutzen. Je besser du verstehst, wie solche Modelle Informationen verarbeiten, desto gezielter kannst du Output lenken, Qualität bewerten und Limitationen einschätzen. Agentic AI baut darauf auf: Wenn du die Grundlagen beherrschst, kannst du Bots ganze Schritte überlassen und Workflows automatisieren. Doch egal auf welcher Stufe – du bleibst verantwortlich: Du prüfst kritisch, schützt Daten und setzt KI bewusst und sicher ein.

Der Bot ermöglicht dir, deine Ideen mit nie dagewesener Geschwindigkeit und Qualität umzusetzen. Er verschafft dir Freiraum für Herz und Kopf und bildet die Grundlage für lebenslanges Lernen in der KI-Ära.

Rein in den AI Co-Growth-Cycle mit dem Bot als Verstärker

Die wahre Magie der Formel (Herz + Kopf) × Bot liegt im Multiplikator. Es geht nicht darum, menschliche und technologische Fähigkeiten zu addieren. Es geht darum, sie in eine sich gegenseitig verstärkende Dynamik zu bringen: den **AI Co-Growth-Cycle**.

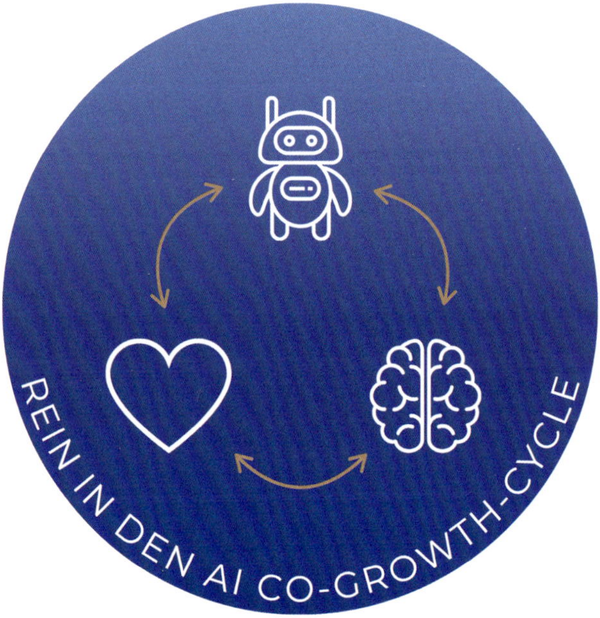

So funktioniert dieser Wachstumskreislauf: Deine menschlichen Fähigkeiten (Herz & Kopf) machen den Einsatz der KI effektiver. Die KI (Bot) wiederum stärkt und erweitert deine menschlichen Fähigkeiten. Dieser Prozess entfaltet sich auf zwei Wegen: in der täglichen Zusammenarbeit (Co-Working) und im gezielten Training (Skill-Building).

In den Kapiteln 5 bis 7 zeigen wir eine Auswahl konkreter Übungen und Anregungen zum Co-Working und zum Skill-Building mit KI für alle drei Bereiche: Herz, Kopf und Bot; kleine Experimente, Reflexionsimpulse und Praxisübungen, die wir selbst als hilfreich erlebt haben. Sie sind nicht nur Checkliste, sondern eine Einladung, ins Ausprobieren zu kommen: Nutze sie als Inspiration und entwickle gemeinsam mit dem Chatbot deines Vertrauens eigene Varianten, neue Ideen oder ganz persönliche Trainingsroutinen. In Kapitel 8 geht es dann um dein Self-Assessment: Wo stehst du aktuell bei den relevanten Skills für die KI-Ära?

Denn genau so beginnt Co-Growth: im offenen, neugierigen Dialog zwischen dir und der KI.

Wichtiger Hinweis: Datenschutz, Schatten-KI und Tool-Funktionen

Die Übungen und Beispiele in diesem Buch sollen inspirieren. Du wirst feststellen, dass einige der fortgeschrittenen Funktionen (z. B. proaktive Erinnerungen, Automatisierung täglicher Aufgaben) nicht mit jedem Chatbot funktionieren.

Hier ist folgende Differenzierung entscheidend:
Kostenlose Versionen (z.B. Standard ChatGPT) sind oft in ihren Funktionen limitiert (ältere Modelle, kein "Gedächtnis"). Wichtiger noch: Sie nutzen deine Eingaben zum Teil zum Training des Modells. Sie sind für Unternehmensdaten absolut tabu.

***Bezahlte "Pro"-Versionen (z.B. ChatGPT Plus):** Diese bieten meist die fortschrittlichen Funktionen, die du zum Teil in den Übungen siehst (neuere Modelle, Plugins, Speicherfunktionen). Aber Vorsicht: Sie sind immer noch öffentliche Tools und meist nicht automatisch für sensible Firmendaten freigegeben.

Genau hier lauert die Falle der Schatten KI: die Versuchung, für die Arbeit nicht-freigegebene private Tools zu nutzen, weil sie "besser" sind.

Nutze für das Experimentieren mit diesen Tools daher *ausschließlich* öffentliche Informationen oder komplett fiktive Beispieldaten. Und auch bei der privaten Nutzung solltest du dir gut überlegen, welche Daten du in welchem Tool preisgeben willst. Beschäftige dich auf jeden Fall mit den Datensicherheitseinstellungen, bevor du loslegst, und behalte eventuelle Änderungen durch den Anbieter im Auge.

Co-Working mit KI: Bessere Ergebnisse und mehr Freiraum im Alltag

In der täglichen Arbeit erweitert die KI deine Fähigkeiten auf zwei Wegen: Du gewinnst Zeit durch die Automatisierung von Routine und du steigerst die Qualität deiner Arbeit durch intelligente Unterstützung.

- ⋆ Bot stärkt Herz: Indem die KI repetitive Aufgaben übernimmt, gewinnst du mentale Kapazität für das, was wirklich zählt: empathische Führung, tiefere Kundenbeziehungen, strategische Selbstreflexion. Du hast mehr Freiraum für menschliche Interaktion.
- ⋆ Bot schärft Kopf: Die KI liefert dir Analysen, Daten und Entwürfe. Dadurch kannst du dich auf das Wesentliche konzentrieren: kritisches Denken, strategische Planung und die Synthese komplexer Informationen. Die KI wird so zum Sparringspartner, der dein Denken schärft.
- ⋆ Herz und Kopf optimieren Bot: Dies ist die entscheidende Rückkopplungsschleife. Dein menschliches Urteilsvermögen und dein Gespür für den Kontext sind unerlässlich, um die KI präzise anzuleiten, ihr relevanten Kontext zu geben und ihre Ergebnisse sinnvoll zu bewerten. Du sorgst dafür, dass die KI deine Kompetenzen wirksam erweitert und die Technologie dem Menschen dient und nicht umgekehrt.

Skill-Building mit KI: Die KI als persönliches Trainingszentrum

Hier gehen wir noch einen Schritt weiter. Die KI ist nicht nur dein Assistent, sondern zusätzlich auch dein personalisierter Trainer, der dir hilft, deine eigenen Fähigkeiten gezielt zu stärken.

Wie kann ausgerechnet eine KI menschenzentrierte Skills vermitteln? Die Antwort liegt in der Simulation. Stell dir eine Art Flugsimulator für soziale, analytische oder kreative Fähigkeiten vor. Während eine KI deine spontanen kreativen Ideen in einem echten Meeting nicht ersetzen kann, kann sie eine sichere Trainingsumgebung schaffen, in der du diese Kreativität übst.

Konkrete Beispiele: Du kannst mit einer KI eine schwierige Verhandlung simulieren, Feedbackgespräche üben oder sie nutzen, um kreatives Denken zu trainieren. Die KI erstellt individuelle, interaktive Szenarien, gibt Hinweise und steigert schrittweise den Schwierigkeitsgrad.

Warum ist dieses Training so wichtig?

- Erstens: Souveränität im entscheidenden Moment. Die wichtigsten Situationen, ein kritisches Gespräch, eine spontane Idee, finden oft offline statt. Hier musst du ohne technologische Hilfe präsent und handlungsfähig sein. Das Training mit der KI bereitet dich darauf vor.
- Zweitens: Aktive Vermeidung von „De-Skilling". Wer sich komplett auf KI verlässt, riskiert, dass die eigenen Fähigkeiten verkümmern. Gezieltes Skill-Building wirkt dem entgegen und sorgt dafür, dass du der entscheidende Faktor bleibst. Wie du hier die richtige Balance findest, erfährst du in Kapitel 9.

Der AI Co-Growth-Cycle: Ein selbstverstärkender Kreislauf

Wenn wir Co-Working und Skill-Building zusammenbringen, entsteht ein systematischer Wachstumskreislauf. Stell ihn dir wie ein Schwungrad vor, das du aktiv in Bewegung setzt und das mit jeder Umdrehung an Fahrt gewinnt:

- Schritt 1: Menschlicher Input (Herz + Kopf): Du startest eine komplexe Aufgabe mit deinem Fachwissen, deiner Kreativität, deiner Empathie. Du definierst das Ziel und stellst die entscheidenden Fragen.
- Schritt 2: KI-Verstärkung (× Bot): Du nutzt die KI als Werkzeug, um den Prozess zu beschleunigen und zu verbessern (Co-Working). Mit Hilfe der KI recherchierst du schneller, analysierst tiefer, plausibilisierst und erstellst hochwertigere Entwürfe.
- Schritt 3: Kompetenzgewinn (Skill-Building): Zusätzlich nutzt du die KI bewusst als persönlichen Trainer. Sie wird zu deinem „Flugsimulator" für menschliche Fähigkeiten, in dem du ohne Risiko Fähigkeiten wie Verhandlungen, Kreativität oder komplexe Problemlösungen trainierst.

- ⋆ Schritt 4: Optimierter KI-Einsatz: Mit diesen geschärften Fähigkeiten kannst du die KI im nächsten Durchlauf noch präziser und klüger anleiten. Du formulierst bessere Anweisungen und bewertest die Ergebnisse kompetenter. Gleichzeitig gehst du gestärkt in „Offline-Situationen". Der Kreislauf beginnt von vorn, aber auf einem höheren Niveau.

Beispiel: Perspektivwechsel trainieren mit KI

- ⋆ *Schritt 1 – Herz + Kopf:* Du startest mit dem Ziel, in deinem Konzept mehrere Perspektiven zu integrieren – etwa die deines Teams, der Kunden und der Geschäftsführung. Du formulierst diese Absicht klar und sagst der KI, dass sie dich dabei unterstützen soll.
- ⋆ *Schritt 2 – × Bot:* Die KI ergänzt deinen Entwurf um zusätzliche Blickwinkel und liefert dir Hinweise, wie du ihre Sichtweisen schlüssig einarbeiten kannst – zum Beispiel unterschiedliche Prioritäten, Argumente oder Risiken. Du prüfst und integrierst diese Impulse gezielt in deinen Text.
- ⋆ *Schritt 3 – Skill-Building:* Zusätzlich nutzt du die KI als Trainingspartnerin, um deine Fähigkeiten für Perspektivwechsel weiter zu schärfen. Du wendest gemeinsam die Methode *Six Thinking Hats* an. Diese Methode betrachtet Probleme aus sechs klar definierten Blickwinkeln – von analytisch bis kreativ – und öffnet so den Blick für unterschiedliche Sichtweisen (konkretes Übungs-Beispiel in Kapitel 6). Die KI übernimmt die sechs Denkrollen und führt dich durch den Prozess. So trainierst du, analytisch, emotional, kritisch und kreativ zu denken – bewusst und reflektiert.
- ⋆ *Schritt 4 – Optimierter Einsatz:* Mit dieser Erfahrung startest du den nächsten Zyklus klarer: Du promptest die KI nun so, dass sie die *Six Thinking Hats* automatisch in den Arbeitsprozess integriert. Gleichzeitig bist du offline besser darin geworden, Situationen aus mehreren Blickwinkeln zu lesen, Diskussionen strukturierter zu führen und Entscheidungen ausgewogener zu treffen. Der Kreislauf beginnt erneut – auf einem höheren Niveau.

Das Ergebnis ist ein selbstverstärkender Kreislauf, in dem sich Mensch und Maschine gegenseitig antreiben. Deine Fähigkeiten verbessern die Leistung der KI, und die verbesserte Leistung der KI erweitert und schärft wiederum deine Fähigkeiten.

Herz & Kopf als Basis, Bot als Turbo

Der Vorteil von Formeln ist, dass sie komplexe Zusammenhänge einfach und prägnant darstellen. Die Formel

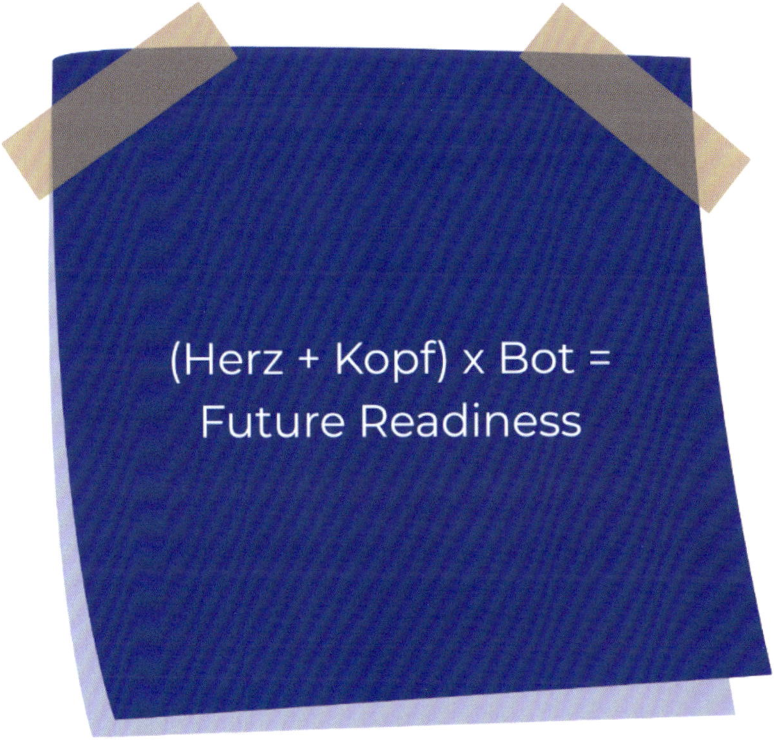

lässt sich herunterdampfen auf folgende Key Message:

Dein Umgang mit anderen und mit dir selbst, deine Erfahrungen, dein Wissen und deine intellektuellen Fähigkeiten – Herz und Kopf – bilden die Basis für die Relevanz in der Arbeitswelt von morgen. Der Bot ist dein Turbo. KI multipliziert deine menschlichen Fähigkeiten, indem sie dir als Assistent, Sparringspartner und sogar als Trainer an der Seite steht.

Einen besonderen Stellenwert nimmt daher der Faktor Bot ein: Ein Nullwert in dieser Dimension stellt ein enormes Hindernis auf dem Weg zur Future Readiness dar. Ein schwacher Bot, gekennzeichnet durch mangelnde technologische Kompetenzen oder fehlenden Zugang zu sicheren Tools, untergräbt direkt Herz und Kopf. Warum? Weil du damit auf dem rein menschlichen Stand der Kompetenzen stehen bleibst und die Möglichkeit verpasst, mit einem enorm mächtigen Sparringspartner, Assistenten und Trainer an deiner Seite deine Fähigkeiten im täglichen Tun zu erweitern und sogar gezielt zu steigern. Und Stehenbleiben bedeutet in der KI-Ära: Zurückfallen.

Mit einem starken Bot hingegen steigst du ein in den AI Co-Growth-Cycle, ein selbstverbesserndes Wechselspiel zwischen Mensch und Maschine. Die KI unterstützt dich dabei, neue Denkweisen und Fähigkeiten zu entwickeln. Mit jedem Schritt, den du dadurch machst, kannst du die KI wiederum klüger einsetzen und besser anleiten. So entsteht eine Dynamik, in der Mensch und Maschine sich gegenseitig antreiben – ein kontinuierliches Wachstum, das wesentlich mehr hervorbringt, als jeder für sich allein könnte.

Die Lehre von Dorothy Vaughan

Als ein IBM-Computer ihre Abteilung bedrohte, hat Dorothy Vaughan den Wandel nicht passiv erduldet, sie hat ihn aktiv gestaltet. Ihre Geschichte ist die perfekte Blaupause für die Strategie im Umgang mit einer substanziellen technologischen Veränderung, denn sie hat die drei entscheidenden Säulen meisterhaft umgesetzt:

- Sie schuf eine neue Rolle (Säule 1): vom menschlichen Rechner zur Programmier-Expertin.
- Sie meisterte das neue Werkzeug (Säule 2): Sie brachte sich und ihrem Team die Programmiersprache FORTRAN bei.
- Sie schärfte ihre menschlichen Fähigkeiten (Säule 3): Sie nutzte ihre Führungsstärke (Herz) und Expertise (Kopf), um ihr Team erfolgreich durch die Transformation zu bringen.

Die langfristige Wirkung ihres Handelns war enorm. Dorothy Vaughan und ihr Team wurden zu den ersten Programmier-Expertinnen der NASA und leisteten entscheidende Beiträge zum Wettlauf ins All. Doch ihre vielleicht größte Leistung war, dass sie nicht nur ihre eigene Zukunft sicherte, sondern die ihres gesamten Teams. Sie wurde zudem zu einer Fürsprecherin für alle Frauen in ihrem Bereich und durchbrach Barrieren in einer Zeit starker Segregation. Jahrzehntelang war ihre Geschichte eine von vielen „Hidden Figures", doch heute steht sie als Symbol dafür, wie vorausschauendes Handeln und menschliche Führung nicht nur Karrieren retten, sondern Geschichte schreiben können.

Die Geschichte von Dorothy Vaughan hat gezeigt, was auch heute wieder zentral ist: Technologien verdrängen nicht in erster Linie Menschen, sondern Fähigkeiten, die nicht mehr gefragt sind. Die KI-Ära fordert von uns genau diese ganzheitliche Kompetenz. Deine Zukunftsfähigkeit liegt darin, in den AI Co-Growth-Cycle einzusteigen. Die Herz-Kopf-Bot-Formel ist eine einfache Darstellung deiner Roadmap, um diese neue Realität aktiv zu gestalten und deine eigene Erfolgsgeschichte zu schreiben.

Lass uns loslegen: Beherrsche den Bot, schärfe deinen Kopf und stärke dein Herz, denn diese Kombination ist deine Geheimwaffe für Relevanz und Zukunftsfähigkeit. Wir starten mit dem Bot, dem verstärkenden Faktor des AI Co-Growth-Cycles, um zunächst die technischen Grundlagen zu schaffen, auf denen Kopf und Herz aufbauen. Was du dafür ganz konkret brauchst, findest du in Teil II.

Bevor du in den folgenden Kapiteln die konkreten Übungen für Bot, Kopf und Herz kennenlernst, nimm dir einen Moment zur Standortbestimmung. Die folgenden Fragen helfen dir, deine persönliche Ausgangslage für den Wandel zu reflektieren.

Drei Reflexionen für den AI Co-Growth-Cycle

Standortbestimmung: Dein „Dorothy Vaughan"-Moment

Dorothy Vaughan sah den IBM-Computer und entschied sich, FORTRAN zu lernen, anstatt Widerstand zu leisten. Blicke auf deine eigene Karriere: Wann standest du das letzte Mal vor einer großen technologischen oder prozessualen Veränderung (z. B. Einführung neuer Software, Home-Office, ein neues System)?

Warst du der passive Anwender, der skeptische Abwartende oder der proaktive Gestalter, der das Neue gemeistert hat? Welche deiner damaligen Reaktionen erkennst du heute im Umgang mit KI wieder?

Die Inventur: Deine aktuelle Herz-Kopf-Bot-Balance

Zukunftssichere Rollen zeichnen sich durch wenig automatisierbare Routineaufgaben aus und setzen stärker auf Verbindung und Komplexität. Mach den Realitätscheck: Schau dir deinen Kalender und deine Aufgabenliste des letzten Monats an. Wie viel davon war Routine – also eher automatisierbar? Und wie viel umfasste komplexere Problemlösung oder intensivere Interaktion mit anderen? Wie breit ist das Skillset, das du zwingend für die Erledigung deiner Aufgaben benötigst? Wo siehst du konkrete Ansatzpunkte, deine Rolle noch mehr in Richtung Zukunftssicherheit zu verschieben?

Der erste Impuls: Vom Co-Working zum Skill-Building

Denke an eine konkrete Aufgabe, die du diese Woche bereits mit KI erledigt hast oder erledigen wolltest (z. B. eine E-Mail zusammenfassen, eine Gliederung erstellen). Das war „Co-Working“. Wie könntest du dieselbe Situation in einen „Skill-Building“-Moment verwandeln? Ein Beispiel: Statt die Mail zusammenfassen zu lassen, die KI bitten, dich rhetorische Schwächen in von der KI erstellten fiktiven E-Mails suchen zu lassen. Was ist der eine, kleine Skill, den du nächste Woche bewusst mit der KI als „Trainer“ statt als „Assistent“ angehen willst?

Teil III

Was wir weitergeben - An uns selbst, an unsere Teams und die nächste Generation

Teil II

Wie wir es schaffen - Mit Herz, Kopf und Bot

Teil I

Wo wir stehen - Der Beginn einer neuen Ära

Teil II

Wie wir es schaffen – Mit Herz, Kopf und Bot

Kapitel 5

Bot – Dein Tech-Stack für die KI-Ära

”

Don’t compete with the machine - use the machine to compete!

Oliver Aust

Kapitel 5: Bot - Dein Tech-Stack für die KI-Ära

Früher stand im Lebenslauf: „EDV-Kenntnisse: Word, Excel, PowerPoint." Haken dran, bereit fürs Büro. Mehr brauchte es meist nicht. Heute wirkt das fast nostalgisch. Natürlich solltest du Excel & Co. noch immer beherrschen. Im Zeitalter der KI geht es jedoch längst nicht mehr darum, *welche* Tools du kennst, sondern darum, ob du diese Kenntnisse in einen größeren Zusammenhang bringen kannst: Welche Technologien helfen dir wirklich bei welchen Problemen? Wie greifst du auf sie zu und wie bringst du sie dazu, bestmöglich für dich zu arbeiten?

Der Unterschied entsteht nicht mehr bei der Beherrschung einzelner Anwendungen, sondern bei der Frage: Kannst du den Dschungel aus Tools, Daten und Prozessen so sortieren, dass am Ende Klarheit herauskommt?

Technologische Kompetenz im KI-Zeitalter bedeutet vor allem, dass du Buzzwords von echter Innovation trennst und nicht jedem Hype hinterherläufst. Dass du Tools nach Nutzen priorisierst, statt ein Sammelsurium an Apps zu pflegen. Dass du Systeme und Datenquellen kritisch hinterfragst und deinen digitalen Werkzeugkasten so kuratierst, dass er dir wirklich Arbeit abnimmt.

Dafür musst du kein Tech-Profi sein. Genauso wenig wie du Automechaniker sein musst, um zu entscheiden, ob dein Auto eine Dachbox braucht. Aber du solltest ein Grundverständnis aufbauen: über deinen digitalen Arbeitsplatz, darüber, welche Aufgabentypen sich mit welchen Tools vereinfachen lassen und welche Rolle du dabei als Mitarbeiter in deinem Unternehmen spielst.

Was dir das bringt?

- ⋆ Du gewinnst Zeit, weil weniger Nacharbeit anfällt.

- ⋆ Du wirst produktiver, weil Automatisierung Routinearbeit übernimmt.
- ⋆ Du steigerst die Qualität deiner Ergebnisse, weil KI als Sparringspartner Lücken, Fehler und Chancen sichtbar macht.
- ⋆ Und: Du versetzt dich in die Lage, KI nicht nur als Assistenten im Alltag zu nutzen, sondern auch als Coach für Kopf und Herz, zum Trainieren kognitiver und zwischenmenschlicher Fähigkeiten.

In diesem Kapitel bekommst du daher einen praxisnahen Wegweiser, um die Technologiekompetenz für das KI-Zeitalter aufzubauen:

Technologische Basics und Datenkompetenz:
Du lernst, dein digitales Ökosystem zu verstehen: Von Hardware/Cloud über APIs bis zu Datenqualität. Das ist dein Fundament. Hier geht es erstmal noch gar nicht um KI. Hier geht es um die fundamentalen Bausteine, die du brauchst, um KI draufsetzen zu können.

Regelbasierte Automatisierung & Predictive AI:
Du erfährst, wie du die Routinen aus deinem Alltag automatisierst, die sich immer wiederholen und dich Zeit und Nerven kosten. Dabei lernst du zu unterscheiden, an welchen Stellen einfache Wenn-Dann-Regeln dich wesentlich effizienter machen, an welchen Stellen KI dich voranbringt und wo du mit hybriden Lösungen zum Ziel kommst.

Generative & Agentic AI:
Wie machst du KI zu deinem persönlichen Assistenten, Sparringspartner und Trainer? Du bekommst die Grundlagen, um mit Hilfe von Generative und Agentic AI deine persönliche Produktivität und die Qualität deiner Arbeitsergebnisse auf ein höheres Level zu heben und mit KI als Skill-Trainer deine kognitiven und zwischenmenschlichen Kompetenzen für die KI-Ära zu schärfen.

Am Ende kannst du dein Umfeld technisch lesen, die richtigen Prozesse automatisieren und KI als Verstärker deiner kognitiven und zwischenmenschlichen Fähigkeiten nutzen. Kurz: Du wirst nicht von Technologie getrieben – du gibst den Takt vor.

Technologische Basics und Datenkompetenz

Was ist technologische Kompetenz und warum ist sie gerade jetzt so entscheidend?

Früher war das Thema IT für die meisten von uns im Office relativ weit weg: Irgendwo im Hintergrund liefen Server, Programme und Lizenzen, und wir haben einfach gearbeitet. Die Zeiten, in denen „irgendjemand in der IT-Abteilung“ eine unsichtbare Infrastruktur betreute, sind jedoch vorbei. Heute ist Technologie nicht mehr Kulisse, sondern essentieller Bestandteil deines Arbeitsalltags. Sie entscheidet, ob deine Präsentation im richtigen Ordner liegt oder du sie verzweifelt im Mail-Anhang suchst. Sie bestimmt nicht nur, ob dein Team Entscheidungen auf Basis aktueller Dashboards trifft oder auf Basis von Zahlen, die längst veraltet sind, sondern auch, ob du Reports per Copy and Paste zusammenstellst oder durch einen Klick automatisch ausgegeben bekommst.

In der KI-Ära gilt deshalb eine einfache Regel: Wer die unsichtbaren Spielregeln der Technologie versteht, gestaltet aktiv. Alle anderen werden von ihnen gestaltet. Das Gute ist: Dafür musst du kein Entwickler sein. Mit Low-Code/No-Code-Lösungen, also Plattformen, auf denen du Anwendungen per Drag-and-drop ohne Programmieren erstellst, kannst du dir heute vieles selbst bauen. Stell dir vor, du bist genervt, weil Urlaubsanträge ständig in deinem Postfach landen. Mit ein paar Klicks richtest du ein Formular in Teams ein, das Anträge automatisch sortiert und weiterleitet. Zack: Du hast deine erste kleine App geschaffen und dir den Titel „Citizen Developer“ verdient. Und keine Sorge: Gute IT-Abteilungen unterstützen solche Initiativen, solange sie dokumentiert und abgestimmt sind. Sie sehen dich nicht als Konkurrenz, sondern als Partner, der die Praxis kennt.[12]

[12] Vielleicht denkst du jetzt: leichter gesagt als getan. Läuft es in deinem Unternehmen eher so: Du willst etwas verbessern und stößt auf Firewalls, Freigabeprozesse oder schlicht auf ein „Das haben wir noch nie so gemacht“? Technologische Souveränität heißt in solchen Situationen auch, bestehende Strukturen konstruktiv infrage zu stellen und Verbündete zu suchen, statt im Frust stecken zu bleiben. Weitere Inspiration im Umgang mit einem wenig aufgeschlossenen Umfeld findest du am Ende von Kapitel 10.

Aber: Wer ohne Fundament baut, baut auf Sand. Damit deine Lösungen wirklich tragen, brauchst du ein Grundverständnis von Daten – welche verlässlich sind, wo sie liegen und wie du sie richtig einsetzt. Technologische Souveränität bedeutet deshalb: Du verstehst deine digitale Umgebung so weit, dass du handlungsfähig bist und mit der IT-Abteilung eine gemeinsame Sprache findest, egal, welche Tools morgen angesagt sind. Nur mit diesem Fundament kannst du Automatisierung und KI wirklich nutzen: für mehr Effizienz, bessere Ergebnisse und klarere Entscheidungen.

Und das beginnt nicht mit großen Visionen, sondern mit deinem ganz konkreten Alltag: Welche Hardware nutzt du? Wo liegen deine Daten? Was machst du, wenn dein Netzwerk ausfällt und wie gut spielen deine Tools zusammen?

Dein digitales Ökosystem: Die technologische Basis deiner Arbeit.

Bevor KI dir echten Mehrwert bringen kann, muss das Fundament stimmen. Schauen wir uns deshalb Schritt für Schritt die zentralen Bausteine deines digitalen Arbeitsplatzes an: von Hardware über Speicherorte bis hin zu Netzwerken und Schnittstellen.

Hardware & Software: Das Fundament deines Arbeitsflusses

Lass uns zunächst über das Offensichtliche reden: deine Hardware und Software. Klingt banal, ist es aber nicht. Denn wenn dein Rechner ächzt, sobald du ein Browser-Tab zu viel öffnest, oder deine Softwarelandschaft ein Flickenteppich ist, kannst du noch so KI-affin sein, du wirst frustriert scheitern.

Ein verlässlicher Laptop mit genügend Arbeitsspeicher ist deshalb kein Luxus, sondern Grundausstattung. Denk an ihn wie an deinen Firmenwagen: nicht protzig, aber zuverlässig. Er bringt dich ans Ziel, ohne dass du bei jedem Termin mit Pannen rechnen musst. Eine qualitativ hochwertige Kamera und Mikrofon gehören heute genauso dazu. Wer in wichtigen Meetings immer noch mit blechernem Ton auftaucht, verliert Glaubwürdigkeit, bevor er den ersten Satz überhaupt beendet hat.

Und schau mal ehrlich hin: Wartest du öfter auf deinen Rechner, als er auf dich? Dann ist ein Upgrade nicht nur nice-to-have, sondern ein klarer Business Case, leicht mit deiner Produktivität zu begründen.

Aber dieser Business Case hat noch eine zweite, ebenso wichtige Dimension: den Wettbewerb um Talente. Top-Bewerber, insbesondere solche, die den Umgang mit modernen KI-Tools privat oder aus früheren Jobs bereits gewohnt sind, erwarten eine Infrastruktur, die mithalten kann. Wer High Potentials einen langsamen Rechner, gesperrte Cloud-Dienste oder veraltete Software anbietet, signalisiert Stillstand und demotiviert. Eine moderne, offene und leistungsfähige Technikausstattung ist heute ein fundamentaler Baustein eines Employer Brandings.

Deine Programme sind dein Werkzeugkasten. Standardmäßig ist der oft eher dünn bestückt. Die IT kann nicht für jede Abteilung erraten, was gerade nützlich wäre. Deshalb lohnt es sich, einen Überblick zu verschaffen: Welche Tools sind freigegeben? Welche fehlen dir? Statt still zu leiden, melde dich aktiv. Die IT ist kein Hellseher, sondern dein Partner. Je konkreter du deine Bedarfe formulierst, desto eher bekommst du, was dir wirklich hilft.

Besonders im Office-Umfeld gilt: Viele Unternehmen setzen heute auf große Software-Plattformen wie Microsoft 365. Hier greifen die einzelnen Teile – Outlook, Teams, OneDrive, SharePoint, Power Automate, Co-Pilot – ineinander. Wer nur die Basis nutzt, verschenkt oft enorme Effizienz. Es ist lohnenswert, sich einmal bewusst damit auseinanderzusetzen, wie diese Bausteine zusammenspielen und welche Automatisierungen oder Verknüpfungen dich entlasten könnten.

Kurz gesagt: Hardware und Software sind die Bühne deines Arbeitsalltags. Erst wenn sie zuverlässig stehen, lohnt es sich, KI darauf zu setzen.

Der Speicherort: On-Premises vs. Cloud: Wo deine Daten sicher sind

Wo speicherst du deine Dateien und warum eigentlich dort? Daten sind das Fundament deines Unternehmens, und die Frage, wo sie liegen, ist mehr als ein technisches Detail.

- ⋆ On-Premises bedeutet: Die Server stehen im eigenen Haus. Vorteil: maximale Kontrolle. Nachteil: Die interne IT – oder der Dienstleister – muss sich selbst um alles kümmern: Wartung, Updates, Sicherheit. Das ist wie ein eigener Garten: schön, wenn er gepflegt ist, aber eben auch viel Arbeit. Zudem ist die Kommunikation mit anderen Systemen erschwert, bspw. die Einbindung in bestehende Automatisierungssysteme wie Power Automate.
- ⋆ Cloud heißt: Deine Daten liegen beim Anbieter. Vorteil: Flexibilität, ortsunabhängiger Zugriff, praktisch unbegrenzte Kapazität. Nachteil: Dein Unternehmen gibt ein Stück Kontrolle ab und muss den Spielregeln des Providers vertrauen.

Eine oft übersehene Schwachstelle ist der US CLOUD Act: Er verpflichtet US-Anbieter wie Microsoft oder Alphabet, Daten auf Anfrage amerikanischer Behörden offenzulegen – auch wenn sie in der EU liegen. Das kann gegen die zentrale Datenschutzverordnung der EU, die Datenschutz-Grundverordnung (DSGVO) [65] verstoßen und Anbieter in einen Konflikt zwischen US- und EU-Recht bringen. [66] Initiativen wie Gaia-X fördern europäische Souveränität. [67] Wie real das Risiko eines Verstoßes ist, zeigte 2024 eine 290-Millionen-Euro-Strafe gegen Uber wegen unzulässiger Datenübertragung in die USA. [68]

Die Praxis? Häufig fährt man zweigleisig: Hochsensible Daten bleiben im Unternehmen, für Zusammenarbeit und schnelle Projekte nutzt man die Cloud. Und im Alltag? Die Entscheidung liegt oft bei dir: Speicherst du lokal, auf dem Desktop oder auf Laufwerk C, weil's eine Sekunde schneller geht, oder legst du die Datei in die Cloud? Lokal bedeutet Kontrolle und manchmal bessere Performance bei großen Dateien. Cloud bedeutet: Dein Team kann sofort mitarbeiten, und ein Backup ist automatisch da.

Hattest du auch schon die Datei „final_final_version3.xlsx" auf dem Desktop liegen? Auf die Schnelle vielleicht praktisch. Aber spätestens, wenn du im Urlaub angerufen wirst, weil nur du die richtige Version hast, merkst du: Es lohnt sich, eine Gewohnheit daraus zu machen – der kurze regelmäßige Check: Wo liegen welche Daten, und warum? Mit diesen Fragen trägst du aktiv dazu bei, dass dein Unternehmen sicher und stabil arbeitet.

Dein Netzwerk: Das unsichtbare Nervensystem

Für deinen digitalen Arbeitsplatz brauchst du vor allem eins: eine stabile Verbindung. Ohne sie läuft nichts. Meist geht es dabei um den Zugang ins Internet, ob über WLAN im Büro, zu Hause oder per Hotspot unterwegs. Sobald du aber auf interne Systeme zugreifen willst, brauchst du zusätzlich eine VPN-Verbindung (Virtual Private Network), die einen verschlüsselten Tunnel zwischen deinem Gerät und dem Firmennetzwerk aufbaut. Diese sorgt dafür, dass sensible Daten geschützt übertragen werden, selbst wenn du von unterwegs oder aus dem Homeoffice arbeitest.

Und Hand aufs Herz: Jeder kennt die Situation, in der das Netz im entscheidenden Moment schwächelt. Du frierst im Meeting ein – natürlich mit dem unvorteilhaftesten Gesichtsausdruck – und wirst kurz darauf rausgeworfen. Dann beginnt die Hektik: WLAN neu starten, Neueinwahl versuchen, gleichzeitig Textnachricht schicken: „Bin gleich zurück“.

Solche Pannen kosten Nerven und Glaubwürdigkeit – und sorgen dafür, dass das Team ein etwas unvorteilhaftes Meme von einem erstellen kann.

Darum lohnt es sich, vorbereitet zu sein. Ein mobiler Hotspot über dein Smartphone – das in der Sonne nicht heiß wird – reicht oft schon, um E-Mails zu verschicken oder die Zeit in der Videokonferenz zu überbrücken, bis die eigentliche Verbindung wieder stabil ist. Gerade unterwegs ist das meist sicherer als öffentliche WLANs.

Die Verständigung: APIs

Wer hat schon Lust, denselben Kundendatensatz dreimal einzutippen, erst ins CRM (Customer Relationship Management), dann ins Marketing-Tool und dann noch ins Projektmanagement? Genau da kommen APIs (kurz für Application Programming Interfaces) ins Spiel. Klingt erstmal kompliziert, heißt aber nur: Eine API ist wie ein Adapter, der zwei Systeme verbindet. Du legst den Kunden im CRM an, und automatisch taucht er auch in den anderen Tools auf. Keine Copy-&-Paste-Orgie mehr, keine Tippfehler. Das Ergebnis fühlt sich an, als würde dir ein unsichtbarer Helfer den umständlichen Schlüsselbund abnehmen. Er sorgt im Hintergrund dafür, dass jede Tür mit dem richtigen Schlüssel sicher geöffnet wird, während du selbst nur noch eine einzige, sanfte Geste brauchst.

Und ja, das nervt jedes Mal, wenn es *nicht* so funktioniert. Rechnungen, Feedbackformulare, Reports, all das läuft viel glatter, wenn Schnittstellen die Arbeit im Hintergrund erledigen. APIs sind also kein reines IT-Thema, sondern bestimmen direkt, wie effizient du arbeitest.

Du musst dich natürlich nicht mit dem Programmieren von APIs beschäftigen. Wichtig ist nur das: APIs verhindern Doppelarbeit und daraus entstehende Fehler, indem Systeme automatisch Daten austauschen. Frage dich: Musst du Daten noch manuell in mehrere Systeme übertragen, oder fließen sie schon automatisch? Wer die Logik von Schnittstellen versteht, erkennt Doppelarbeit schneller und kann konkrete Verbesserungsvorschläge einbringen.

Dein digitales Ökosystem als Fundament deiner Souveränität

Wenn du diese Grundlagen im Griff hast, steht dein digitales Ökosystem stabil. Dann kannst du Automatisierung und KI darauf aufbauen, mit der Sicherheit, dass sie auf einem soliden Fundament laufen. Es geht nicht darum, jedes Detail zu kennen, sondern die Zusammenhänge zu verstehen. Dazu gehört auch, gezielt zu entscheiden, welche Bereiche deines Jobs von Tool-Unterstützung profitieren und wo du Ballast vermeiden solltest. Gerade in der Kommunikation haben wir längst mehr Plattformen, Kanäle und Tools, als uns guttun. Wer alles nutzt, verzettelt sich. Wer klug auswählt, schafft Fokus und Klarheit.

Und noch etwas: Wenn Kollegen über langsame Hardware, komplizierte Zugänge oder nervige Prozesse stöhnen, kannst du zeigen, wie man souverän damit umgeht oder konstruktiv Verbesserungsvorschläge macht. So stärkst du nicht nur deine eigene Souveränität, sondern auch die deines Teams.

Im nächsten Schritt geht es um die eigentliche Währung der digitalen Welt: Daten. Denn sie sind das Rohmaterial für jede Automatisierung, jede Entscheidung und für jede Form von KI. Die Frage ist: Kannst du sie lesen, einschätzen und in einen sinnvollen Kontext setzen? Genau hier setzt Datenkompetenz an.

Datenkompetenz – oder: Ohne Daten bist du nur eine Person mit einer Meinung

Du bist ein richtiger Datenfuchs: Du beherrschst komplizierte Excel-Formeln, deine Reports sind bis ins Detail durchgerechnet. Umsatzkosten, Bearbeitungszeiten, Conversion Rates, alles da. Doch dann kommt im Meeting die einfache Frage: „Warum sind unsere Verkaufszahlen im Norden seit drei Monaten so schwach, und was machen die Wettbewerber dort anders?“ Und du merkst: Deine Zahlen liefern keine klare Antwort. Dein Wissen steckt im Detail, während die Gesamterkenntnisse fehlen.

Genau hier beginnt Datenkompetenz. In einer Welt, in der KI riesige Datenmengen in Sekunden aufbereiten kann, ist deine Fähigkeit entscheidend, die passende Flughöhe einzunehmen und die richtigen

Schlüsse zu ziehen. KI kann Daten sortieren, analysieren und visualisieren, aber sie versteht nicht automatisch den Kontext deines Unternehmens. Ob ein Trend wirklich relevant ist, ob eine Abweichung ein Fehler oder ein Signal ist, das bleibt deine Verantwortung. Nur mit Datenkompetenz kannst du die Ergebnisse der KI prüfen, einordnen und in Entscheidungen übersetzen.

Datenkompetenz bedeutet also, Daten als Grundlage zu nutzen, um bessere Entscheidungen zu ermöglichen, für dich, dein Team und dein Unternehmen.

Wo die Daten im Unternehmen zu Hause sind

Bevor du in Analysen eintauchst, solltest du wissen: Woher kommen die Daten eigentlich, mit denen du arbeitest? Im Unternehmen schlummern Informationen in ganz unterschiedlichen Systemen: Vom ERP (Finanzen, Lager, Produktion) über CRM (Kundendaten, Kontaktpunkte) bis zu HR-Systemen (Mitarbeiterdaten, Weiterbildung) oder Service-Tools (Tickets, Antwortzeiten). Auch Web-Analytics und Social-Media-Daten liefern wertvolle Hinweise, wie Kunden oder Bewerber dein Unternehmen wahrnehmen, werden aber außerhalb des Marketings ggf. übersehen.

Entscheidend ist nicht, jedes System im Detail zu kennen. Wichtig ist, dir bewusst zu machen, mit welchen Quellen du im Alltag tatsächlich arbeitest, wie zuverlässig sie sind und wo Überschneidungen bestehen. Entscheidend auch: Welche davon ist die „Single Source of Truth“, also die eine verlässliche Datenquelle, auf die sich alle beziehen?

Wer diese Basis kennt, merkt schneller, wenn Zahlen nicht passen und kann im Meeting souverän erklären, auf welche Quelle es wirklich ankommt. Echte Datenkompetenz hört hier aber nicht auf, sondern macht die Sicherung der Datenqualität zu einer regelmäßigen Aufgabe – ein entscheidender Schritt, um Vertrauen in die eigenen Analysen zu schaffen und zu erhalten.

Darum lohnt sich eine regelmäßige Inventur: Mache es dir zur Gewohnheit, die Qualität und Herkunft deiner wichtigsten Datenquellen regelmäßig zu überprüfen. Nur so schaffst du eine transparente und nachvollziehbare Datengrundlage, auf die sich alle verlassen können: Du selbst, dein Team – und deine KI-Modelle.

„Zahlen lügen nicht, aber sie sagen auch nicht die ganze Wahrheit."

Zahlen wirken oft objektiv und eindeutig, doch ohne Kontext können sie schnell in die Irre führen. Bevor du Daten interpretierst, lohnt sich deshalb ein kurzer Blick hinter die Kulissen: Woher stammen sie, wie wurden sie erhoben, wie aktuell sind sie, wie sind sie definiert und vor allem: Ergibt das alles im Abgleich mit deinem Erfahrungswissen Sinn?

Einige typische Stolperfallen zeigen, warum diese Checks so wichtig sind:

- Du erstellst eine Marktanalyse auf Basis einer Excel-Datei, die dir ein Kollege schickt. Später stellt sich heraus: Es waren nur Schätzungen aus einer Präsentation, keine echten ERP-Daten.
- In einer Tabelle stehen Datumsangaben mal so „01.02.2025" und mal so „Feb 1, 25". Vergleiche und Auswertungen werden dadurch fehleranfällig.
- Die „Conversion Rate" steigt, doch erst auf Nachfrage erfährst du, dass damit nicht Käufe gemeint sind, sondern Newsletter-Anmeldungen.

Schon ein kurzer Abgleich der Kernaspekte – Herkunft, Erhebung, Aktualität, Definition, Plausibilität – schützt dich davor, auf falsche oder missverstandene Zahlen hereinzufallen, und sorgt dafür, dass du aus Daten Erkenntnisse ziehst, die im Alltag wirklich tragen.

Wie du aus Unternehmensdaten Erkenntnisse gewinnst

Du musst kein Statistik-Profi sein, um Daten richtig zu lesen. Ein paar einfache Methoden reichen, um Muster zu erkennen und Diskussionen fundiert zu führen:

- Vergleiche ziehen: Zahlen sagen erst im Verhältnis etwas aus, ob zum Vormonat, Vorjahr oder zum Markt.
- Trends erkennen: Einzelwerte können täuschen. Ein gleitender Durchschnitt zeigt, ob sich wirklich etwas bewegt.
- Segmentieren: Aufsummieren verschleiert. Erst wenn du nach Regionen, Kundengruppen oder Kanälen trennst, siehst du, wo es läuft und wo nicht.

- Pareto-Prinzip: Oft verursachen wenige Faktoren den größten Effekt. Konzentriere dich auf die 20 %, die 80 % erklären.
- Verteilungen prüfen: Der Mittelwert ist eine vereinfachende Kennzahl. Ein Blick auf Histogramm oder Boxplot zeigt die Streuung und bietet damit weitere Erkenntnisse.

All das geht mit gesundem Menschenverstand – und typischen Bordmitteln wie Tabellenkalkulations- oder Business-Intelligence-Tools. Du brauchst vor allem die Gewohnheit, die Story hinter den Daten zu suchen. So verwandelst du nackte Zahlen in Einsichten, die dir und deinem Team wirklich helfen.

Dein Toolset für Business Intelligence

Um aus Daten echte Erkenntnisse zu gewinnen, brauchst du keine High-End-Software. Vieles davon hast du schon und der Einstieg ist leichter, als es wirkt.

- Excel ist dein Schnellhelfer. Mit Pivot-Tabellen oder sauberen Visualisierungen sparst du dir stundenlange Fleißarbeit. Neueste Versionen gehen noch weiter: Du kannst in normaler Sprache Fragen stellen, Excel durchsucht deine Daten und liefert dir erste Antworten in Klartext.
- Wenn die Daten komplexer werden, helfen dir Business-Intelligence-Tools wie Power BI oder Tableau. Du kannst sie direkt mit deinen Datenquellen verbinden und Reports und interaktive Dashboards automatisch aktualisieren lassen. Statt Zahlenlisten per Mail zu verschicken, teilst du einen Link und alle sehen live den aktuellen Stand. Aus dem Monatsreport wird so ein Cockpit, in dem du jederzeit selbst filtern und Szenarien durchspielen kannst.
- Auch viele ERP-Systeme wie SAP haben Analysefunktionen an Bord. Damit ziehst du Kennzahlen direkt aus den Originaldaten ohne Umwege über weitere Tools.

Der Einstieg wirkt vielleicht anstrengend, zahlt sich aber schnell aus. Kostenlose Versionen, unzählige Tutorials und oft schon vorhandene Unternehmenslizenzen senken die Hürde. Ein paar Stunden Einarbeitung genügen, um Muster zu erkennen, die sonst im Zahlenwald verborgen bleiben und dir im Meeting echte Antworten liefern.

Wenige Fragen, große Wirkung

Du hast jetzt das Rüstzeug, um das volle Potenzial deiner Daten zu nutzen. Statt nur Zahlen zu liefern, kannst du Muster erkennen, Zusammenhänge erklären und im Meeting echte Antworten geben. Genau das verschafft dir einen Vorsprung im Alltag.

Das Entscheidende: Dafür braucht es keine komplizierten Methoden. Schon ein paar konsequent gestellte Fragen zu Herkunft, Aktualität und Aussagekraft machen den Unterschied. Sie geben dir Klarheit, auch dann, wenn die scheinbar einfachen Fragen im Meeting plötzlich sehr anspruchsvoll werden.

Und hier kommt die KI ins Spiel: Sie kann dir nur dann wirklich helfen, wenn du ihre Ergebnisse einordnen kannst. Wer Datenkompetenz hat, trennt sinnvolle Muster von Zufall, erkennt Schwächen in der Datengrundlage und nutzt KI nicht als Blackbox, sondern als Verstärker.

KI als Unterstützung beim Aufbau deiner technologischen Souveränität

Der Chatbot deines Vertrauens kann dir beim Aufbau technologischer Grundlagen und bei datenbezogenen Fragestellungen je nach Ausstattung häufig gute Dienste erweisen:

- Als Sparringspartner bei der Datenanalyse holst du dir Denkanstöße von der KI, die du prüfen und weiterentwickeln kannst. Beschreibe deine Daten und deine Fragestellung und bitte um Inspiration für weitere Analysen.
- Bei der Nutzung von Business-Intelligence-Tools nutzt du KI als Coach, der dir auf Zuruf erklärt, wie du bestimmte Aufgaben oder Schritte umsetzt. Oder du lässt dir Tutorials empfehlen, die für deine Fragestellung besonders relevant sind.
- Als Übersetzer von IT-Begriffen: Lass dir technische Begriffe oder Konzepte von der KI erklären, wenn sie dir zu komplex sind, wenn nötig auch mit den Hinweisen wie: „Erkläre es mir, als wäre ich ein Grundschüler“. KI ist sehr gut darin, Fachsprache in Alltagssprache zu übersetzen und umgekehrt deine praktischen Anforderungen so in Technologie-Sprech zu formulieren, dass

IT-Kollegen sie verstehen. Damit wirst du zur Brücke zwischen Fachbereich und Technik.

Wo du nicht zu viel erwarten solltest: bei der echten Analyse von Zahlen mit deinem Lieblingschatbot. Sprachmodelle sind stark in Sprache, aber neigen zu Ungenauigkeiten beim Rechnen. Für präzise Berechnungen nutzen moderne Systeme deshalb Zusatzfunktionen wie Python-Interpreter: Das Modell schreibt Code, rechnet im Hintergrund und liefert dir die korrekten Ergebnisse zurück. Mit dieser Kombination lässt sich die Kreativität des Chatbots mit der Genauigkeit numerischer Tools verbinden.

Dein Action-Plan für technologische Souveränität im Arbeitsalltag: 3 sofort umsetzbare Ideen

Diese drei Punkte bringen dir sofort spürbaren Nutzen:

- ✓ Dein Setup im Griff: Prüfe deine Basis – Hardware, Software, Speicherorte und Netzwerk müssen zuverlässig laufen. Gehe einmal im Kopf alle relevanten Bereiche durch und melde dich aktiv, wenn etwas fehlt oder verbessert werden kann. Geh konstruktiv mit Technik-Frust um und zeige pragmatische Lösungen.
- ✓ Daten verstehen und nutzen: Nimm dir zielgerichtet eine datengetriebene Aufgabe und überlege dir ganz bewusst: Woher stammen die Daten, wie wurden sie erhoben, wie aktuell sind sie, wie sind sie definiert und vor allem: Stimmen sie mit deinem Bauchgefühl überein? Danach verbindest du die Daten mit einem freigegebenen Business-Intelligence-Tool wie Power BI und erstellst ein einfaches Dashboard dafür.
- ✓ Souverän handeln: Nutze gezielt den Chatbot deines Vertrauens, um dir bei einzelnen Schritten helfen zu lassen, mit denen du Probleme hast. Je genauer du dein Problem beschreibst, umso kürzer ist dein Weg zur Lösung.

Im nächsten Kapitel schauen wir uns an, wie du deine Prozesse so aufstellst, dass Automatisierung und KI dir Routine abnehmen und dir mehr Raum für die Aufgaben bleibt, bei denen es auf dein Denken und Entscheiden ankommt.

Regelbasierte Automatisierung & Predictive AI: Maschinen als Effizienztreiber

Dein Arbeitsalltag kennt das: immer mehr Daten, immer mehr Tools, immer kürzere Taktung. Du klickst, kopierst, fügst ein – und verlierst Stunden, die du nie zurückbekommst.

Bevor du versuchst, das große Ganze auf einmal zu revolutionieren, gilt ein agiles Mantra: Fange klein an, lerne schnell und verbessere dich mit jedem Schritt. Suche dir nicht das komplexeste Problem, sondern den einen, kleinen Prozess, der dich jeden Tag nervt. Automatisiere ihn, sieh zu, wie er funktioniert, und nimm das Gelernte mit zum nächsten Schritt. Dieser iterative Ansatz reduziert das Risiko, spart Ressourcen und sorgt für schnelle Erfolgserlebnisse.

Genau hier liegt der Hebel: Wer Prozesse sauber automatisiert, spart Zeit, reduziert Fehler und liefert verlässlichere (Daten-)Qualität – und schafft damit auch eine der grundlegenden Voraussetzungen, um KI vom netten Spielzeug zum Produktivitätsmotor zu machen.

Daten-Pipelines automatisieren

Du kennst die Situation: Für den Quartalsbericht liegen Informationen verteilt in Excel-Dateien, vergraben im CRM-System oder als Export aus einer Marketing-Plattform. Jemand hat das „schon immer so gemacht“, ein anderes Team hat „spezielle Formate“, und jede nachträgliche Änderung ist ein Albtraum, der Stunden frisst. Diese historisch gewachsenen Prozesse machen deine Datensammlung zu einer fehleranfälligen Baustelle, bei der dich manuelles Kopieren und Einfügen verzweifeln lassen kann. In deinem Arbeitsalltag hast du etliche solcher manuellen Prozesse, die bei dir regelmäßig den Puls steigen lassen.

Bevor du Tools auswählst, markiere deine Hotspots. Wo verlierst du am meisten Zeit, wo ärgerst du dich regelmäßig, wo schleichen sich Fehler ein?

- Report-Marathon: Wiederkehrende Berichte, die du per Copy & Paste zusammenstellst. Jede spätere Änderung kostet ordentlich Zeit.
- Daten-Zwangsheirat: Mehrere Systeme, uneinheitliche Schreibweisen („Müller GmbH“ vs. „Mueller GmbH“) – am Ende bereinigst du, statt zu analysieren.
- Format-Chaos: Inkonsistente Formate, fehlende Felder, manuelle Korrekturen – hoher Aufwand, hohes Fehlerrisiko.
- Formel-Falle: Tabellenmonster mit verschachtelten Verweisen – langsam, fragil, fehleranfällig.

Hier liegt dein Hebel für schnelle, sichtbare Erfolge durch Automatisierung.

Das Mantra der Automatisierung: Automatisiere. Keinen. Müll.

Bevor du einen Prozess automatisierst, stell dir die entscheidende Frage: Ist dieser Prozess – mit allen dahinterliegenden Daten – überhaupt noch sinnvoll? Hinter vielen manuellen Datensammlungen stecken redundante, ineffiziente oder schlicht veraltete Arbeitsschritte. Automatisierung wirkt hier wie ein Brandbeschleuniger: Ein schlechter Prozess wird dadurch nicht besser – er ist nur schneller schlecht. Dasselbe gilt für die Datenqualität: Das Prinzip „Garbage In, Garbage Out“ wird hier gnadenlos potenziert.

Typisches Beispiel: Du verbringst Tage damit, das Zusammenfügen und Analysieren aus fünf verschiedenen Excel-Dateien für deinen wöchentlichen Report zu automatisieren, die voller Inkonsistenzen und Tippfehler stecken. Dann erst realisierst du, dass du die Daten auch in Echtzeit aus dem ERP-System extrahieren kannst.

Deshalb lohnt es sich, vorab ein paar unbequeme Fragen zu stellen:

- Brauchen wir das überhaupt noch? Ist dieser Report, diese Sammlung, diese manuelle Verknüpfung wirklich nötig – und wer nutzt die Ergebnisse? Wenn die Antwort „niemand“ lautet: weg damit.

- Gibt es einen besseren Weg? Können Datenquellen direkt verbunden werden, statt über zehn Excel-Listen zu laufen?
- Ist die Datenquelle verlässlich? Sind die Informationen konsistent und aktuell?
- Wie sähe es ideal aus? Stell dir vor, du würdest den Prozess heute neu aufsetzen – ohne Rücksicht auf alte Routinen. Wie würdest du ihn gestalten?

Die Erfahrung lehrt: Oft liegt der größte Hebel nicht in der Automatisierung selbst, sondern darin, Prozesse vorher radikal zu verschlanken und die Datenbasis zu bereinigen. Erst wenn der Ablauf klar und sinnvoll ist, lohnt sich die Automatisierung. Nur so sparst du nicht nur Zeit, sondern stellst sicher, dass am Ende auch ein Ergebnis herauskommt, das echten Mehrwert liefert.

Erst dann kommt der nächste Schritt: die passenden Tools. Sie nehmen dir die wiederkehrenden Handgriffe ab und verwandeln mühsame Routine in automatisierte Abläufe. Schauen wir uns an, womit du starten kannst.

Deine Werkzeuge für die Daten-Transformation: Vom Chaos zur Klarheit

Datenchaos im Alltag. Und jedes Mal startest du die gleiche Copy-&-Paste-Orgie. Hier helfen sogenannte ETL-Tools (Extract, Transform, Load). Übersetzt: Sie holen Daten aus verschiedenen Quellen, bereinigen sie und führen sie zusammen. Früher reine IT-Sache, heute oft auch für dich umsetzbar.

Es gibt dabei mehrere Stufen:

- ETL light: Schon in Excel steckt mit Power Query ein unscheinbares, aber mächtiges Werkzeug. Dort definierst du, wie Daten importiert, bereinigt und transformiert werden. Einmal eingerichtet laufen deine Routinen per Knopfdruck – kein ständiges SVERWEIS/XVERWEIS-Gefummel mehr.
- Visuelle ETL-Plattformen: Sobald es komplexer wird – viele Quellen, verschiedene Formate, zahlreiche Prozessschritte – kommen visuelle ETL-Plattformen wie Alteryx oder KNIME ins Spiel. Sie sind ein echter Gamechanger: Statt Formeln baust du deine Prozesse per Drag-and-Drop aus einzelnen Modulen, durch die

deine Daten auf Knopfdruck fließen. Import, Transformation, Bereinigung – jeder Schritt ist ein Baustein, den du auf einen Canvas ziehst und verbindest. Das Ergebnis ist ein transparenter Workflow, den du jederzeit wiederverwenden oder erweitern kannst. Saubere Datenflüsse, die dir dauerhaft Zeit sparen und Fehlerquellen minimieren.

- Cloud-ETL: Für richtig große Datenströme (z. B. Echtzeit oder viele Systeme) kommen Plattformen wie Azure Data Factory, AWS Glue oder Google Dataflow ins Spiel. Solche Workflows wirst du als Office-Worker zwar nicht selbst aufsetzen – dafür gibt es Cloud Architects. Aber dein Verständnis ist Gold wert: Du erkennst, wo Bedarf ist und kannst konkrete Anforderungen formulieren, statt vage nach „besseren Daten“ zu rufen.

Wie so etwas aussehen kann, zeigt der folgende Ausschnitt aus einem Alteryx-Workflow. In diesem Beispiel werden zwei Datenquellen bereinigt, zusammengeführt, gefiltert, neue Kalkulationen eingefügt unter stetigen Plausibilitäts-Checks und schließlich wird die finale Tabelle so formatiert, dass sie genau dem benötigten Format für einen Report entspricht.

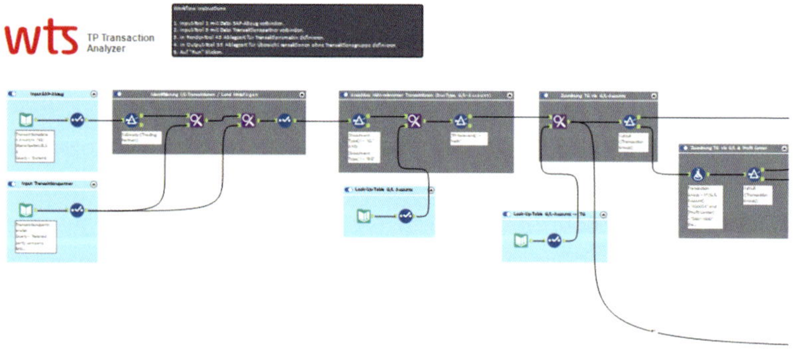

Wähle die richtige Flughöhe für deine Daten

Für deine tägliche Arbeit reicht oft schon ein einfacher Self-Service-Schritt, der dir lästige Handarbeit abnimmt. Wenn die Aufgaben komplexer werden, öffnen visuelle Plattformen dir den Weg zu skalierbaren, transparenten Prozessen. Und sobald du erkennst, dass dein Unternehmen an die Grenze stößt, bist du derjenige, der die Cloud-Option ins Spiel bringt – nicht mit technischem Detailwissen, sondern mit einem klaren Blick für den Nutzen.

Entscheidend ist nicht, dass du jedes Tool im Detail beherrschst – sondern dass du weißt, welche Optionen es auf den verschiedenen Ebenen gibt und wie du sie für dich nutzen kannst. Damit machst du den entscheidenden Unterschied: Du bist nicht nur der Anwender von Tools, sondern derjenige, der Potenziale erkennt, Probleme benennt und Lösungen anstößt. Das ist die eigentliche Kompetenz, die dich im KI-Zeitalter souverän macht.

Übergreifende Prozesse automatisieren: Arbeitest du noch oder lässt du schon arbeiten?

Bei den ETL-Tools ging es darum, Daten aus verschiedenen Quellen zu bereinigen und zusammenzuführen – sozusagen die Innenarchitektur deiner Daten. Jetzt wechseln wir die Perspektive: Es geht um die Außenarchitektur deiner Arbeit, also die vielen kleinen Handgriffe, die dich quer durch deine Tools begleiten.

Stell dir vor: Eine Routine-Kundenanfrage landet in deinem Postfach. Du kopierst brav die Infos ins CRM, legst einen Ordner in SharePoint an, schickst eine Standard-Mail – und fragst dich jedes Mal, ob die Tools eigentlich dir zuarbeiten oder andersherum. Jeder dieser Schritte ist simpel – zusammen fressen sie Zeit, machen Fehler wahrscheinlicher und rauben dir Energie.

Genau hier helfen Tools wie *Power Automate* oder *Zapier*: Sie verbinden deine Anwendungen via API und erledigen solche Klick-Ketten automatisch im Hintergrund.

Der Unterschied zu ETL: Während dort Datenströme innerhalb von Systemen geordnet werden, automatisierst du hier ganze Workflows zwischen Systemen – damit du weniger kopierst, klickst und weiterleitest und mehr Zeit für die wirklich wichtigen Aufgaben gewinnst. ETL ordnet Datenflüsse, Workflow-Automatisierung orchestriert Anwendungsflüsse.

Dein Radar für Automatisierungspotenzial: Finde deine Workflow-Kandidaten

Die besten Kandidaten für Automatisierung erkennst du daran, dass du als „menschliches Bindeglied" zwischen Tools agierst. Überall da, wo du Informationen manuell von A nach B überträgst oder Standard-Schritte wiederholst, steckt Potenzial.

Typische Kandidaten:

- ⋆ Benachrichtigungen: Standard-Mails, Erinnerungen, Status-Updates.
- ⋆ Dateimanagement: Anlegen, Verschieben, Umbenennen.
- ⋆ Datentransfers: Formular-Inhalte in andere Systeme übernehmen.
- ⋆ Genehmigungen: von Urlaubsanträgen bis Rechnungen.

Sobald du solche Muster erkennst, merkst du: Ein Großteil deiner Klicks ist gar keine „Arbeit", sondern reine Übertragung. Genau das kannst du mit Automatisierung abstellen.

Deine digitale Werkzeugkiste: Automatisierung, die dir sofort hilft

Nachdem du die typischen App-Sprünge und Wiederholungen identifiziert hast, geht es an die Tools, die dir diese Arbeit abnehmen – und zwar ohne Programmierung.

- ⋆ Low-Code/No-Code-Plattformen: Stell dir vor: Eine Kundenmail landet im Postfach, automatisch wird ein Ticket im Service-Tool erstellt, der Kunde erhält eine Bestätigung, und dein Team sieht die Aufgabe sofort im Projektboard. Keine Klicks mehr, kein Vergessen. Dein Job? Nur die Regel definieren: „Wenn X, dann Y." Den Rest erledigt das System im Hintergrund, z. B. Tools wie Power Automate oder Zapier.
- ⋆ Automatisierung im ERP: Rechnungen freigeben, Bestellungen weiterleiten, Freigaben einholen – vieles lässt sich direkt im ERP-System automatisieren. Du musst die Prozesse nicht selbst einrichten. Deine Rolle ist es, die nervigen Handgriffe sichtbar zu machen und an die Verantwortlichen zu spiegeln. Damit setzt

du genau dort den Hebel an, wo Abläufe noch unnötig manuell sind.

Ob kleine App-Sprünge oder große Kernprozesse: Der Wert entsteht nicht durch das Tool an sich, sondern durch deinen Einstieg. Automatisierung entfaltet Wirkung, wenn du konkrete Probleme adressierst und daraus Quick Wins machst.

Alles, was wir bisher betrachtet haben, basiert auf klaren Regeln: „Wenn X passiert, dann tue Y." – klassische Wenn-Dann-Automatisierung. Das funktioniert hervorragend bei wiederkehrenden Abläufen, die glasklar definiert sind – Rechnungen weiterleiten, Tickets anlegen, Erinnerungen verschicken. Doch was, wenn Regeln an ihre Grenzen stoßen?

Next Level Automatisierung mit Predictive AI

Predictive AI[13] verwandelt reaktives (regelbasiertes) Abarbeiten in vorausschauendes Planen. Klingt abstrakt? Schauen wir es uns an einem konkreten Beispiel an:

Stell dir die Geschäftsführerin eines Kinos vor. Eine ihrer wichtigsten Fragen für die Personal- und Vorratsplanung lautet: ‚Wie viel Popcorn werden wir am Freitagabend verkaufen?' Sie braucht keine vage Schätzung, sondern eine möglichst genaue Prognose. Genau für solche Fragen wurde die wichtigste Lernmethode im Office-Alltag entwickelt: das überwachte Lernen.

Überwachtes Lernen funktioniert wie Lernen mit einem „Spickzettel". Man trainiert ein KI-Modell mit einer großen Menge historischer Daten, bei denen die „richtige Antwort" bereits bekannt ist (z. B. die Popcorn-Verkaufszahlen der letzten 10.000 Vorstellungen). Das Modell lernt die Zusammenhänge zwischen Einflussfaktoren (Wochentag, Filmgenre, Wetter) und dem Ergebnis. Diesen „Spickzettel" mit korrekt zugeordneten Daten zu erstellen, ist oft der aufwendigste Teil der Arbeit, aber die Grundlage für präzise Modelle.

Einmal trainiert, kann das Modell sein gelerntes Wissen auf neue Daten anwenden und Prognosen erstellen. Dabei gibt es zwei Hauptziele:

[13] Wie im Kapitel 2 erläutert, fassen wir in diesem Buch unter ‚Predictive AI' all jene Systeme zusammen, die historische Daten analysieren, Muster erkennen und auf dieser Basis Prozesse automatisieren oder Vorhersagen treffen.

* Regression (eine Zahl vorhersagen): Antwortet auf Fragen wie „Wie viel?“ Beim Popcorn-Beispiel schätzt das Modell eine konkrete Verkaufszahl.
* Klassifikation (etwas einer Kategorie zuordnen): Antwortet auf Fragen wie „Ja oder Nein?“. In der Buchhaltung könnte ein Modell z. B. lernen, Rechnungen als „unauffällig“ oder „bitte prüfen“ zu klassifizieren.

Das Prinzip bleibt gleich – egal, ob es um Popcorn oder Buchungen geht. In der Buchhaltung bewertet Predictive AI jede Buchung hinsichtlich ihrer Auffälligkeit. Offensichtliche Fehler lassen sich vorab mit Regeln abfangen. Wo es komplexer wird, berechnet die KI Wahrscheinlichkeiten auf Basis historischer Buchungsdaten. Nach dem Festlegen von Schwellenwerten wandern die Buchungen in Kategorien wie „unauffällig“, „prüfen“ oder „auffällig“. Routinebuchungen bedürfen keiner menschlichen Überprüfung, verdächtige Fälle landen auf deinem Tisch. Gleiches gilt für Spesenabrechnungen oder Rechnungsprüfungen. So verschwindet der Standardkram leise im Hintergrund – und du kannst dich auf die echten Ausnahmen konzentrieren.

Manchmal ist das Ziel aber nicht die Automatisierung, sondern das Entdecken völlig neuer strategischer Einsichten. Hier kommt eine andere Lernmethode ins Spiel: das unüberwachte Lernen. Dabei gibst du der KI einen großen Datensatz ohne „Spickzettel“ und bittest sie, darin verborgene Strukturen oder natürliche Gruppen zu finden.

Das wohl berühmteste Beispiel dafür lieferte Netflix. Zuerst nutzte das Unternehmen überwachtes Lernen, um Filmvorschläge zu verbessern (Klassiker: „Nutzer, die Film A mochten, mögen auch Film B“). Der strategische Durchbruch kam jedoch durch unüberwachtes Lernen: Die KI identifizierte aus dem reinen Sehverhalten Tausende hochspezifischer „Micro-Genres“. Die Erkenntnis, dass eine große Gruppe an Nutzern Filme von Regisseur David Fincher, mit Schauspieler Kevin Spacey und Polit-Dramen liebte, führte zur mutigen, datengestützten Entscheidung der Verantwortlichen, die Serie „House of Cards“ zu produzieren. [69] Hier hat die KI nicht bei der Prozessautomatisierung unterstützt, sondern den Entscheidern eine strategische Einsicht geliefert, die sie zur Handlung inspirierte.

Neben dem fleißigen Arbeitstier, das im Hintergrund deine Workflows automatisiert, gibt es also noch die Strategin.[14] In dieser Rolle durchforstet die KI deine Daten nicht nach einzelnen Ausnahmen, sondern nach übergeordneten Mustern, die dir helfen, die Zukunft zu gestalten. Sie beantwortet strategische Fragen, indem sie zum Beispiel Gruppen von Beschäftigten mit verschiedener Kündigungswahrscheinlichkeit identifiziert oder wie im obigen Beispiel Kunden verschiedenen Segmenten zuordnet.

Auch hier liefert die KI datenbasierte Wahrscheinlichkeiten, keine Gewissheiten.[15] Der entscheidende Unterschied liegt aber darin, wie du damit arbeitest. Du setzt keine Schwellenwerte für einen automatischen Filter, sondern nutzt die Prognose als Startpunkt für strategische Entscheidungen.

Du siehst also, Predictive AI hat zwei Gesichter: das des unermüdlichen Helfers, der dir Routine abnimmt, und das des Beraters, der dir hilft, die richtigen Weichen für die Zukunft zu stellen. Doch wie entsteht ein solches Modell eigentlich im Unternehmen? Um das zu verstehen, lohnt sich ein Blick auf den typischen Ablauf von Predictive-AI-Projekten.

Wie Predictive-AI-Projekte ablaufen

Den methodischen Rahmen für Predictive-AI-Projekte bildet das sogenannte CRISP-DM-Modell (Cross-Industry Standard Process for Data Mining). Man kann es sich wie den Bauplan für ein maßgeschneidertes Haus vorstellen. Es beschreibt die Phasen, die jedes Projekt durchläuft – von der ersten Idee bis zum fertigen Einzug.

[14] Zur Vollständigkeit: Es existiert eine dritte grundlegende Lernmethode, das Reinforcement Learning (bestärkendes Lernen). Hier lernt ein Modell durch Versuch und Irrtum, indem es für Aktionen in einer Umgebung Belohnungen oder Bestrafungen erhält. Diese Methode ist enorm wirkungsvoll bei der Steuerung von Robotern oder dem Meistern von Spielen (z. B. AlphaGo), spielt aber für die typischen Prognose-Aufgaben im Office-Alltag eine untergeordnete Rolle.

[15] Philosophisch betrachtet steckt darin übrigens das, was David Hume schon im 18. Jahrhundert als „Induktionsproblem" bezeichnete – die Erkenntnis, dass Erfahrungen aus der Vergangenheit keine absolute Sicherheit über die Zukunft geben.

Dahinter stecken sechs Phasen, die in der Praxis oft ineinandergreifen. Zur besseren Übersicht haben wir sie hier in vier Unterpunkte subsumiert:

- Business Understanding: Das ist das Gespräch mit dem Architekten. Welche Art von Haus soll es werden und warum? Hier werden die entscheidenden Fragen geklärt: Welches Problem soll die KI überhaupt lösen und warum ist das für das Unternehmen wichtig?
- Data Understanding & Preparation: Das ist die Prüfung des Baugrunds und das Gießen des Fundaments. Ist der Boden tragfähig und das Fundament gerade? Welche Daten gibt es, reichen sie aus, wie sauber sind sie, und wie müssen sie aufbereitet werden, damit man darauf bauen kann?
- Modeling & Evaluation: Das ist der Rohbau und die anschließende Bauabnahme. Passen die Wände, ist das Dach dicht und entspricht alles den Plänen? Mit welchen Algorithmen lassen sich Muster erkennen, und liefert das Ergebnis am Ende tatsächlich den erhofften Mehrwert?
- Deployment: Das ist die Schlüsselübergabe. Das fertige Modell wird in den Unternehmensalltag integriert. Wie kommt es in die Anwendung, wie wird es überwacht und instandgehalten?

In der Realität springen Projekte oft zwischen den Phasen hin und her – ganz wie bei einem echten Hausbau, bei dem man während des Rohbaus plötzlich merkt, dass ein Fenster versetzt werden muss. Neue Erkenntnisse erfordern Anpassungen, zusätzliche Daten müssen nachgezogen und Modelle nachjustiert werden.[16]

Wenn du dir diesen Prozess anschaust, wird schnell klar: Predictive-AI-Projekte sind nichts, was man mal eben nebenbei aufsetzt. Hier tippt keiner schnell was in einen Chatbot – man baut kein Haus an einem Nachmittag. Dahinter stecken Data Scientists und Engineers,

[16] CRISP-DM bildet seit vielen Jahren die methodische Grundlage für Predictive-AI-Projekte. Heute greifen viele Unternehmen jedoch zusätzlich auf sog. MLOps-Frameworks zurück. Diese adressieren Herausforderungen, die im klassischen CRISP-DM noch kaum berücksichtigt wurden: automatisierte Deployment-Pipelines, reproduzierbare Modell-Updates, kontinuierliches Monitoring und Governance. So bleibt CRISP-DM ein nützlicher Orientierungsrahmen, während MLOps die Brücke in den produktiven Betrieb schlägt.

die tief in den Daten arbeiten. Bis der Algorithmus zuverlässig läuft, können viele Monate vergehen.

Deine Rolle im Zusammenhang mit Predictive AI

Damit solche Predictive-AI-Anwendungen im Unternehmen sinnvoll wirken, braucht es nicht nur Data Scientists, sondern auch Menschen wie dich – direkt aus dem Fachbereich. Deine Rolle in solchen Projekten lässt sich in drei Bereiche aufteilen:

Inputgeber:

Du kennst die Praxis. Bei neuen Projekten ist dein Wissen entscheidend. Du bist nicht nur da, um Daten zu liefern, sondern um sie zu übersetzen. Data Scientists sehen Zahlen und Muster – du steuerst die Geschichten dahinter bei. Wenn es im „Hausbau"-Projekt darum geht, dem Architekten die Lebensgewohnheiten der Familie zu erklären, bist du das entscheidende Familienmitglied. Deine Aufgabe ist es, vage Geschäftsbegriffe in klare Definitionen zu gießen, die eine Maschine verstehen kann. Was genau bedeutet bei uns ein „aktiver Kunde"? Welche Kriterien definieren einen „erfolgreichen Projektabschluss"? Ohne deine präzisen Antworten auf solche Fragen laufen Projekte Gefahr, an der Realität vorbeizugehen.

Hinterfrager:

Die KI liefert keine Wahrheiten, sondern Wahrscheinlichkeiten. Deine Aufgabe ist es, diese Ergebnisse kritisch zu prüfen und die richtigen Fragen zu stellen:

* Bias (Verzerrung): Ein KI-Modell spiegelt die Muster der Daten und der eingesetzten Methoden wider, mit denen es gefüttert wurde – auch die schiefen. Deshalb solltest du immer zuerst fragen: Auf welchen Daten basiert das eigentlich? Und zweitens: Besteht die Gefahr, dass wir ungewollte Muster aus der Vergangenheit einfach fortschreiben?
  Diese Prüfung ist kein einmaliger Schritt zu Projektbeginn, sondern eine kontinuierliche Aufgabe. Denn auch wenn die ursprünglichen Trainingsdaten sauber waren, können spätere Ab-

läufe und Entscheidungen dazu führen, dass neue Daten mit der Zeit schiefer werden. Wird das Modell irgendwann neu trainiert, übernimmt es diese Muster. Genau deshalb lohnt sich ein wacher Blick: Bias prüft man nicht nur einmal, sondern über den gesamten Lebenszyklus hinweg.
Und selbst wenn der Bias im Griff ist, bleibt ein weiterer Punkt entscheidend: Ein Modell kann mit der Zeit auch einfach nicht mehr zur Welt passen, für die es entwickelt wurde.

* Relevanz über die Zeit (Drift): Ein KI-Modell ist kein Kühlschrank: Man stellt es nicht einmal hin und lässt es dann jahrelang zuverlässig vor sich hinlaufen. Ein Modell bleibt nur so lange verlässlich, wie seine inneren Annahmen zur realen Welt passen. Und genau dort entstehen die typischen Probleme.
  Zwei besonders wichtige Arten von Veränderungen, die ein Modell schleichend aus der Spur bringen können sind Data Drift und Concept Drift:
  - Data Drift: Die Verteilung der Eingangsdaten verändert sich. Menschen verhalten sich anders, Prozesse werden angepasst, Formulare sehen plötzlich neu aus – und das Modell bekommt anderes Material als beim Training. Es liefert dann zwar noch Ergebnisse, aber mit sinkender Trefferquote.
  - Concept Drift: Die Beziehung zwischen den Daten und dem Zielwert verschiebt sich. Neue Gesetze, Marktveränderungen oder interne Strategiewechsel können dazu führen, dass dieselben Daten heute etwas ganz anderes bedeuten als früher. Das Modell arbeitet weiter wie gelernt – nur ist seine Logik nicht mehr aktuell.

Beide Drift-Arten können ein Modell, das gestern hervorragend funktioniert hat, heute unzuverlässig machen. Und genau hier liegt deine Rolle: Du erkennst solche Veränderungen, stellst die richtigen Fragen und sorgst dafür, dass rechtzeitig nachgesteuert wird. Ohne regelmäßige Überwachung kann selbst ein einst starkes Modell schneller an Aussagekraft verlieren, als man denkt.

Ideengeber:

Du weißt am besten, wo in deinem Bereich Potenziale schlummern. Gute Ideen für Predictive AI findest du oft dort, wo du heute schon auf Basis von Erfahrung und Bauchgefühl wiederkehrende, kleine Vorhersagen triffst – und große Mengen relevanter Unternehmensdaten vorhanden sind. Stell dir für deinen Arbeitsalltag drei Fragen:

* Wo gibt es wiederkehrende Einschätzungen? (z. B. „Welcher Kunde sollte als Nächstes kontaktiert werden?", „Welche Anfrage hat die höchste Priorität?")
* Wo gibt es teure Unsicherheit? (z. B. „Wie viele unserer Mitarbeiter werden in den nächsten sechs Monaten voraussichtlich kündigen?", „Bei welchen Lieferanten droht ein Engpass?")
* Wo liegen ungenutzte Datenschätze? (z. B. „Was könnten uns tausende Kommentare im jährlichen Mitarbeiter-Feedback verraten?") Bringe diese Ideen ein – die Data Scientists helfen dir bei der Bewertung.

Kurz gesagt: Das KI-Modell bauen andere. Mit deinem Fachwissen, deinem kritischen Blick und deinen Ideen wirst du jedoch zum unverzichtbaren Sparringspartner, der dabei unterstützt, dass Predictive AI im Alltag echten Nutzen bringt.

Wie wichtig diese Zusammenarbeit ist, zeigt u. a. ein viel zitiertes Beispiel: Amazon experimentierte mit einer KI-gestützten Recruiting-Software, die Bewerbungen automatisch bewerten sollte. Das System wurde mit historischen Einstellungsdaten trainiert. Darin waren vor allem Männer vertreten – und genau diese Verzerrung wurde ins Modell übernommen. Es zeigte sich: Dem Modell vorgelegte Lebensläufe mit weiblich konnotierten Begriffen wurden schlechter bewertet als andere Lebensläufe. Nachdem der Effekt erkannt wurde, stellte Amazon das Projekt ein. [70]

Hybride Workflows: Wenn regelbasierte Tools und KI Hand in Hand arbeiten

Regelbasierte Automatisierung, Predictive AI und Generative AI schließen sich nicht gegenseitig aus. Stell sie dir nicht als Konkurrenten vor, sondern als Spezialisten in einer gemeinsamen Werkzeugkiste für die Automatisierung. Je nach Aufgabe kann ein einziges, spezialisiertes

Werkzeug die perfekte Lösung sein, oder eine clevere Kombination aus mehreren.

Generative AI ergänzt die bisherige Werkzeugkiste für automatisierte Workflows aus regelbasierter Automatisierung und Predictive AI um die Fähigkeit, unstrukturierte Daten analysieren zu können. Die Generative AI übernimmt dabei klar definierte, abgegrenzte Schritte mit engen Leitplanken: Sie liest E-Mails, PDF-Dokumente oder Freitexte aus, erkennt deren Inhalt und wandelt die unübersichtlichen Rohdaten in ein standardisiertes, maschinenlesbares Format um. Anschließend greift die regelbasierte Automatisierung ein und führt klar definierte Folgeaktionen aus – zum Beispiel das Zuordnen zu einem Prozess, das Befüllen von Formularfeldern oder die Prüfung gegen festgelegte Richtlinien.

Ein praktisches Beispiel für das Zusammenspiel unterschiedlicher KI-Arten ist die Rechnungsprüfung. Zunächst liest die Generative AI eine unstrukturierte PDF-Rechnung aus, erkennt Inhalte wie Betrag, Lieferant oder Leistungszeitraum und wandelt sie in ein sauberes, strukturiertes Datenformat um. Anschließend übernimmt die regelbasierte Automatisierung und prüft diese Daten blitzschnell gegen vordefinierte Kriterien – etwa, ob der Betrag unter 1.000 Euro liegt und der Lieferant bereits freigegeben ist. Für alle verbleibenden, nicht eindeutigen Fälle kommt eine Predictive AI ins Spiel: Sie bewertet das Risiko für Unstimmigkeiten oder Betrug. Auf diese Weise entsteht ein durchgängiger, effizienter Prozess, der Routineaufgaben automatisiert, Risiken reduziert und menschliche Aufmerksamkeit auf die wirklich relevanten Ausnahmefälle lenkt.

Auch die Auswertung von Social-Media-Kommentaren profitiert von hybriden Workflows. Generative AI liest täglich hunderte Kommentare zu einem bestimmten Produkt des Unternehmens auf Social Media, erkennt Tonfall, Themen und wiederkehrende Anliegen und wandelt das unstrukturierte Meinungsrauschen in klar auswertbare Daten um. Anschließend übernimmt die regelbasierte Automatisierung: Sie filtert nach definierten Kriterien – etwa „negative Stimmung + neues Feature erwähnt → an Produktteam weiterleiten“ oder „häufige Nachfrage → an Kundenservice übergeben“. So entsteht ein reibungsloser Workflow, der aus chaotischer Online-Kommunikation verwertbare Erkenntnisse macht – und das Marketingteam von endlosem Scrollen befreit.

Diese Arbeitsteilung macht hybride Workflows so wirkungsvoll: Generative AI schafft Struktur, die Automatisierung sorgt für Präzision, Geschwindigkeit und Nachvollziehbarkeit. Gemeinsam bilden sie einen Prozess, der sowohl flexibel als auch zuverlässig ist – und der dort Effizienzpotenziale hebt, wo bislang viele manuelle Zwischenschritte nötig waren.

Wie das in der Praxis umsetzbar ist? Immer mehr Workflow-Tools setzen auch auf KI-Komponenten bei der Workflow-Erstellung. Um beim Beispiel von Alteryx auf Seite 116 zu bleiben: Hier besteht z. B. die Möglichkeit, in den vorhandenen Workflow per Drag & Drop ein Tool aufzunehmen, das du mit dem Generative-AI-Modell deines Vertrauens verbindest oder auch ein vortrainiertes Predictive AI-Modell. Durch passgenaue Konfiguration dieser Tools lassen sich so komplett individualisierte hybride Workflows aus regelbasierten Komponenten, Predictive AI und Generative AI-Bausteinen erstellen.

Und so kann dir Generative AI bei deinen Automatisierungsprojekten helfen

Nicht verwirren lassen – hier geht es jetzt darum, wie KI dir persönlich helfen kann, Automatisierung voranzutreiben – nicht als Teil des automatisierten Workflows, sondern als persönlicher Sparringspartner beim Brainstormen, Umsetzen und bei der Qualitätssicherung des besagten Workflows. Und dafür ist Generative AI prädestiniert:

- Strategische Tool-Wahl und Beratung: Anstatt dich mühsam durch unzählige Software-Optionen zu kämpfen, nutzt du die KI zur Vorauswahl. Beschreibe ihr deinen Prozess, beispielsweise: „Ich muss wöchentlich Daten aus dem CRM und einem Excel-Sheet zusammenführen und bereinigen." Die KI liefert dir daraufhin maßgeschneiderte Tool-Vorschläge inklusive Vor- und Nachteile.
- Konkrete Umsetzung und Anleitung: Wenn du dich für ein Tool entschieden hast, wird die KI zu deinem persönlichen Coach für die Implementierung. Sie hilft dir, technische Hürden zu überspringen. Frage direkt: „Wie bringe ich in Alteryx zwei Tabellen so zusammen, dass doppelte Einträge gelöscht werden?" Die KI liefert dir präzise, werkzeugspezifische Anweisungen (z. B.

„Nutze das 'Join'-Tool gefolgt vom 'Unique'-Tool und wähle die ID-Spalte aus").

* Prognostische Fehlervermeidung: Nutze die Fähigkeiten der KI auch für die Qualitätssicherung deiner Workflows. Sie dient als Sparringspartner zur vorausschauenden Fehlervermeidung: Sie bewertet das Risiko deines neu aufgesetzten Workflows, wenn sich Annahmen ändern, und liefert dir eine Schwachstellen-Analyse. So erhältst du einen kritischen Blick auf die Robustheit deiner Automatisierung.

Dein Action-Plan für regelbasierte Automatisierung & Predictive AI

3 Ideen, mit denen du sofort starten kannst

✓ **Datenflüsse vereinfachen**

Wähle einen wiederkehrenden Report oder Datenprozess, der dich regelmäßig aufhält. Genau hier beginnt der Einstieg in die Self-Service-ETL-Welt (Extract, Transform, Load). Such dir ein gutes Erklärvideo oder frag deinen Lieblings-Chatbot nach einer Schritt-für-Schritt-Anleitung. Starte klein mit Power Query in Excel: Verbinde Datenquellen, bereinige sie und automatisiere die Aktualisierung – so verstehst du schnell, wie Datenflüsse funktionieren. Wenn es komplexer wird, prüfe visuelle ETL-Plattformen wie KNIME oder Alteryx.
Sind solche Tools bei dir noch nicht freigegeben, sprich mit der IT oder bau dir zunächst mit einem privaten Account ein Dummy-Projekt mit Musterdaten. So lernst du, wie sich saubere, wiederverwendbare Datenprozesse aufbauen lassen – und wie du selbst Datenarbeit effizienter machst.

✓ App-Sprünge automatisieren

Identifiziere Routinen, bei denen du als „menschliches Bindeglied" zwischen Tools agierst – etwa wenn du Mails manuell ins CRM überträgst, Aufgaben im Projektboard anlegst oder Statusupdates mehrfach einträgst. Genau hier beginnen Low-Code/No-Code-Automatisierungen ihre Wirkung zu entfalten. Starte mit einem Prozess, der dich täglich nervt, und prüfe, ob du ihn mit Power Automate, Make oder einem vergleichbaren, im Unternehmen freigegebenen Tool verknüpfen kannst. Typische Auslöser sind einfache Wenn-Dann-Ketten: Wenn eine Mail mit Betreff X eingeht, dann erstelle automatisch eine Aufgabe in Tool Y oder verschiebe sie in Ordner Z.
Wie oben gilt: Sprich mit der IT, falls du keinen Zugriff hast – oft gibt es bereits Pilotlizenzen oder zentrale Automatisierungsplattformen.

✓ Predictive-Potentiale erkennen

Behalte im Blick, wo klare Regeln nicht mehr ausreichen – überall dort kann Predictive AI potenziell einen Unterschied machen: etwa bei der Erkennung auffälliger Buchungen, Prognosen zur Auslastung oder Risikoeinschätzungen im Tagesgeschäft. Sammle erste Ideen und sprich gezielt mit den Experten im Unternehmen – etwa aus Data Science, IT oder Fachbereichen mit Zugriff auf relevante Datenquellen.
Ziel ist es, aus deinen Beobachtungen einen konkreten, gut begründeten Projektvorschlag zu entwickeln, mit dem du intern ins Gespräch gehen kannst: Eine Idee, die zeigt, welches Problem gelöst, welcher Mehrwert geschaffen und welche Daten dafür genutzt werden könnten.

Automatisierung selbst anpacken

Regelbasierte Automatisierung ist dein Einstieg: klar definierte Wenn-Dann-Prozesse, die Routineaufgaben zuverlässig abnehmen. Predictive AI ist die nächste Stufe: Sie erkennt Muster, arbeitet mit Wahrscheinlichkeiten und macht auch dort Automatisierung möglich, wo starre Regeln an Grenzen stoßen. Für dich heißt das: Routine verschwindet leise im Hintergrund, während deine Aufmerksamkeit frei wird für die Ausnahmen, bei denen dein Wissen und deine Erfahrung zählen. Deine Rolle ist dabei doppelt wichtig: Du bist derjenige, der Probleme benennt, Quick Wins initiiert und die Ergebnisse kritisch hinterfragt. Damit hast du alles in der Hand, um Automatisierung aktiv mitzugestalten – eine der essentiellen Kompetenzen, die dich im KI-Zeitalter souverän machen.

Und damit ist der Effizienz-Teil der Geschichte erzählt. Im nächsten Kapitel wechseln wir das Spielfeld: Dort geht es um Generative AI und Agentic AI – Technologien, die nicht nur Muster erkennen, sondern Neues erschaffen und Prozesse eigenständig steuern können.

Generative & Agentic AI: Maschinen als Partner

Bisher ging es um Ordnung, Struktur und Effizienz. Regeln und Predictive AI helfen dir, Abläufe zu straffen, Fehler zu vermeiden und Routineprozesse im Hintergrund verschwinden zu lassen. Doch Arbeit besteht nicht nur aus Schubladen, in die wir Dinge einsortieren. Ein großer Teil deines Jobs lebt davon, Neues zu entwerfen: Präsentationen zu bauen, Konzepte und Argumente zu entwickeln, Texte zu formulieren und zu analysieren, Daten in Geschichten verwandeln, Ideen durchspielen.

Genau hier betritt Generative AI die Bühne – Systeme, die nicht nur einordnen, sondern etwas Eigenes hervorbringen. Und dann ist da noch die nächste Stufe: Agentic AI. Sie kombiniert generative Fähigkeiten mit Handlungskompetenz. Ein Agent sucht Informationen, verknüpft Tools, führt Schritte selbstständig aus.

Während Predictive AI dein Radar für Muster ist, sind Generative und Agentic AI eher dein Ideenmotor oder dein digitaler Kollege, der auch mal eigenständig loszieht. Deine Rolle im Zusammenhang mit Generative AI im Unternehmen ist eine völlig andere als bei Predictive AI: Statt als Hinweisgeber und kritischer Hinterfrager agierst du hier an vorderster Front. Du interagierst direkt mit der KI – im Normalfall über Chatbots – und das KI-Tool deines Unternehmens gehört zu deinem Standard-Stack deiner am häufigsten genutzten Tools. Deshalb sind die grundlegenden Skills im Umgang mit Generative AI unverzichtbar.

In diesem Teil lernst du die fundamentalen Grundlagen, die du brauchst, um aus Generative AI und Agentic AI das Beste für dich und dein Team herauszuholen – und welche Fallstricke du dabei unbedingt vermeiden solltest. Denn wer diese Werkzeuge beherrscht, hat nicht nur ein neues Werkzeug im Koffer, sondern plötzlich ein ganzes Team aus Assistenten im Rücken – jederzeit einsatzbereit.

Das enorme Potential von Generative AI für deinen Arbeitsalltag

Wenn wir heute Schlagzeilen über KI lesen (und das tun wir, wie bereits angemerkt, ziemlich oft) geht es in aller Regel um Generative AI oder um ihre Weiterentwicklung, Agentic AI. Im Gegensatz zur Predictive AI, die in der Regel auf unternehmenseigenen Daten trainiert wird, sind die Generative AI-Modelle bereits vortrainiert am Markt erhältlich.[17]

Und Generative AI eröffnet dir ganz neue Möglichkeiten, weil sie nicht nur Inhalte schafft, sondern auch eigenständig Zusammenhänge erkennen, Ideen kombinieren und Entscheidungen vorbereiten kann. Während Predictive AI vor allem Regeln aus bestehenden Daten ableitet, kann Generative AI Neues hervorbringen – Texte, Bilder, Code, aber auch Hypothesen, Entwürfe oder Lösungsansätze, wo bisherige Modelle an ihre Grenzen stoßen.

[17] Solche vortrainierten Modelle lassen sich für spezifische Aufgaben oder Datensätze weiter anpassen – ein Prozess, der *Fine-Tuning* genannt wird. Dabei wird das bestehende Modell nicht neu aufgebaut, sondern gezielt nachtrainiert, um Fachsprache, Tonalität oder Aufgabenlogik eines bestimmten Bereichs besser abzubilden.

Vor allem denkt man dabei an Large Language Models im Chatfenster, wie ChatGPT, Gemini oder Claude. Die etablierten Anbieter wie OpenAI, Google, Anthropic, Meta oder Mistral bieten sog. multimodale Foundation-Modelle an, die nicht nur geschriebenen Text verstehen und ausgeben, sondern je nach Modell auch Audio, Bilder und zum Teil auch Videos.

Um zu verstehen, warum diese Modelle so viel mehr sind als nur eine Weiterentwicklung bekannter Technologien, müssen wir einen kurzen, vereinfachten Blick unter die Motorhaube werfen. Im Kern funktioniert Generative AI durch Wahrscheinlichkeitsrechnung im großen Stil. Sie „denkt" nicht, sondern berechnet bei jeder Anfrage, welches Wort als Nächstes am wahrscheinlichsten ist.[18]

- Das „Gehirn" – Large Language Models (LLMs)
  Das Herzstück ist ein riesiges künstliches „Gehirn", das aus Milliarden digitaler *Neuronen* besteht – kleinen Recheneinheiten, die in Schichten angeordnet sind und über sogenannte *Gewichte* (Parameter) miteinander verbunden sind. Dieses Netzwerk ist ein Deep Neural Network, also ein besonders tiefes neuronales Netz. Die Tiefe entsteht durch viele übereinanderliegende Schichten, die jeweils andere Sprachmuster erkennen – von Buchstaben über Wörter bis hin zu abstrakten Bedeutungen. Large Language Models sind damit eine spezielle Form des Deep Learning und basieren auf der sogenannten Transformer-Technologie – einer Architektur, die es dem Modell ermöglicht, lange Textzusammenhänge zu verstehen, indem es die Beziehungen zwischen allen Wörtern in einem Satz gleichzeitig analysiert („Self-Attention"). [71]
- Die „Ausbildung" – Das Training
  In der Trainingsphase wird dieses neuronale Netz mit einer unvorstellbaren Menge an Textdaten „gefüttert". Das Modell liest Milliarden von Wörtern aus Büchern, Webseiten, Artikeln und anderen Quellen und lernt dabei keine konkreten Fakten, sondern Muster und Beziehungen:
  - Welche Wörter häufig gemeinsam auftreten,

[18] Eine sehr eindrückliche Erklärung, wie die großen Sprachmodelle im Detail funktionieren, findest du hier: https://www.3blue1brown.com/lessons/gpt

  - o wie Grammatik und Stil funktionieren,
  - o welche Bedeutung bestimmte Wörter in verschiedenen Kontexten annehmen können.

  Durch wiederholte Berechnungen passt das Modell seine Gewichte an – also die Stärke der Verbindungen zwischen den „Neuronen". Dieser Prozess ist das Deep Learning im eigentlichen Sinne: Das Modell „lernt" durch Millionen von Rückmeldungen, indem es seine Fehler Stück für Stück minimiert. Das Ergebnis ist ein statistisches Abbild menschlicher Sprache – kein Lexikon, sondern ein feines Netz aus Wahrscheinlichkeiten und Bedeutungsräumen.
- ⋆ Die „Arbeit" – Die Inferenz
  Wenn du später einen Prompt wie „Der Himmel ist …" eingibst, beginnt die Inferenzphase: Das trainierte Modell berechnet, welches Wort mit der höchsten Wahrscheinlichkeit als Nächstes folgt. Dank der Transformer-Architektur bezieht es dabei den gesamten bisherigen Satz bzw. den ganzen Kontext des Gesprächs mit ein – nicht nur das letzte Wort. So entsteht Text durch eine Art kontextsensitives Wahrscheinlichkeitsdenken: Das Modell wählt „blau", fügt es hinzu und berechnet dann das nächste Wort – immer wieder, bis der Gedanke vollständig ist.

LLMs sind also keine Wissensmaschinen, sondern Muster- und Kontextmaschinen, die gelernt haben, Sprache so zu erzeugen, dass sie für uns natürlich, kohärent und oft erstaunlich intelligent wirkt.

Genau diese flexible, probabilistische Natur in Kombination mit einer einfachen Chat-Oberfläche ist die eigentliche Revolution. Bisher mussten wir die Sprache des Computers lernen. Jetzt lernt der Computer unsere.

Generative AI für den Arbeitsalltag

Das Potenzial von Generative AI für deinen Arbeitsalltag ist immens. Hier einige Beispiele:

- ⋆ Kommunikation: Du brauchst eine erste E-Mail für eine Kundenanfrage, einen Entwurf für eine interne Mitteilung oder eine knappe Zusammenfassung eines langen Meeting-Protokolls? Die KI liefert dir den ersten Textentwurf in Sekunden. Von der

E-Mail-Antwort über den Entwurf eines Blogartikels bis zur Gliederung eines Jahresberichts – KI liefert den Rohbau. Du gibst den Ton, die Nuancen und die menschliche Expertise hinzu. So sparst du Zeit beim Formulieren, um dich auf den Inhalt zu konzentrieren.

⋆ Ideenfindung & Brainstorming: Du suchst nach neuen Marketing-Slogans, Titeln für eine Präsentation oder kreativen Lösungen für ein Problem? Die KI kann dir dutzende Vorschläge liefern, die du dann verfeinern kannst.
⋆ Präsentationen & Visualisierung: Du musst aus Daten eine überzeugende Story machen, Folien strukturieren oder einen komplexen Sachverhalt visuell auf den Punkt bringen? Die KI erstellt erste Foliensätze, schlägt passende Visualisierungen vor oder generiert Diagramme nach deinen Vorgaben. Du entscheidest, was überzeugt – und bringst die finale Klarheit und den roten Faden hinein.
⋆ Recherche: Du möchtest schnell die Kernaussagen eines wissenschaftlichen Artikels verstehen, eine Liste von Pro- und Contra-Argumenten zu einem Thema oder Quellenangaben für dein Gutachten erhalten? Die KI kann Texte analysieren und zusammenfassen, Themen aus verschiedenen Blickwinkeln betrachten und Research-Paper oder Fachartikel im Internet oder angeschlossenen Datenbanken suchen.
⋆ Meeting-Vorbereitung & -Nachbereitung: Du willst dich gezielt auf dein Meeting vorbereiten, hast aber nicht die Zeit, dich durch endlose Dokumente oder Mails zu wühlen? Die KI kann dir die wichtigsten offenen Fragen, To-dos und Argumente für dein nächstes Meeting komprimieren. So gehst du vorbereitet rein – und kommst mit klareren Ergebnissen raus.
⋆ Sprachassistenz & Übersetzung: Du willst einen Entwurf gleich auf Englisch haben, eine Präsentation für ein internationales Publikum übersetzen oder eine Mail in stilistisch feinerem Deutsch formulieren? Die KI liefert dir schnelle, mehrsprachige Versionen – du passt nur noch an, wo es auf Nuancen ankommt.
⋆ Simulation & Szenarien: Du fragst dich, wie ein Kunde auf ein Angebot reagieren könnte, welche Einwände im nächsten Meeting kommen oder welche Risiken ein Projekt birgt? Die KI kann

möglliche Szenarien durchspielen und dir Denkanstöße für deine Argumentation geben.

- Social-Media-Posts: Dein nächster Post im beruflichen Netzwerk soll deine Follower abholen, prägnant und unterhaltsam sein? Füttere die KI mit den inhaltlichen Hintergründen und früheren eigenen Posts, von denen du selbst richtig begeistert warst. Die KI generiert dir darauf basierend einen Entwurf für deinen nächsten Post.

Betrachte Generative AI als deine fleißige, fantasievolle Co-Autorin, Co-Researcherin oder Co-Ideengeberin. Sie kann dir einen enormen Produktivitätsschub verleihen, indem sie erste Entwürfe, Strukturen und Ideen liefert. Deine Aufgabe ist es, sie zu steuern, die Ergebnisse kritisch zu prüfen und ihnen den letzten Schliff zu geben, der nur durch menschliche Kreativität, Kontext und Empathie entsteht.

Generative AI als Lern- und Kompetenz-Coach

Generative AI kann mehr als Texte schreiben oder Folien bauen – sie kann auch dein persönlicher Lern- und Trainingspartner werden. Statt stundenlang in Büchern und PDFs zu blättern oder dich durch YouTube-Tutorials und Webinare zu klicken, bekommst du passgenaue Erklärungen und Übungen, zugeschnitten auf dein Niveau und deine Ziele.

- Passgenauer Lerninhalt: Willst du ein neues Tool verstehen, einen bestimmten Bereich eines komplexen Themas wie den EU AI Act oder Methoden im Projektmanagement durchdringen? Die KI kann dir Inhalte stufenweise herunterbrechen, Zwischenfragen stellen und dir Schritt-für-Schritt-Übungen bauen. So wirst du nicht über- oder unterfordert, sondern lernst genau in deinem Tempo. Wie du der KI individuelle Lerninhalte mitgeben kannst, erfährst du unten.
- Interaktive Trainings: Ob Ingenieur, der sich eine Maschine erklären lässt, oder Office-Worker, der Excel-Pivots endlich richtig nutzen will – die KI kann als interaktive Tutorin agieren. Sie erklärt, visualisiert, wiederholt und passt sich deinen Rückmeldungen an.
- Praxisnahe Anwendung: Statt reiner Theorie bekommst du sofort anwendbares Wissen. Eine Apothekerin lässt sich chemische Re-

aktionsketten in kleinen Lerneinheiten aufzeigen, ein Controller übt mit realistischen Beispieldaten, ein Marketing-Mitarbeiter trainiert Schlagzeilen anhand echter Kampagnen.

- Kreativer Coach: Du kannst die KI auch als täglichen Sparringspartner nutzen. Lass dir z. B. jeden Tag eine kleine Übung geben – eine kurze Schreibaufgabe, eine Datenanalyse oder eine rhetorische Mini-Challenge – und erhalte direkt Feedback. So baust du spielerisch Routine auf.

Statt standardisierten Kursen bekommst du eine Art Privat-Coach: Die KI schlägt dir Lernmodule vor, prüft deinen Fortschritt mit Quizfragen und wiederholt gezielt dort, wo du noch unsicher bist. Zahlreiche Anregungen dafür bekommst du in den folgenden Kapiteln.

Diese Vision des personalisierten Lernens ist keine Zukunftsmusik, sondern bereits heute Leitmotiv großer Technologieunternehmen. Google beispielsweise fasst diesen Ansatz unter der Philosophie „Learn Your Way" zusammen. Der Kerngedanke ist, Lernenden Werkzeuge an die Hand zu geben, um Inhalte in ihrem eigenen Tempo und auf ihre eigene Weise zu erkunden. Generative AI ist der entscheidende Hebel, um diese Vision für jeden Einzelnen zur Realität zu machen. [72]

Kurz gesagt: Generative AI kann dein Lernen flexibler machen als Netflix dein Abendprogramm – jederzeit, individuell und direkt an deinem Bedarf orientiert. Deine Aufgabe bleibt es, die Inhalte kritisch einzuordnen, die richtigen Themen zu wählen und deinen Lieblings-Chatbot nach Wunsch mit deinen eigenen Wissensgrundlagen als Quelle zu versorgen.

Deine Rolle im Zusammenhang mit der Nutzung von generativer KI

Bei Generative AI bist du von Anfang bis Ende selbst am Steuer. Das beginnt damit, dass du Klarheit darüber brauchst, wofür du die KI sinnvoll einsetzen kannst, welche Fähigkeiten sie hat – und wo ihre Grenzen liegen. Dazu gehört auch, dein konkretes Tool wirklich zu kennen: Welche Funktionalitäten bietet es, welche Formate versteht es, wo liegen seine Stärken und wo bricht es ab?

Damit die KI im jeweiligen Kontext nützlich arbeitet, kannst du ihr die notwendige Wissensgrundlage zuweisen – entweder, indem du relevantes Wissen als Datei mitgibst (z. B. eine Datentabelle, eine Projektbeschreibung, ein interner Leitfaden), oder indem du relevante Inhalte direkt in den Prompt aufnimmst. Und damit sind wir schon bei der wichtigsten praktischen Fertigkeit: Prompting – die Kunst, der KI klare und wirksame Anweisungen zu geben. Die Qualität deiner Eingaben entscheidet über die Qualität der Ergebnisse. Warum? Generative AI folgt keinen festen Regeln, sie gewichtet Bedeutungen. Je klarer und gezielter dein Input ist, desto präziser kann das Modell im Raum möglicher Bedeutungen navigieren – und umso passgenauer wird das Ergebnis sein, das es dir liefert.

Und schließlich: Du bist derjenige, der die Resultate prüft. Generative Modelle liefern nie Gewissheiten. Wie wir bereits in Kapitel 2 gesehen haben, können Sprachmodelle plausibel klingende Inhalte generieren, die komplett falsch sind – sie können halluzinieren. Und: Sie kennen deinen speziellen Kontext nicht, die impliziten Fakten, unternehmenspolitische Überlegungen. Am Ende musst du immer noch den Bullshit-Check machen. Passt die Antwort wirklich zu deinem Kontext – oder klingt sie nur schön?

Dazu kommt eine weitere Verantwortung: der ethische Aspekt. Du stellst sicher, dass deine Nutzung der KI transparent und fair ist – keine vertraulichen Daten preisgibt, keine Vorurteile verstärkt und keine Inhalte erzeugt, die andere täuschen oder schädigen könnten. Deine eigene Absicht spielt dabei eine größere Rolle, als vielen bewusst ist, d. h. entscheidend ist, wie du fragst: Ein Modell folgt keiner festen Regel, sondern gewichtet Bedeutungen je nach Prompt. Schon kleine Unterschiede in der Formulierung können bestimmen, welche Muster das Modell aktiviert – und ob eine Antwort neutral, voreingenommen oder irreführend ausfällt.

Fragst du beispielsweise „Warum sind Frauen die besseren Autofahrer?“ oder „Warum sind Männer die besseren Autofahrer?“ und im Anschluss „Wer sind die besseren Autofahrer – Männer oder Frauen?“ bekommst du zum Teil sehr unterschiedliche Antworten. Dasselbe Modell, drei Prompts – drei Realitäten. Genau darin liegt die Verantwortung: Du entscheidest mit deiner Wortwahl, welchen Suchraum die KI überhaupt betritt.

Generative AI ist ein mächtiges Werkzeug – und es liegt an jedem Einzelnen, sie mit klarer Haltung und Verantwortungsbewusstsein zu nutzen.

Dein grundlegendes Skillset zur Nutzung von Generative AI

Um Generative AI im Arbeitsalltag meisterhaft zu nutzen, brauchst du kein Informatikstudium. Aber du benötigst ein grundlegendes Verständnis für die drei entscheidenden Säulen deines neuen Skillsets: das Werkzeug, das du bedienst, das Modell, das dahintersteckt, und die Kommunikation damit. Lass uns diese drei Bereiche Schritt für Schritt durchgehen.

Die Basis: Dein KI-Tool und was es kann

Generative AI-Tools im Unternehmen können entweder intern entwickelt oder von externen Anbietern lizenziert sein. Je nach Herkunft unterscheiden sie sich in Funktionsumfang und Bedienung – manche bieten nur die Kernfeatures, andere verfügen über ein ganzes Set an Zusatzmöglichkeiten. Ein paar Funktionalitäten sind aber mittlerweile fast überall Standard, wenn es um den Einsatz im Unternehmenskontext geht.

Die Basis bildet fast immer eine Chat-Oberfläche, über die du via Prompt-Eingabe mit der KI interagierst. Die meisten Tools erlauben zusätzlich das Chatten mit Dokumenten oder sogar Ordnern. Technisch läuft das oft über sogenannte RAG-Architekturen – Retrieval-Augmented Generation, einer Technik, die es der KI erlaubt, gezielt in von dir bereitgestellten Dokumenten nachzuschlagen, anstatt auf Basis ihres allgemeinen Trainingswissens zu antworten. [73]

Viele Tools gehen weiter und bieten auch die Möglichkeit, eigene Assistenten zu erstellen, die auf einer spezifischen Datenbasis arbeiten oder eine feste Rolle zugewiesen bekommen. Gerade im Arbeitsumfeld wird auch Kollaboration wichtiger: Prompts lassen sich teilen und Best Practices im Team austauschen. Dabei solltest du im Hinterkopf behalten: Ein geteilter Prompt führt nicht automatisch zu identischen Ergebnissen. KI reagiert stark auf Formulierungsnuancen, den bisherigen Gesprächsverlauf und darauf, welches Teilmodel im neuronalen Netz angesprochen wird [74].[19] Der eigentliche Wert liegt daher in der gemeinsamen Denkstruktur – ihr baut euch eine Sammlung an funktionierenden Strategien auf, die jeder an seinen Kontext anpasst.

Dazu kommen häufig vorgefertigte Assistenten, die für typische Aufgaben schon optimiert sind. Manche Plattformen bieten sogar eine Funktion, mit der du visuell komplette wiederkehrende Workflows vorstrukturieren und anschließend in einem Schritt durchlaufen lassen kannst. Und schließlich öffnet sich mit der Nutzung von Agenten eine weitere Ebene: KI-Modelle, die nicht nur Antworten generieren, sondern eigenständig Aktionen ausführen und Tools ansteuern.

Es ist schwer, verlässliche Daten darüber zu finden, wie vielen Arbeitnehmern in Deutschland aktuell generative AI-Tools zur Verfügung gestellt werden. In einer KPMG-Umfrage unter 653 Entscheidern aus 18 Branchen zur Nutzung von Generative AI in Deutschland im Jahr 2025 sagten 66 % der Befragten, dass es in ihrem Unternehmen eine zentrale KI-Plattform gebe. [75] Bei einer Bitkom-Umfrage waren es nur 26 % der Befragten. [105] Dein Unternehmen gehört zu denen, die ihren Mitarbeitern noch kein entsprechendes Tool anbieten? Kein Grund zu warten. Du kannst dich aktiv vorbereiten und dir die nötigen Skills schon heute mit privaten Accounts aneignen (natürlich nicht unter Nutzung von Unternehmensdaten). Denn eines ist sicher: Die Tools werden kommen. Wer sie zu dem Zeitpunkt beherrscht, ist sofort handlungsfähig.

[19] Die „Mixture of Experts"-Architektur teilt ein großes neuronales Netz in mehrere spezialisierte Teilmodelle („Experten") auf. Ein sogenannter „Router" entscheidet bei jeder Eingabe, welche dieser Experten aktiv werden. Dadurch kann das Modell sehr groß und leistungsfähig sein, ohne dass bei jeder Berechnung alle Teile genutzt werden müssen. Diese Struktur kann allerdings dazu führen, dass das Modell bei wiederholten Anfragen mit gleichen Eingaben leicht unterschiedliche Ergebnisse liefert. Das liegt daran, dass die Auswahl der aktiven Experten nicht immer exakt gleich erfolgt und kleine Zufallseinflüsse oder interne Auslastungsentscheidungen zu unterschiedlichen Aktivierungsmustern führen können.

Das Modell: Das Herzstück der Generativen KI

Wenn es um Generative AI geht, ist die Diskussion über die „besten Modelle“ nie weit. Kein Wunder: Die Modelle entwickeln sich rasant weiter und unterscheiden sich inzwischen in immer mehr Punkten. Manche sind multimodal, können also mit Text, Bildern, Audio oder Video umgehen. Andere glänzen mit stärkerem Reasoning, also der Fähigkeit, logische Schritte nachzuvollziehen. Einige haben Internetzugang, bieten Deep-Research-Funktionen oder lassen sich über Konnektoren direkt mit Firmendatenbanken und Tools verknüpfen. Dazu kommen technische Parameter wie die Größe des Kontextfensters, also vereinfacht gesagt, wie viele Informationen ein Modell auf einmal im Blick behalten kann, oder zuletzt auch verstärkt Chat-Memory. Vereinfacht gesagt bedeutet das, dass das System auf Wunsch des Nutzers ausgewählte Informationen aus früheren Unterhaltungen dauerhaft speichert und bei neuen Gesprächen wieder als Kontext an das Modell übergibt. Dadurch kann die KI konsistenter, persönlicher und relevanter antworten.

Besonders relevant für die tägliche Nutzung ist der Unterschied zwischen Standard- und Reasoning-Modellen. Standard-Modelle sind stark darin, Texte zu formulieren, Ideen zu liefern oder Informationen zusammenzufassen. Sie arbeiten schnell und zuverlässig, solange es nicht zu komplex wird. Reasoning-Modelle hingegen sind dafür gebaut, mehrstufig zu denken: Sie können logische Ketten nachvollziehen, komplizierte Aufgaben strukturieren oder Zwischenschritte erklären. Im Alltag heißt das: Mit einem Standard-Modell bekommst du rasch einen brauchbaren Entwurf. Mit einem Reasoning-Modell erhältst du zusätzlich eine Art Denkpartner, der auch bei kniffligen Problemen oder längeren Berechnungen stabiler arbeitet. Reasoning-Modelle sind allerdings meist langsamer und ressourcenintensiver. Ihre Antworten wirken durchdachter, sind aber nicht automatisch korrekter – sie bleiben probabilistische Schätzungen.[20]

[20] Zukünftig musst du die Wahl zwischen „Standard“ und „Reasoning“ wahrscheinlich immer seltener selbst treffen. Intelligente Systeme erkennen anhand deines Prompts automatisch die Komplexität der Aufgabe und wählen im Hintergrund selbst das passende Modell aus. Deine Aufgabe verschiebt sich also weg von der Werkzeug-Auswahl und noch stärker hin zur Beschreibung des Problems und des Ziels.

Klingt nach Expertenwissen? Für dich als Office-Worker ist die Relevanz einfach: Du kannst nur mit dem Modell arbeiten, das in deinem Unternehmen freigegeben ist. In manchen Firmen hast du die Wahl zwischen mehreren Modellen. Doch auch wenn du das Modell nicht frei auswählen kannst, lohnt sich das Verständnis für einzelne Features und Unterschiede:

- ⋆ Du erkennst die Stärken und Schwächen deines Modells und kannst deine Nutzung darauf abstimmen. Kein Internetzugang integriert? Dann bringst du externe Infos aktiv ein. Kleines Kontextfenster? Dann strukturierst du deine Eingaben in überschaubaren Häppchen.
- ⋆ Du weißt, was ein Upgrade bringen würde. Wenn das nächste Modell mit größerem Kontextfenster oder Chat-Memory eingeführt wird, kannst du besser einschätzen, wie das deine Arbeit mit dem Modell verändert.
- ⋆ Du kannst gezielt Anforderungen formulieren: Statt vage zu sagen „Das Modell hilft mir nicht", benennst du konkret, wo die Limitierung liegt und wie ein stärkeres Modell deine Arbeit verbessern würde.

Und was, wenn dein Unternehmen den Wandel noch nicht mitmacht oder dir nur ein veraltetes Modell zur Verfügung stellt? Warte nicht, sondern werde proaktiv. Die beste Art, die Fähigkeiten, Stärken und Schwächen verschiedener Modelle zu lernen, ist die praktische Anwendung. Nutze private Accounts für eigene Projekte, um mit den Marktführern zu experimentieren (selbstverständlich ohne Unternehmensdaten und unter vorsichtiger Nutzung deiner privaten Daten). So baust du dir einen Wissensvorsprung auf, der dich handlungsfähig macht, sobald die neuen Tools auch bei dir ausgerollt werden.

So kannst du als informierter Anwender die vorhandenen Möglichkeiten voll ausschöpfen – und gleichzeitig den Boden dafür bereiten, dass zukünftige Modell-Upgrades echten Mehrwert bringen.

Prompting like a Pro: Die Kunst, mit Maschinen zu sprechen

Wenn Generative AI dein Assistent ist, dann ist Prompting deine Sprache, um mit ihm zu kommunizieren. Ein Prompt ist dabei mehr als nur eine Anweisung – er ist ein Stück Kontext, Bedeutung und Stimmung zugleich. Du sagst der KI damit nicht nur, was sie tun soll, sondern auch, wie sie die Aufgabe verstehen soll.

Während klassische Computerbefehle nach festen Regeln ablaufen („Wenn X, dann Y"), arbeitet ein Sprachmodell probabilistisch: Es berechnet, welche Bedeutungen und Wortfolgen am wahrscheinlichsten zu deiner Eingabe passen. Schon kleine Unterschiede in Formulierung, Ton oder Reihenfolge können die Gewichtung dieser Wahrscheinlichkeiten verändern – und damit auch das Ergebnis.

Die Herausforderung dabei ist dieselbe wie in der menschlichen Kommunikation: Selbst wenn du glaubst, kristallklar formuliert zu haben, kann das Ergebnis überraschend anders ausfallen. Stell dir vor, du bittest das bekannte Photoshop-Genie James Fridman, ein Bild zu bearbeiten. Er ist berühmt dafür, die Anweisungen seiner Fans bis ins kleinste Detail, aber oft in einer wortwörtlich-humoristischen Weise umzusetzen, die die ursprüngliche Intention komplett verfehlt. Wie im Bild auf S. 142 unschwer zu erkennen ist. [76]

Die Kunst von James Fridman ist die perfekte Analogie für das Prompting: Es ist eine humorvolle Erinnerung daran, dass Klarheit, Kontext und Präzision im Umgang mit einem System, das keine Absichten liest, sondern nur Anweisungen befolgt, essenziell sind. Es braucht oft mehrere Iterationen, um das gewünschte Ergebnis zu erzielen.

Deshalb ist gutes Prompting eher wie ein Gespräch als wie ein Befehl. Du führst das Modell schrittweise, gibst Hinweise und formulierst präziser. Allgemeingültige Regeln sind schwer zu formulieren, auch deshalb, weil sich die Modelle ständig weiterentwickeln. Aber einige grundlegende Prinzipien helfen dir in jedem Fall, deine Ergebnisse gezielter zu steuern.

Dein Chatbot als Mitarbeiter: Vom Briefing zum Dialog

Gutes Prompting ist kein technisches Handwerk, sondern eine Kommunikationskunst. Es gibt dabei zwei grundlegende Herangehensweisen: das präzise Briefing und der kreative Dialog.

Wenn du schon eine recht gute Vorstellung vom Ergebnis hast, ist ein guter Prompt wie ein präzises Briefing. Stell dir als Daumenregel vor, du würdest die Aufgabe an einen neuen Junior-Mitarbeiter delegieren. Was müsstest du ihm mitgeben, damit er die Aufgabe versteht, zielgerichtet umsetzt und du hinterher möglichst wenig nachbessern musst? Genau diese Prinzipien gelten auch hier.

Mit verschiedenen Kombinationen der folgenden Bausteine kannst du deine Prompts so gestalten, dass sie dir treffsichere, spezifische und sofort nutzbare Ergebnisse liefern:

- ⋆ Rolle definieren: Wenn du willst, dass die KI eine bestimmte Perspektive oder Denkweise annimmt, gib ihr eine Rolle. Bittest du die KI, dir einen schwierigen Sachverhalt „wie ein Fußballtrainer in der Kabine vor dem Finale“ zu erklären, wirst du eine ganz andere Perspektive und Wortwahl bekommen als bei: „Erklär mir das aus Sicht eines Astrophysikers“.
- ⋆ Aufgabe klar formulieren: „Schreibe etwas über KI“ bringt dir oberflächliches Blabla. Wenn du aber sagst: „Erstelle einen einseitigen Newsletter mit drei Abschnitten zu den wichtigsten

KI-Trends 2025 für mittelständische Unternehmen", bekommst du sofort deutlich brauchbareren Content.

* Zielgruppe festlegen: „Schreibe einen Text über Nachhaltigkeit" klingt beliebig. Sagst du dagegen: „Erkläre Nachhaltigkeit für eine Vorstandspräsentation in fünf Bullet Points" oder „Mach eine Erklärung für Azubis im ersten Lehrjahr", ändern sich Sprache und Detailtiefe drastisch.
* Kontext liefern: „Schreibe eine Einleitung für eine Präsentation über Remote-Arbeit" bleibt vage. Mit Kontext wird's besser: „Schreibe eine Einleitung für eine Präsentation über Remote-Arbeit – für ein deutsches Versicherungsunternehmen mit 5.000 Mitarbeitenden, die Hälfte davon seit Corona im Homeoffice."
* Format-Anforderungen konkretisieren: „Mach mir eine Übersicht über die Vorteile von Automatisierung" liefert vielleicht Fließtext, vielleicht Stichpunkte. Wenn du aber sagst: „Liste mir die Vorteile in einer Tabelle mit zwei Spalten auf: Vorteil/Wirkung im Büroalltag", kannst du das Ergebnis sofort weiterverwenden.
* Ton & Stil festlegen: „Schreibe einen kurzen Text über Teamarbeit" ergibt meist etwas Steriles. Sagst du: „Schreibe denselben Text locker und motivierend, als ob du die Leute auf einer Firmenfeier anmoderierst", klingt er plötzlich ganz anders – ohne, dass sich am Inhalt etwas ändert.
* Beispiel geben: „Formuliere eine Stellenanzeige für einen Data Analyst" ist unklar. Wenn du der KI aber eine alte Anzeige deines Unternehmens als Beispiel anhängst, schreibt sie im gleichen Stil – und spart dir Anpassungen.

Wenn deine Aufgabe mehrere Teile hat, gliedere sie klar etwa mit nummerierten Abschnitten oder Labels.

Beispiel gefällig? Hier ist ein Prompt zur Erstellung eines Pizza-Strategiepapiers, der alle genannten Bausteine enthält (und die uralte Frage klärt, ob Ananas etwas auf einer Pizza zu suchen hat) – und eine beispielhafte Antwort:

Rolle:
Du bist Unternehmensberater.
Aufgabe:
Erstelle ein Strategiepapier über den idealen Pizzabelag für internationale Teams.
Zielgruppe:
Ein Team, das sich mittags nie auf eine Pizza einigen kann.
Kontext:
Remote-Teams bestellen über verschiedene Lieferdienste, Kostenlimit 12 € pro Pizza.
Format:
Liste mit Pro- und Contra-Argumenten, dazu Handlungsempfehlung.
Ton:
Sachlich-analytisch, mit ironischen Randbemerkungen.
Beispiel:
„Ananas polarisiert – 70 % dagegen, 30 % leidenschaftlich dafür."
Struktur:
1) Analyse
2) Bewertung
3) Empfehlung

Strategiepapier: *Der ideale Pizzabelag für internationale Teams*

(Analyse – Bewertung – Empfehlung)

1) Analyse: Status quo der Team-Pizza-Diplomatie

1.1 Kulinarische Ausgangslage

In internationalen Remote-Teams treffen nicht nur Zeitzonen, sondern auch Geschmäcker aufeinander. Typische Spannungsfelder:

- **Regionalität vs. Globalität:** Während Italiener:innen eine „Pizza mit Currysoße" als Sakrileg betrachten, empfinden Brit:innen sie als spannende Fusion.
- **Vegetarisch vs. Fleischlastig:** Der Versuch, eine Pizza zu finden, die sowohl Veganer:innen als auch Salami-Enthusiast:innen glücklich macht, erinnert an UNO-Verhandlungen mit Käserand.
- **Scharf vs. mild:** Die Capsaicin-Toleranz variiert zwischen „bitte nur Tomatensoße" und „ich erkenne meine Geschmacksknospen seit 2021 nicht mehr".

1.2 Empirische Beobachtungen

Erfahrungswerte aus 47 Pizzabestellungen in diversen Teams zeigen:

- **Ananas polarisiert –** 70 % dagegen, 30 % leidenschaftlich dafür.
- **Pilze teilen –** 50 % essen sie, 50 % sortieren sie millimetergenau aus.
- **Rucola akzeptiert –** 80 % sind indifferent („wenn er drauf ist, okay").
- **Thunfisch irritiert –** beliebt in Südeuropa, verdächtig in Nordeuropa.
- **Schinken dominiert –** international als „sicherer Hafen des Belags" anerkannt.

1.3 Ökonomische Rahmenbedingungen

- **Budget:** 12 € pro Pizza (inkl. Liefergebühr, exkl. moralischer Kosten durch Food-Fights im Chat).
- **Logistik:** Unterschiedliche Lieferdienste, abweichende Menüstrukturen, variierende Grammangaben von „Mozzarella light".
- **Zeitdruck:** Mittagspause 30 Minuten, davon 15 Minuten für Diskussionen, 10 Minuten Wartezeit, 5 Minuten kaltes Essen.

2) Bewertung: Strategische Optionen

Option	Beschreibung	Pro	Contra
Pizza Margherita	Minimalistische Basisversion.	Neutral, vegetarisch, kulturübergreifend akzeptiert.	Wird als „langweilig" empfunden, löst keine Begeisterung aus.
Pizza Prosciutto e Funghi	Der klassische Kompromiss.	Fleisch- und Pilzanteil decken breite Akzeptanz ab; wirkt nach „echtem Essen".	Pilzhasser:innen kündigen innerlich.
Pizza Vegetariana	Gemüsevielfalt für alle.	Nachhaltiges Image, farbenfroh, leicht anpassbar.	Gemüsewahl hoch kontrovers (Paprika-Spaltung, Zucchini-Müdigkeit).
Pizza Tonno	Beliebt in Südeuropa.	Hoher Proteinwert, nahrhaft.	„Fisch auf Käse" gilt im angelsächsischen Raum als mutiger Schritt.
Pizza BBQ Chicken	Internationaler Crowd-Pleaser.	Sättigend, trendig, cross-culture-kompatibel.	Puristen drohen mit Austritt aus der Chatgruppe.
Pizza Hawaii	Symbol globaler Polarisierung.	Mutig, süß-salzig interessant.	Existenzielle Grundsatzdebatten unvermeidlich.

3) Empfehlung: Der goldene Mittelweg (auch bekannt als „Pizza des kleinsten gemeinsamen Nenners")

3.1 Strategische Leitlinie

Das Ziel ist **minimale Unzufriedenheit bei maximaler Anschlussfähigkeit.**
Erfahrungsgemäß ist es effizienter, 80 % Zufriedenheit zu erreichen, als 100 % Konsens zu erzwingen (diese 20 % Differenz sind der Preis für Teamfrieden – und kalte Pizza).

3.2 Handlungsempfehlung

Empfohlene Basis-Pizza:

> **Pizza Margherita + optionale Add-ons pro Person (Eigenverantwortungsausprägung).**

Begründung:

- Universell akzeptiert (Vegetarisch, halal, koscher kompatibel).
- Individuell erweiterbar (Teammitglieder können selbst „Upgrades" wie Pilze, Salami oder Oliven hinzufügen – im übertragenen wie kulinarischen Sinne).
- Vermeidet Grundsatzdiskussionen über kulturelle Identität und Lebensmitteltheologie.
- Budgetkonform (< 12 € in 90 % der Lieferzonen).

Zusatzempfehlungen:

- Einführung eines **„Pizza-Voting-Freitags"** via Umfragetool (z. B. Mentimeter oder Teams-Umfrage).
- **Rotationsprinzip:** Jede Woche entscheidet eine andere Person – demokratisch oder diktatorisch, je nach Führungskultur.
- **Notfallstrategie:** Wenn keine Einigung erreichbar ist: Bestellung von **Pizza Margherita + Beilagensalat**, offiziell begründet als „leichte Kost vor dem nächsten Workshop".

4) Fazit

Die ideale Team-Pizza ist **nicht die leckerste**, sondern die **am wenigsten kontroverse**.
Margherita ist die Schweiz unter den Pizzen: neutral, zuverlässig, gelegentlich etwas langweilig – aber sie verhindert Krieg.

(Und wer unbedingt Ananas will, darf sie sich separat bestellen. Im Homeoffice merkt es ja niemand.)

Nicht jeder Prompt muss so lang sein. Oft reichen schon zwei oder drei gut platzierte Elemente – etwa Rolle, Aufgabe und Format – um ein starkes Ergebnis zu bekommen.

Löst du deine Aufgabe mit einem Reasoning-Modell, verschieben sich die Briefing-Schwerpunkte ein wenig: Aufgabe knapphalten, Ziel und Kontext ausführlich beschreiben, Output-Kriterien festlegen. Das „Wie“ plant das Modell sehr gut selbst.

KI als Sparringspartner: Iterativ zum Ziel

Weißt du noch nicht genau, wo du hinwillst, wechselst du vom „Briefing“ in den Dialog. Nutze die KI als Sparringspartner, um die Aufgabe gemeinsam zu lösen. Das erste Ergebnis ist selten perfekt. Verfeinere deinen Prompt schrittweise, basierend auf dem, was die KI geliefert hat: Gib Feedback und bitte um Anpassungen, zum Beispiel:

- Initial: „Schlage mir 10 Titel für meinen Webcast zum Thema Kommunikation im Zeitalter der KI vor.“
- Iteration 1: „Bitte mehr mit dem Schwerpunkt auf Kommunikation im Business-Kontext.“
- Iteration 2: „Die Titel sind sehr seriös. Bitte formuliere die Titel unterhaltsam.“
- Iteration 3: „Die letzten drei finde ich super. Bitte integriere jeweils noch eine popkulturelle Referenz.“

So wird aus Prompting ein Dialog: kurze Impulse, klares Feedback, nächste Runde – bis der Takt stimmt und das Ergebnis wirklich deins ist.

Prompting like a Pro für Fortgeschrittene

Sobald du diese Basics verinnerlicht hast, kannst du noch tiefer einsteigen. Es gibt eine Reihe von Strategien, die dir helfen können, komplexe Aufgaben besser zu lösen und die KI auf ein höheres Niveau zu heben. Sie funktionieren wie mentale Werkzeuge: Manche machen das Denken der KI nachvollziehbarer, andere sorgen für mehr Qualität oder Absicherung der Ergebnisse. Dies ist insbesondere dann relevant, wenn du kein gut laufendes Reasoning-Modell für komplexe Aufgaben zur Hand hast. Hier einige Beispiele, um dir Inspiration zu geben:

Chain of Thought, Tree-of-Thought oder Self-Ask sollen die Modelle dazu animieren, in nachvollziehbaren Lösungswegen zu arbeiten[21]:

- Chain-of-Thought (Schritt-für-Schritt): Bitte die KI, den Lösungsweg transparent zu entwickeln. Beispiel-Prompt: „Plane einen dreistündigen Workshop für 60 Teilnehmende (gemischtes Vorwissen, hohe Interaktivität, messbarer Lernerfolg). Lass uns das Schritt für Schritt durchdenken: Annahmen festlegen, Formate prüfen, Empfehlung ableiten."
- Tree-of-Thought (Parallele Denkwege): Mehrere Lösungswege nebeneinander entwickeln und vergleichen (z. B. Marketingkampagne). Beispiel-Prompt: „Entwickle drei Ansätze: 1) humorvoll, 2) seriös, 3) futuristisch."
- Self-Ask (Nachfragen-Strategie): Die KI stellt sich erst Zwischenfragen, beantwortet sie, dann folgt das Gesamtfazit. Beispiel-Prompt: „Leite zunächst die nötigen Zwischenfragen ab, beantworte sie nacheinander und gib dann deine Gesamteinschätzung: Welche Auswirkungen hat Remote-Arbeit auf Teamdynamik?"

Andere Prompting-Strategien zielen auf selbst-optimierte Antworten ab:

- Self-Consistency (Antworten vergleichen): Mehrere Antworten generieren, die plausibelste wählen (z. B. Logikaufgabe/komplexe Berechnung). Beispiel-Prompt: „Löse das Problem auf drei verschiedene Arten, erkläre die Schritte und wähle die konsistenteste Lösung."
- Self-Refine (Selbstverbesserung): Antwort selbstkritisch prüfen und überarbeiten (z. B. Blog-Einleitung). Beispiel-Prompt: „Schreibe eine Einleitung zu Nachhaltigkeit. Lies deinen Text anschließend selbstkritisch und verbessere ihn in einem zweiten Durchlauf."

Das klingt nach vielen Fachbegriffen – aber keine Sorge: Die Namen sind Nebensache. Wichtig ist, dass es Methoden gibt, die KI

[21] Dabei handelt es sich nicht nur um reine Praxiserfahrungen, diese Methoden sind auch wissenschaftlich hergeleitet, s. z. B. *Jason Wei et al. (2023): Chain-of-Thought Prompting Elicits Reasoning in Large Language Models* zu Chain-of-Thought; *Shunyu Yao et al. (2023): Tree of Thoughts: Deliberate Problem Solving with Large Language Models* zu Tree-of-Thought; *Aman Madaan et al. (2023): Self-Refine: Iterative Refinement with Self-Feedback* zu Self-Refine.

strukturiert denken zu lassen, wenn Aufgaben komplexer werden. Die beschriebenen Strategien sind wie Werkzeuge in einem Koffer: Wähle je nach Aufgabe den passenden Ansatz – so verwandelst du die KI in einen echten Denkpartner.

Selbst ist der Chatbot: Prompts prompten

Eine wirksame Methode, um bei komplexeren Aufgaben zu besseren Prompts zu kommen, ist – wenig überraschend – das Prompten deines Prompts. Du erklärst dem Chatbot deines Vertrauens, was dein Prompt leisten soll, und feilst gemeinsam mit ihm so lange daran, bis der Durchlauf genau das Ergebnis bringt, das du dir wünschst. Wichtig: Sag deinem Chatbot, für welches Modell du den Prompt optimieren möchtest – je nach Modell kann das Ergebnis stark variieren.

Beispiel: Du willst einen Lernbuddy, der dir einen Lernplan zum kreativen Problemlösen erstellt – jedes Mal mit neuen Szenarien. Wenn du nicht präzisierst, dass die Szenarien wechseln sollen, wirst du beim Neustart immer wieder mit ähnlichen Aufgaben konfrontiert. Manche Modelle setzen die Anweisung „Verwende stets verschiedene Szenarien" problemlos um, bei anderen musst du einen kleinen Workaround in den Prompt einbauen. Genau dabei unterstützt dich dein Chatbot: Du fragst ihn nach möglichen Workarounds, lässt sie dir in den Prompt einbauen, testest den Prompt, gibst dem Chatbot Rückmeldung, er verfeinert den Prompt – eine iterative Schleife, bis du mit dem Ergebnis zufrieden bist.

Immer wieder ausprobieren

Es gibt nicht den einen perfekten Prompt. Ein Sprachmodell reagiert nicht starr auf deine Eingabe, sondern auf eine Art Rückkopplung – auf dein Feedback, deine Nachfragen und deine Art weiterzudenken.

Ein guter Prompt für die jeweilige Aufgabenstellung unterscheidet sich je nach Modell. In den Grundprinzipien – Klarheit, Kontext, Struktur – sind sich die meisten Modelle aber erstaunlich ähnlich. Noch mehr als bei allem anderen gilt jedoch beim Prompting: Immer wieder ausprobieren. So findest du bald deinen eigenen Stil, um deinem Chatbot des Vertrauens den bestmöglichen Content zu entlocken.

Dem Chatbot relevantes Wissen mitgeben

Auch der beste Prompt stößt an Grenzen, wenn der KI das nötige Wissen fehlt. Ein Sprachmodell „weiß“ nichts im menschlichen Sinne. Es speichert keine Fakten, sondern nur die statistische Wahrscheinlichkeit von Wortfolgen, die es während seines Trainings gelernt hat. Es kann gelernte Muster rekonstruieren, aber nicht erkennen, wann ihm Wissen fehlt.

Wenn das Modell für deine Anfrage im jeweiligen Kontext keine verlässlichen Muster in seinen Trainingsdaten findet, beginnt es zu halluzinieren – das heißt, es gibt Antworten, die überzeugend klingen, aber nicht richtig sind. Wie es zum Halluzinieren kommt, haben wir bereits in Kapitel 2 geklärt. Ein bewährter Ansatz, um das Halluzinieren von Sprachmodellen deutlich zu vermindern, ist es, der KI gezielt relevantes Wissen mitzugeben; dies wird häufig auch als „Grounding“ bezeichnet.

RAG-Modelle – So sagst du der KI, wo sie nachschauen soll

Genau hier kommen sogenannte RAG-Modelle ins Spiel. Das ist eine Technik, bei der das Sprachmodell nicht nur seine beste Einschätzung basierend auf seinen Trainingsdaten abgibt, sondern sich vorher schlau macht und in einem Wissensspeicher nachschlägt. Diese Informationen nutzt die KI dann, um die Antwort zu formulieren. Wichtig: Bei RAG wird das Modell nicht neu trainiert (*Fine-Tuning*), sondern an externe Wissensquellen „angebunden“ (*Grounding*), sodass es auf aktuelle und kontextspezifische Informationen zugreifen kann. Beim Fine-Tuning wird das Modell selbst angepasst, bei RAG bleibt es unverändert – nur die Informationsquelle wird ergänzt. [77]

Stell dir vor, du lernst für deine Abiturprüfung in Physik und gehst mögliche Fragen durch. Dein 400-seitiges Physikbuch hast du als PDF hochgeladen, sodass es in einer separaten Datenbank landet, auf die dein Chatbot bei Bedarf zugreift. Bei der Frage „Warum ist der Himmel blau“ bist du nicht sicher – und fragst deinen bestens mit dem Physikbuch ausgerüsteten Chatbot. Sobald du deinen Prompt „Warum ist der Himmel blau?“ eingetippt und abgeschickt hast, passiert folgendes:

- Chunking (Texte zerschneiden): Große Dokumente (in diesem Fall dein Physikbuch) werden in kleinere Abschnitte zerlegt, oft ungefähr so lang, dass sie ca. 100–300 Wörter[22] umfassen. Das ist, als würdest du dein Physikbuch auf einzelne Karteikarten schreiben. Damit der Zusammenhang nicht verloren geht, überschneiden sich die Textabschnitte leicht – so bleibt der Kontext erhalten. Durch das Zerteilen kann das System später genau diesen relevanten Abschnitt als Kontext heranziehen, ohne von Hunderten von Seiten irrelevanten „Rauschens" abgelenkt zu werden. Die KI nutzt also bei der Antworterstellung nicht das ganze Buch, sondern nur die hochrelevanten Auszüge – das steigert nachweislich die Qualität der Antwort.
- Embeddings (Steckbriefe erstellen): Jeder Abschnitt (Chunk) wird in einen Zahlenvektor übersetzt – eine Art mathematische Repräsentation seiner Bedeutung im mehrdimensionalen Raum. Das ist eine Zahlenreihe, die den Sinn des Textes repräsentiert. Grob vereinfacht könnte man mathematischer Steckbrief dazu sagen. So weiß das System, dass die Abschnitte „Blaues Licht hat eine kürzere Wellenlänge" und „Kurzwelliges Licht wird stärker gestreut" inhaltlich nah beieinander liegen. Das ist so, als würdest du die Karteikarten nicht chronologisch, sondern nach Bedeutung sortieren.
- Vektordatenbank (digitale Karteikartenkiste): Alle Steckbriefe landen in einer speziellen Datenbank, die nicht nach Schlagwörtern sucht, sondern nach Bedeutungsähnlichkeit (Semantik). Fragst du nach „Warum ist der Himmel blau?", findet das System automatisch die passenden Karten, auch wenn im Text nicht genau diese Worte stehen, sondern Begriffe wie „Rayleigh-Streuung" oder „kurze Wellenlänge".
- Retrieval (Nachschlagen): Wenn du eine Frage stellst, macht die KI daraus ebenfalls einen Steckbrief. Dieser wird mit den gespeicherten Steckbriefen verglichen. Das System zieht die passendsten Textabschnitte heraus. Das ist wie ein Bibliothekar, der blitzschnell die richtigen Karteikarten aus der Kiste zieht.

[22] In der Praxis werden Texte nicht nach Wörtern, sondern nach sog. Token segmentiert, also kleinere Texteinheiten wie Wortteile oder Zeichen.

* Augmentation (Anreichern): Die gefundenen Abschnitte werden der ursprünglichen Frage beigelegt. Vereinfachtes Beispiel: Deiner Frage „Warum ist der Himmel blau?“ wird als Kontext hinzugefügt: „Blaues Licht hat eine kürzere Wellenlänge“ und „Kurzwelliges Licht wird in der Atmosphäre stärker gestreut (Rayleigh-Streuung)“.
* Generation (Antwort formulieren): Jetzt bekommt das Sprachmodell sowohl deine Frage als auch die passenden Abschnitte. Es baut daraus eine neue, flüssige Antwort: „Der Himmel erscheint blau, weil kurzwelliges Licht – also blau – in der Atmosphäre stärker gestreut wird als langwelliges rotes Licht. Dieses Phänomen nennt man Rayleigh-Streuung.“ Das Modell kombiniert seine trainierte Sprachkompetenz mit den neu bereitgestellten Informationen, um eine flüssige, faktenbasierte Antwort zu formulieren. Das ist also wie ein Assistent, der im Physikbuch nachschlägt und dir dann eine verständliche Erklärung gibt.

Ein RAG-Modell ist also wie ein Bibliothekar mit einer großen Schere und ultraschnellen Reflexen: Es schneidet dicke Bücher blitzschnell in handliche Abschnitte (Chunking), heftet jedem Abschnitt einen Steckbrief mit der Kernaussage an (Embeddings), sortiert die Zettel in eine perfekt organisierte digitale Karteikiste (Vektordatenbank) – und wenn du eine Frage stellst, zieht er in Sekundenbruchteilen die passenden Karten heraus und formuliert daraus eine verständliche Antwort. Das ist aber noch nicht alles.

In Sources we Trust – Quellenangaben

Die Nutzung von RAG-Modellen durch Anhängen relevanten Wissens bietet zwar immer noch keine Garantie dafür, dass die Antwort richtig ist, die Wahrscheinlichkeit dafür erhöht sich jedoch gewaltig. Aber wie sollst du denn jetzt sicherstellen, dass das mit der Rayleigh-Streuung stimmt – ohne dass du am Ende doch wieder selbst im Physikbuch suchst?

Zusätzlich zur Antwort können RAG-Systeme auch die Stellen liefern, aus denen diese Antwort stammt. RAG-Systeme können so aufgesetzt werden, dass beim Retrieval nicht nur die passenden Textabschnitte (Chunks) aus dem Wissensspeicher geholt werden, sondern auch ihre

Metadaten – also Informationen wie Quelle, Kapitel oder Seitenzahl. Diese Metadaten können in die Antwort eingebaut werden, etwa in Form von Fußnoten oder Referenzen.

Kommen wir zurück zu unserem Beispiel: „Warum ist der Himmel blau?“ Das System generiert die Antwort: „Der Himmel erscheint blau, weil kurzwelliges Licht – also blaues Licht – in der Atmosphäre stärker gestreut wird als langwelliges rotes Licht. Dieses Phänomen nennt man Rayleigh-Streuung.“ Anstatt es dabei zu belassen, ergänzt die KI noch den Verweis: „(vgl. Physikbuch, Kapitel Optik, S. 123)“.

Besonders komfortable Chatbots gehen noch einen Schritt weiter: Sie stellen dem Nutzer einen Link zur Verfügung. Mit einem Klick öffnet sich die Originalquelle, und der Nutzer landet direkt an der richtigen Stelle im Dokument – die relevante Passage ist sogar farbig markiert. So wird die Erklärung nicht nur nachvollziehbar, sondern auch unmittelbar überprüfbar.

Ein RAG-System ist also nicht nur ein Bibliothekar mit einer großen Schere und ultraschnellen Reflexen. Der Bibliothekar ist zusätzlich erstaunlich transparent. Er notiert dir bei jeder Antwort, aus welchem Buch, aus welchem Kapitel und von welcher Seite er die Information geholt hat. Und in besonders komfortablen Bibliotheken gibt er dir nicht nur den Verweis, sondern reicht dir das aufgeschlagene Buch gleich mit – schon bei der richtigen Seite und (entgegen den üblichen Bibliotheksregeln) hat er dir die relevante Passage sogar mit Textmarker markiert. Du kannst also jederzeit selbst nachlesen und überprüfen, ob er korrekt gearbeitet hat.

In vielen Chatbots ist zudem zusätzlich zum RAG-System eine Funktion zum Zugriff auf das Internet integriert. Unser Bibliothekar bleibt also nicht nur bei seinem eigenen Archiv, sondern setzt sich – wenn nötig – fix an seinen Rechner. Dort öffnet er eine Suchmaschine, schaut in die aktuelle Fachpresse oder in wissenschaftliche Artikel, schreibt dir die relevanten Antworten auf und dreht dir auf Wunsch sogar den Monitor zu, damit du die Quellen selbst sehen kannst.[23]

[23] Technisch gesehen sind RAG und Web-Browsing getrennte Mechanismen: RAG nutzt interne Wissensspeicher, während Browsing über eine Live-Suchschnittstelle aktuelle Internetquellen abfragt. Kombinierte Systeme verbinden beides – intern kuratiertes Wissen und externe Aktualität.

So erweitert sich sein Arbeitsstil: Einerseits ist er der Meister seines Karteikastens, in dem er akribisch sortierte Textschnipsel bereithält. Andererseits greift er, wenn dein Anliegen über das vorhandene Archiv hinausgeht, auch live ins Netz. Der entscheidende Vorteil: Du siehst stets, woher die Informationen stammen – sei es aus seinen sortierten Karteikarten oder direkt aus der Suchmaschine. Dein Assistent bleibt dadurch nicht nur schnell und präzise, sondern auch transparent und überprüfbar.

Arbeiten mit vielen Dokumenten

Eben haben wir über eine einzelne Quelle gesprochen – in unserem Beispiel ein einzelnes Physikbuch. In der Realität reicht das oft nicht aus. Fachfragen entstehen meistens im Zusammenspiel verschiedener Dokumente.

Zwei Beispiele aus der Arbeitswelt machen das deutlich:

- Eine Kollegin aus der Personalabteilung will wissen, wie viele Urlaubstage einem Mitarbeitenden in einem Sonderfall zustehen. Dafür reicht nicht nur das Bundesurlaubsgesetz: Sie muss auch die Tarifverträge und die Betriebsvereinbarung durchsuchen.
- Ein Projektmanager möchte herausfinden, ob eine Lieferverzögerung Vertragsstrafen nach sich zieht. Dafür muss er sowohl den Liefervertrag als auch die allgemeinen Einkaufsbedingungen und die E-Mail-Korrespondenz mit dem Lieferanten berücksichtigen.

Genau hier spielt RAG seine Stärken aus: Es kann Informationen aus vielen verschiedenen Quellen gleichzeitig abrufen und in einer konsistenten Antwort zusammenführen.

Zurück zu unserem Beispiel: Stell dir vor, du fragst nicht nur „Warum ist der Himmel blau?“ mit einem einzigen Physikbuch als Grundlage. Stattdessen möchtest du es ganz genau wissen und dafür auf alle Physikbücher ab der 5. Klasse zugreifen – plus auf den Fachaufsatz, den dein Prüfer neulich veröffentlicht hat. Das System zerlegt auch diese Texte in kleine Abschnitte (Chunking), erstellt Steckbriefe (Embeddings) und legt sie alle in die gemeinsame digitale Karteikiste (Vektordatenbank). Dein Assistent sucht nun nicht nur in einem Buch, sondern durchsucht blitzschnell das gesamte Archiv. So bekommst du eine

Antwort, die auf mehreren Quellen basiert und sogar unterschiedliche Sichtweisen nebeneinanderstellen kann.

Und hier zeigt sich der Unterschied zu einem einfachen Chat, in dem du ein einzelnes Dokument anhängst. Hängst du im Chat ein PDF oder eine Datei an, kann die KI genau dieses Dokument durchsuchen – aber eben nur dieses eine, und auch nur, solange die Konversation läuft.

In vielen Tools hast du zusätzlich die Möglichkeit, einen dauerhaften, wachsenden Wissensspeicher anzulegen: Alle relevanten Dokumente werden einmal vorbereitet, strukturiert und mit Metadaten versehen. So kannst du jederzeit darauf zugreifen, ohne jedes Mal von vorne beginnen zu müssen.

Darüber hinaus bieten viele Tools die Möglichkeit, deinem Assistenten dauerhafte Anweisungen mitzugeben, die sein Antwortverhalten im Hintergrund steuern (manchmal als Meta-Prompts oder System-Prompts bezeichnet). So kannst du sicherstellen, dass er immer konsistent auftritt. Beispiele:

- „Formuliere deine Antworten so, dass sie für einen Kunden ohne Vorkenntnisse verständlich sind."
- „Wenn mehrere Quellen unterschiedliche Aussagen machen, stelle die Unterschiede klar gegenüber."
- „Fasse deine Antwort zuerst in drei Sätzen zusammen und liefere dann die Details."

Man kann sich solche Prompts wie Stellschrauben vorstellen, mit denen du deinen Assistenten individuell justierst. Auch ohne sie funktioniert er, doch mit diesen Vorgaben wird er konsistenter, transparenter und hilfreicher – sozusagen maßgeschneidert für deine Anforderungen.

Welchen Nutzen du konkret aus RAG ziehst

Was bringt dir das Ganze nun konkret? Du kannst dir mit einem RAG-System ad hoc relevante Informationen aus einzelnen Dokumenten extrahieren, individuelle Lernpläne erstellen oder einen Assistenten bauen, der deine besten Arbeitsergebnisse zu einem Thema bündelt, das in deinem Alltag immer wieder auftaucht. Statt jedes Mal von vorn zu suchen, hast du deinen persönlichen Wissensspeicher immer griffbereit.

* Stell dir vor, du bist Projektmanager und sammelst alle Lessons Learned, Risikoanalysen und Best Practices aus früheren Projekten. Beim Start eines neuen Projekts musst du nicht mehr in alten Präsentationen oder Protokollen kramen. Dein Assistent liefert dir sofort die wichtigsten Erfahrungen aus vergleichbaren Situationen: Was hat funktioniert, was solltest du vermeiden, wo lauern die größten Risiken?
* Oder du sitzt in einer Fachabteilung wie Steuern oder Recht und wirst immer wieder mit ähnlichen Fachfragen konfrontiert. Anstatt jedes Mal aufs Neue Gutachten, interne FAQs oder Verwaltungsschreiben durchzugehen, greifst du auf deinen Assistenten zurück. Der hat deine wichtigsten Dokumente schon verknüpft und liefert dir in Sekunden einen konsistenten Antwortentwurf. Komfortable Tools erlauben es dir außerdem, deine Assistenten mit anderen Teammitgliedern zu teilen. So könnt ihr euch beispielsweise in eurer Fachabteilung einen gemeinsamen Assistenten mit dem „Best of" eures gebündelten Wissens bauen – und jeder kann in Sekundenschnelle darauf zugreifen.

Anders als in früheren Varianten der „Team-Ablage" mit ausgefuchster Ordnerstruktur baust du dir mit einem RAG-System keinen starren Wissensspeicher, sondern einen lebendigen Assistenten, der mit dir wächst – und im Team sogar zu einem kollektiven Gedächtnis werden kann.

Wie sich Generative AI in deinen typischen Workflow einfügt

Die wahre Stärke von KI entfaltet sich nicht in einem isolierten Chatfenster, sondern wenn sie nahtlos in deine täglichen Arbeitsabläufe integriert ist. Anstatt dass du zur KI gehst, kommt die KI zu dir. Das geschieht vor allem auf drei Wegen: durch neue Arbeitsumgebungen für komplexe Dokumente, durch intelligente Funktionen in deinen Standard-Tools und durch die Anbindung an deine Unternehmensdaten.

Bearbeiten langer Dokumente

Im Chatfenster mit einer KI zu arbeiten, ist für kurze Texte praktisch. Aber sobald es um längere Dokumente geht – etwa Konzepte oder Reports – stößt dieser Modus schnell an Grenzen. Der Text wird unübersichtlich und nach etlichen Durchläufen tritt der sogenannte Context Drift ein: Das Modell „vergisst" schlicht den Anfang der Konversation. [78]

Moderne KI-Tools bieten deshalb eine Art „Canvas" – eine editorähnliche Ansicht. Stell es dir vor wie ein geteiltes Word-Dokument, in dem du und die KI gleichzeitig arbeiten. Du markierst gezielt Abschnitte, gibst in einer Kommentarspalte präzise Anweisungen wie „bitte kürzen", „diesen Aspekt stärker betonen" oder „formuliere das professioneller", und die KI überarbeitet nur das, was du anstößt.

So wird aus einem Chat ein Prozess, der vertraut wirkt: Schritt für Schritt überarbeiten, gezielt Feedback geben, Qualität steigern. Generative AI ist dabei kein Fremdkörper, sondern reiht sich wie ein weiterer Kollege in deinen bestehenden Arbeitsablauf ein.

Integrierte intelligente Funktionen in deinen Standard-Tools

Noch leichter wird es, wenn die KI nicht in einem separaten Fenster läuft, sondern direkt in den Programmen, die du ohnehin jeden Tag nutzt. Genau das passiert gerade: Office-Suiten wie Microsoft 365 oder Google Workspace integrieren nach und nach Copilots und Assistenten, die dir dort zur Hand gehen, wo du sowieso arbeitest.

- Textverarbeitung: Die KI hilft dir beim Umformulieren, prüft Grammatik und Stil oder erstellt aus Stichpunkten den ersten Entwurf für dein Memo. So startest du schneller – und kannst dich auf den Feinschliff konzentrieren.
- Tabellen: Statt selbst Formeln zu suchen oder aufwändig Diagramme zu formatieren, schlägt dir die KI Analysen, Diagramme und Muster direkt vor, um erste Einblicke zu gewinnen.
- Präsentationen: Die KI schlägt dir Layouts vor, strukturiert deine Inhalte oder liefert Bildideen. Du konzentrierst dich auf die Botschaft.
- E-Mail-Management: Lange E-Mail-Ketten sortiert die KI für dich, schlägt Antworten vor oder erstellt auf Basis weniger Stich-

punkte ganze Entwürfe. Dein Postfach fühlt sich plötzlich weniger nach Zeitfresser an.

- PDFs (Adobe Acrobat Reader): Lange Reports oder Verträge musst du nicht mehr komplett durchscrollen. Die KI fasst Inhalte für dich zusammen, beantwortet gezielte Fragen („Welche Fristen gelten?"), markiert wichtige Stellen und hilft dir beim Formulieren von Antworten oder Notizen. So findest du schneller, was wirklich zählt – auch in sehr umfangreichen Dokumenten.

Auch in immer mehr weiteren Standardanwendungen wie ERP-Systemen, CRM-Software oder Wissensdatenbanken werden Generative AI-Funktionalitäten integriert, um die Arbeitsprozesse zu vereinfachen. Manchmal noch etwas holprig, aber die Richtung ist klar: Unser Arbeitsalltag wird stetig mehr von Generative AI durchdrungen.

Konnektoren: Anbindung an Unternehmensdaten

Neben den integrierten Funktionen in Standardprogrammen gibt es noch eine weitere Entwicklung: Konnektoren. Sie verbinden deine KI-Assistenten direkt mit den Tools und Daten, die du im Alltag nutzt. So musst du nicht ständig zwischen Fenstern springen oder Dokumente manuell hochladen.

Ein praktisches Beispiel: Dein Chatbot ist über einen Konnektor mit einem geteilten Ordner verbunden, in dem Verträge, Reports oder Präsentationen liegen. Statt jede Datei einzeln hochzuladen, kann die KI auf den gesamten Dokumentenbestand zugreifen, darin suchen und Antworten aus mehreren Quellen kombinieren. Fragst du etwa: „Welche Klauseln zu Kündigungsfristen gibt es in unseren aktuellen Lieferverträgen?", durchforstet der Assistent automatisch die relevanten Dateien im Ordner und liefert dir eine konsolidierte Antwort – inklusive Verweisen auf die Originalstellen.

So funktionieren Konnektoren auch mit anderen Anwendungen: Sie binden dein CRM, ERP oder deine Wissensdatenbank an die KI an. Das macht aus deinem Assistenten einen echten Systemkollegen, der nicht nur Texte formuliert, sondern direkt in deinem digitalen Werkzeugkasten mitarbeitet. Noch sind viele dieser Integrationen im Aufbau, aber der Weg ist vorgezeichnet: KI wird nahtlos mit den Datenquellen verbunden, die du ohnehin nutzt.

Let’s get Ethical: Verantwortungsvolle Nutzung von Generative AI

Die enorme Leistungsfähigkeit von Generative AI bringt eine ebenso große Verantwortung mit sich. Es geht nicht nur darum, *was* die Technologie kann, sondern *wie* wir sie einsetzen.

Institutionen wie die EU-Kommission haben deshalb klare Leitlinien für eine vertrauenswürdige KI (Trustworthy AI) entwickelt. Diese zielen darauf ab, dass KI-Systeme technisch robust, rechtskonform und ethisch verantwortungsvoll arbeiten. Im Kern fordern sie Prinzipien, die auch für deine tägliche Arbeit zur Leitplanke werden sollten: Transparenz, Fairness und Nicht-Diskriminierung, die Wahrung der Privatsphäre, die Rechenschaftspflicht (Accountability) sowie die Förderung von gesellschaftlichem und ökologischem Wohlergehen.

Was passiert, wenn diese Leitplanken ignoriert werden, zeigen unzählige Fälle aus der Praxis:

Die Chicago Sun-Times veröffentlicht eine Liste mit Buchempfehlungen für den Sommer. Die Buchtitel hat sich eine KI ausgedacht, die Bücher existieren nicht. Der Autor verliert seinen Job. Ein KI-Coding Assistent der Firma Replit löscht die Datenbasis eines Kunden und fälscht Testresultate. Replit-CEO Amjad Masad entschuldigt sich öffentlichkeitswirksam. xAI’s Chatbot Grok fällt durch antisemitische Entgleisungen auf, nachdem die Entwickler im Systemprompt auch explizit „politisch inkorrekte“ Antworten zulassen. [79] Streng vertrauliche Samsung-Daten landen auf Servern der US-Firma OpenAI, weil Mitarbeiter Quellcode und Meeting-Mitschriften in die ungeschützte Version von ChatGPT hochladen. [80]

Nur vier von zahllosen Fällen, in denen die Nutzung von Generative AI am Arbeitsplatz zu erheblichen Schwierigkeiten führte. Was sie alle gemeinsam haben: Die Nutzer hielten sich nicht an die Grundregeln für einen verantwortungsbewussten Umgang mit Generative AI. Damit du das Beste für dich aus dieser mächtigen Technologie herausholst ohne ungewollte Konsequenzen – verinnerliche die folgenden Leitplanken im Umgang mit Chatbots am Arbeitsplatz (und übertrage sie auch auf die Nutzung von KI außerhalb des Jobs):

Verlässlichkeit und Nützlichkeit

KI liefert dir Ergebnisse in Sekunden – aber du kannst dich nicht blind auf ihre Richtigkeit verlassen. Wie wir bereits gesehen haben ist jede Antwort das Ergebnis eines statistischen Ratespiels: Das Modell bildet immer die Wortfolge, die auf Basis seiner Trainingsdaten am wahrscheinlichsten klingt. Manchmal entspricht dieses Ergebnis den Fakten, manchmal aber auch nicht. Genau deshalb solltest du Antworten nie blind übernehmen, sondern wie die Zuarbeit eines neuen Kollegen kritisch prüfen und bei wichtigen Entscheidungen mit verlässlichen Quellen abgleichen. So bleibst du auf der sicheren Seite und vermeidest peinliche Fehler.

Zudem liegt es auch in der Verantwortung des Nutzers, die Nützlichkeit der Ergebnisse im jeweiligen Kontext sicherzustellen, bevor Inhalte weitergegeben werden. Passiert dies nicht, kommt es zum Phänomen des „Workslop". [81] Workslop beschreibt die wachsende Menge an scheinbar produktiver, aber tatsächlich wertloser Arbeit, die durch unkritischen KI-Einsatz entsteht.

Auf den ersten Blick wirkt der Output professionell – sauber formuliert, logisch aufgebaut. Doch bei genauerem Hinsehen fehlt oft Tiefe, Relevanz oder Kontextbezug. Das Ergebnis: Statt Arbeit zu erleichtern, erzeugt KI zusätzliche Arbeit für andere, die den Inhalt prüfen, korrigieren oder neu formulieren müssen.

Dass sich dieses Phänomen am Arbeitsplatz nicht ausbreitet, liegt in der Verantwortung jedes Einzelnen: KI-Ergebnisse sollten nicht als Endprodukt betrachtet werden, sondern als Rohmaterial, das menschliche Prüfung und Kontextverständnis braucht. Nur so bleibt der Mehrwert erhalten – KI wird zur echten Unterstützung.

Transparenz und Nachvollziehbarkeit

Ein echter Mehrwert entsteht, wenn nachvollziehbarer wird, wie die Systeme zu ihren Entscheidungen kommen – statt als Blackbox zu funktionieren. Fordere Transparenz ein und nutze gezielt Systeme, die ihre Arbeitsweise offenlegen. Das geschieht vor allem auf zwei Wegen:

- ⋆ Quellen durch RAG: Wie wir gesehen haben, ist die RAG-Technologie der Schlüssel zur Überprüfbarkeit. Ein gutes System zeigt dir nicht nur die Antwort, sondern auch die exakten Textstellen aus den Quellen, auf denen diese basiert.

* Denkprozesse durch XAI: Das Prinzip der erklärbaren KI (XAI) gilt auch hier. Lass dir von der KI ihre Annahmen oder ihren „Gedankengang“ (z. B. per Chain-of-Thought-Prompt) Schritt für Schritt erklären.

Beides zusammen – klare Quellen und nachvollziehbare Schritte – sind die Grundlage für deinen effektiven Check. Sie geben dir die Sicherheit, dich auf die Ergebnisse stützen zu können und echtes Vertrauen in deinen digitalen Assistenten aufzubauen.

Bias und Fairness

Generative KI-Modelle werden mit riesigen Datenmengen, vor allem aus dem Internet, trainiert – und diese Daten spiegeln unsere gesellschaftlichen Vorurteile wider. Wie die Studie „Which Humans?“ (2023) eindrucksvoll belegt, ist diese Verzerrung (Bias) jedoch nicht nur allgemein, sondern hat eine ganz bestimmte Schlagseite: Die Modelle lernen eine „WEIRD“-Psychologie (Western, Educated, Industrialized, Rich, Democratic). [40]

Die Abbildung aus der Studie (siehe Seite 162) visualisiert das Problem eindrücklich. Diese Grafik ist wie eine „psychologische Landkarte“. Sie ordnet die Kulturen von 65 Ländern und das LLM von OpenAI (GPT) basierend auf ihren Antworten zu Werten, Moral und Politik an. Länder, die ähnlich „ticken“, liegen nah beieinander. Man sieht klar: GPT (der rote Punkt links unten) landet nicht in der Mitte. Es ist tief im roten Cluster eingebettet, direkt neben den USA, Kanada, Großbritannien, Australien und Deutschland – also genau inmitten der „WEIRD“-Staaten.

Das liegt daran, dass ihre Trainingsdaten überproportional von Menschen aus diesen westlichen Gesellschaften stammen, die global gesehen eine psychologische „Ausnahmeerscheinung“ darstellen. Obwohl Entwickler versuchen, diese Verzerrungen zu minimieren, ist es unmöglich, sie komplett zu entfernen, wenn die Datengrundlage selbst so einseitig ist.

Erinnerst du dich noch an das Pizza-Strategiepapier von oben? Hier hast du diesen Effekt – „WEIRD in, WEIRD out“ – in Aktion gesehen: Das Modell reproduziert eine sehr genaue (stereotype) Vorstellung davon, welche Beläge italienische und britische Pizzafreunde bevorzugen.

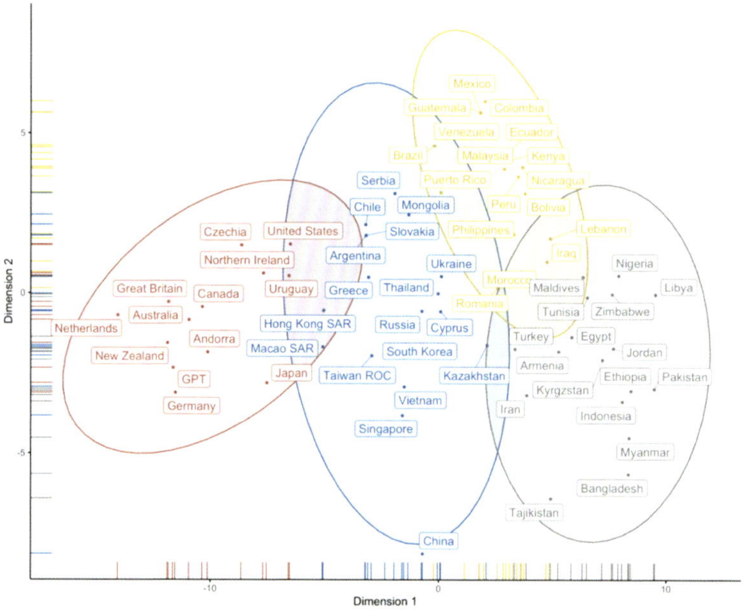

Solche den Sprachmodellen inhärente Voreingenommenheit geht aber weit über kulturelle Klischees hinaus und betrifft, wie die Studie zeigt, sogar fundamentale Denkprozesse. Die KI eignet sich einen WEIRD-typischen analytischen Denkstil (im Gegensatz zu einem global weiter verbreiteten holistischen) und ein individualistisches Selbstkonzept an.

Solange es um Pizzabelag geht, mag das noch lustig sein. Spätestens wenn solche tief verankerten, eurozentrischen Vorurteile und Wertesysteme zu Benachteiligungen bei der Jobvergabe, Kreditvergabe oder Bewilligung einer medizinischen Behandlung führen, hat der Spaß ein Ende.

Genau hier ist deine Rolle als menschlicher Filter entscheidend. Du bringst den Kontext und das Urteilsvermögen mit, um solche Schieflagen zu erkennen, die eine allgemeine KI nicht sehen kann. Deine Aufgabe ist es, Ergebnisse aktiv auf einseitige Darstellungen und Rollenklischees zu prüfen und bewusst für eine faire und ausgewogene

Repräsentation zu sorgen. So stellst du sicher, dass deine Arbeit nicht nur professionell, sondern auch verantwortungsvoll ist.

Privatsphäre und Datenschutz

Gerade im Büroalltag ist dieser Punkt existenziell. Die goldene Regel lautet: Gib niemals sensible Daten wie Kundendetails, Quellcode, Geschäftsstrategien oder vertrauliche Verträge in öffentliche, ungeschützte KI-Tools ein.

Was passiert, wenn du es doch tust? Stell dir das Worst-Case-Szenario vor: Du bittest eine öffentliche KI, deine streng geheime Marketingstrategie für ein neues Produkt zusammenzufassen. Das Tool erledigt die Aufgabe brillant. Im Hintergrund wird dein Text jedoch dazu verwendet, das KI-Modell zu trainieren. Ein paar Wochen später fragt ein Mitarbeiter deines größten Konkurrenten dieselbe KI nach innovativen Marketingideen für genau deine Branche. Die KI, die aus deinem Dokument gelernt hat, antwortet und gibt dabei Teile deiner geheimen Strategie preis.

Genau das ist das Risiko: Deine vertraulichen Unternehmensdaten werden zu Trainingsmaterial und können in den Antworten für beliebige andere Nutzer – auch deine Konkurrenten – wieder auftauchen. Halte dich daher strikt an die freigegebenen, sicheren Systeme deines Unternehmens und mache dich mit der internen KI-Richtlinie vertraut. So schützt du dich, dein Team und das wertvollste Gut deines Unternehmens: seine Geschäftsgeheimnisse.

Nachhaltigkeit und Ressourcen

Sei dir bewusst, dass jede KI-Anfrage einen realen ökologischen Fußabdruck hat. Die leistungsfähigen Rechenzentren, die diese Modelle betreiben, verbrauchen enorme Mengen an Energie und erzeugen entsprechend viel Abwärme. Eine oft zitierte Schätzung besagt, dass eine komplexe Anfrage an ein großes Sprachmodell so viel CO_2-Ausstoß verursachen kann wie fünf einfache Google-Suchen. [82]

Was bedeutet das für dich im Alltag? Es geht nicht darum, auf die Vorteile von KI zu verzichten. Es geht um einen bewussten und überlegten Einsatz. Für eine einfache Faktenfrage wie „Wie hoch ist der Eiffelturm?“ ist eine schnelle Suchanfrage mit der Suchmaschine deines Vertrauens die deutlich ressourcenschonendere Wahl. Wenn du die KI aber als kreativen Partner für komplexe Entwürfe, Analysen oder zum Lösen anspruchsvoller Probleme nutzt, lässt sich der Energieeinsatz durch den höheren Mehrwert sicher eher rechtfertigen.

Verantwortungsvoller Umgang bedeutet also auch, digitale Ressourcen nicht für triviale Aufgaben zu verschwenden.

Das Wichtigste zum Schluss: Verantwortung und Accountability

KI kann dir viel Arbeit abnehmen, aber sie nimmt dir niemals die Verantwortung. Denk an KI wie an einen sehr talentierten Berufseinsteiger: superschnell, motiviert, oft treffsicher – aber manchmal noch etwas ungenau. Du lässt ihn viel vorbereiten, aber bevor etwas rausgeht, schaust du immer selbst nochmal drauf und gibst dem Arbeitsergebnis den letzten Schliff. Die Verantwortung bleibt bei dir.

Genauso ist es hier: Wenn du einen Text, ein Gutachten oder eine Präsentation verschickst, bist du die Person, die dafür geradesteht. Nutze die KI als Assistenten, aber behalte immer die finale Kontrolle über den Output. Du entscheidest, was nach außen geht – und du trägst die Konsequenzen.

Wenn du diese Grundregeln verinnerlichst, leistest du einen aktiven Beitrag dazu, dass Qualität, Verantwortung und Vertrauen jederzeit gewahrt bleiben. Generative AI ist kein Ersatz für dein Urteilsvermögen, sondern ein Assistent, der dich stärkt, solange du die Richtung vorgibst.

Im Moment erlebst du diese Technologie vor allem in Form von Chatbots: Du stellst eine Frage, die KI antwortet. Doch die Entwicklung geht weiter. Mit Agentic AI entstehen Systeme, die nicht nur reagieren, sondern eigenständig Aufgaben anstoßen und ausführen können. Für viele Office Worker ist das heute noch eher Theorie – aber es ist absehbar, dass diese nächste Stufe bald eine Rolle spielen wird. Umso wichtiger ist es, die Grundregeln jetzt schon zu kennen.

Agentic AI – Wenn die KI anfängt, selbständig zu arbeiten

Stell dir vor, dein KI-Assistent bucht eigenständig deinen Meetingraum, lädt deine Kollegen ein, bestellt Getränke und Snacks und fasst dir am Ende des Tages die wichtigsten Ergebnisse zusammen – ohne, dass du jeden Schritt einzeln anstoßen musst. Genau dorthin entwickelt sich derzeit die Welt der sogenannten Agentic AI.

Bei Generative AI stehst du noch klar am Steuer: Du formulierst einen Prompt, und das Modell erstellt Inhalte (Text, Code, Bilder) basierend auf seinen gelernten Mustern. Agentic AI geht einen Schritt weiter. Agentic bedeutet: handlungsfähig, zielgerichtet, selbstständig innerhalb klarer Grenzen. Agentic AI bezeichnet daher Systeme, die nicht nur auf Eingaben reagieren, sondern ein vom Nutzer vorgegebenes Ziel verfolgen und die dafür nötigen Schritte selbst planen.

Die Akteure, die dieses Konzept umsetzen, nennt man AI Agents (KI-Agenten). Ein Agent ist ein System, das du mit einem Ziel ausstattest – und das dann selbst den Weg dorthin plant. Es nutzt verschiedene Tools, bewertet Zwischenergebnisse, schlägt Aktionen vor und arbeitet mit minimaler menschlicher Anleitung. Nicht, weil die KI „eigene Absichten" hätte, sondern weil sie eine Reihe von Aktionen ausführt, die du zuvor zugelassen hast.

Der Unterschied ist fundamental:

Generative AI schreibt dir den Text für eine E-Mail. Ein AI Agent könnte zusätzlich:

- die passenden Kontakte aus deinem CRM holen (Toolnutzung),
- die richtige Präsentation aus deinen Dateien anhängen (Toolnutzung),
- den Versand terminieren (Aktion) – und dich am Ende nur noch um Freigabe bitten.

Ein Bild aus der Küche macht es noch klarer:

- Generative AI ist wie eine Bedienung hinter dem Buffet: Du musst bei jedem Gang genau sagen, was du haben willst.
- Ein AI Agent ist wie ein Koch in der Küche: Du erklärst dein Ziel („Ich brauche ein Menü für den Business-Lunch"), und er kümmert sich selbst darum, Zutaten auszuwählen, den Ablauf zu planen und ein komplettes Gericht zu servieren.

In der Praxis braucht das klare Freigaben. Um in der Analogie zu bleiben: Der Koch schaut zwischendurch aus der Küche und fragt dich, ob du mit der Zusammenstellung einverstanden bist. Dieses Prinzip nennt man Human-in-the-Loop – der Mensch bestätigt, korrigiert oder stoppt. Human-in-the-Loop ist dabei nicht nur unternehmerische Best Practice – der EU AI Act verankert menschliche Aufsicht und klare

Governance-Prozesse für KI-Systeme abhängig vom Einsatzgebiet sogar gesetzlich. [12]

Was ist das wirklich Neue an KI-Agenten und wie funktionieren sie?

Was AI Agents so besonders macht, ist ihre Autonomie. Während klassische Chatbots standardmäßig auf deinen Prompt warten und dann einmalig antworten (reaktiv), durchlaufen Agenten einen wiederkehrenden Wahrnehmen–Denken–Handeln-Kreislauf.

Ein häufig genutzter grundlegender Baustein dafür ist ReAct (Reasoning + Acting): Das Modell kombiniert logische Überlegungen mit Aktionen wie Tool-Aufrufen. Darauf aufbauend arbeiten moderne KI-Agenten typischerweise in einem strukturierten Loop [83]:

- Wahrnehmung (Perception): Der Agent sammelt Informationen aus seiner Umgebung (z. B. deine E-Mail, APIs, Datenbankabfragen).
- Überlegung & Planung (Reasoning & Planning): Das Kernmodell (meist ein LLM) analysiert die Daten und zerlegt das Hauptziel in erreichbare Teilaufgaben (Task Decomposition).
- Entscheidung & Ausführung (Decision-Making & Execution): Der Agent wählt die nächste sinnvolle Aktion und führt sie aus – etwa durch eine Websuche, den Aufruf eines Skripts oder die Nutzung eines weiteren LLMs (z. B. um eine Zusammenfassung zu erstellen, bevor er eine E-Mail formuliert).
- Lernen & Anpassung (Learning & Adaptation): Der Agent prüft das Ergebnis seiner Aktion. War der Schritt erfolgreich? Falls nicht, passt er seinen Plan für die laufende Aufgabe an.
- Sicherheitsmechanismen (Guardrails): Um zu verhindern, dass ein Agent in einer Endlosschleife feststeckt (z. B. weil ein Problem unlösbar ist oder Akzeptanzkriterien fehlen), werden „Leitplanken" eingezogen. Gängige Methoden sind:
  - Die maximale Anzahl an Kreisläufen (Durchläufen) zu begrenzen.
  - Ein Kosten-System einzuführen. Der Agent erhält ein Kontingent (z. B. 500 Punkte), und jede Aktion (z. B. Websuche

= 200 Punkte) kostet Punkte. Dies kann auch die Tool-Wahl des Agenten beeinflussen.

Damit dieser Kreislauf funktioniert, braucht ein AI Agent Fähigkeiten, die über normale Generative AI hinausgehen:

- Erweiterte Reichweite (Tool-Use): Ein reines Sprachmodell ist auf sein Trainingswissen begrenzt. Ein Agent kann – sofern angebunden – Tools wie Webbrowser, APIs oder Datenbanken nutzen und damit auf Echtzeitdaten zugreifen oder echte Aktionen auslösen, z. B. ein Hotelzimmer buchen.
- Gedächtnis (Memory): Agenten nutzen ein Kurzzeitgedächtnis für die aktuelle Aufgabe (wie ein Notizblock) und können ein Langzeitgedächtnis aufbauen, um deine Präferenzen über Wochen zu speichern (wie eine persönliche Akte).
- Orchestrierung (Multi-Agenten-Systeme): In komplexeren Szenarien arbeiten mehrere spezialisierte AI-Agenten zusammen, koordiniert durch eine KI-Orchestrierung. Ein „Dirigenten-Agent" zerlegt die Aufgabe und verteilt sie: Stell dir vor, du planst einen Surfurlaub in Griechenland. Der Dirigenten-Agent fragt einen „Wetter-Agenten" nach historischen Daten und einen „Surf-Bedingungen-Agenten" nach Gezeiten. Keiner der Agenten könnte die Aufgabe allein lösen, aber durch Orchestrierung entsteht die finale Empfehlung.

Diese erweiterte Eigenständigkeit eröffnet große Potenziale – bringt aber auch neue Risikodimensionen mit sich. Während bei klassischer Generative AI vor allem ungenaue oder halluzinierte Inhalte kritisch sind, geht es bei Agenten zusätzlich um konkrete, reale Handlungen: eine falsche Buchung, ein fehlerhafter API-Aufruf, eine E-Mail an den falschen Empfänger.

Die Risiken sind vielschichtiger als bei Generative AI:

- Fehlsteuerung durch ungeeignete Zieldefinitionen: Stell dir einen Lagerroboter vor, der auf „maximale Geschwindigkeit" optimiert ist. Wenn die Zielfunktion (Utility Function) nicht auch „und beschädige keine Pakete" beinhaltet, könnte er beispielsweise anfangen, Pakete zu werfen, um sein Ziel zu erreichen.
- Unendliche Feedback-Schleifen: Schlecht konfigurierte Agenten könnte dasselbe (teure) Tool immer wieder aufrufen, ohne dem Ziel näher zu kommen.

* Kaskadierende Fehler: In einem Multi-Agenten-System kann ein Fehler bei einem einzelnen Agenten (z. B. der Wetter-Agent liefert keine Daten) den gesamten Prozess lahmlegen.

Genau deshalb ist deine Rolle im Zusammenhang mit Agentic AI eine andere als vorher: Du sitzt nicht mehr am Steuer wie ein Fahrer, der jede Kurve selbst nimmt, sondern agierst wie ein Verkehrsregler, der festlegt, wer fahren darf, wie, wohin und unter welchen Bedingungen.

Warum das relevant ist – auch wenn dein Unternehmen Agentic AI noch nicht nutzt

An dieser Stelle denkst du vielleicht: „Tolle Zukunftsmusik, aber meine Realität sieht anders aus." Du hast recht. In der Breite der hiesigen Unternehmen sind heute noch keine AI Agenten produktiv im Einsatz. Die Gründe sind nachvollziehbar: Sorgen um Datenschutz (DSGVO), unklare IT-Sicherheits-Freigaben, Angst vor Kontrollverlust oder schlichtweg fehlendes Know-How. Genau diese Lücke birgt eine große Chance: Du kannst dir schon jetzt einen entscheidenden Vorsprung erarbeiten. Wenn dein Unternehmen in sechs, zwölf oder achtzehn Monaten die ersten Pilotprojekte startet – und das wird aller Voraussicht nach passieren – bist du nicht mehr nur ein überraschter Zuschauer. Du gehörst zu denjenigen, die schon verstanden haben, worum es geht, und kannst zu einer wertvollen Verbindungsperson zwischen Technologie, Fachbereich und Management werden: Du erkennst passende Einsatzgebiete, schätzt Risiken realistisch ein, kannst Human-in-the-Loop erklären und hilfst dabei, eine verantwortungsvolle Blaupause für erste Projekte zu entwickeln.

Die besten Kandidaten dafür sind zunächst nicht die riesigen, komplexen Probleme, sondern die mühsamen Routinen, die kleinen Dinge, bei denen du heute als „menschlicher Klebstoff„ zwischen verschiedenen Systemen agierst:

* Wo springst du regelmäßig zwischen mehreren Systemen hin und her (z. B. E-Mail, Excel, CRM, ERP, eine interne Datenbank)?
* Welche Prozesse wiederholen sich, sind aber *nicht immer exakt gleich*, sondern variieren leicht im Ablauf (und sind daher für starre Automatisierung ungeeignet)?

- Welche Aufgaben bestehen aus mehreren Einzelschritten, die ein Agent perspektivisch übernehmen könnte?

Genau diese Fragen sind übrigens nicht neu – viele davon stellt man sich auch bei regelbasierter Automatisierung. Der entscheidende Unterschied: Regelbasierte Systeme funktionieren nur, wenn der Ablauf immer gleich und vorab vollständig beschreibbar ist. Moderne Agenten können dagegen mit Varianten, Ausnahmen, Unschärfen und offenen Aufgabenstellungen umgehen.

Wenn du diese Unterscheidung im Hinterkopf behältst, wird klar, warum gerade deine „halb-strukturierten" Routinen der perfekte Einstiegspunkt sind. Mit der Beantwortung dieser Fragen findest du die Grundlagen für die ersten sinnvollen Agentic-AI-Anwendungen in deinem Umfeld. Und wenn die Zeit reif ist, bist du vorbereitet.

Denn gerade die Mitarbeiter aus den Fachbereichen, die mit den Prozessen am besten vertraut sind, spielen bei der Einführung von Agenten eine zentrale Rolle. Nicht als Programmierer der AI Agents – das übernehmen die IT-Profis – sondern als Bindeglied zwischen fachlicher Arbeit und technischer Umsetzung. Niemand kennt die tatsächlichen Abläufe, Abkürzungen, Sonderfälle und Stolpersteine so gut wie die Menschen, die täglich damit arbeiten. Sie erkennen am klarsten, wo Routinen mühsam sind und wo Agenten echten Mehrwert liefern könnten. Gleichzeitig unterstützen sie bei der Definition, welche Schritte ein Agent autonom ausführen darf und an welchen Stellen zwingend eine menschliche Freigabe notwendig ist. Als Human-in-the-Loop, als Prozessübersetzer und als Qualitätsprüfer im Testbetrieb sorgen sie dafür, dass Agenten nicht nur technisch funktionieren, sondern in der Praxis verlässlich arbeiten.

Doch damit du diese Rolle wirklich einnehmen kannst, musst du verstehen, wie Agenten heute tatsächlich im Unternehmen von der Idee in den produktiven Einsatz kommen.

Reality Check: Von der Vision zur professionellen Umsetzung

Viele denken bei „autonomen Agenten" sofort an die Vision des „KI-Kochs" – ein System, das man einfach „alleine loslaufen" lassen kann.

Die Realität ist bodenständiger: Moderne Agenten sind keine Alleskönner, sondern klar definierte Systeme, die eine konkrete Aufgabe zuverlässig und innerhalb fester Grenzen ausführen.

Ein Agent kann u. a.:

- Informationen wahrnehmen (z. B. E-Mails, Websuche, APIs),
- Schritte planen und zerlegen,
- Tools ausführen (Browser, Datenbanken, interne Skripte),
- Zwischenergebnisse prüfen und nachjustieren,
- und innerhalb gesetzter Leitplanken autonom handeln.

Entscheidend ist dabei nicht die Typologie oder eine theoretische Klassifikation, sondern eine praktische Frage: Welches Ziel soll der Agent sicher erreichen – und welche Leitplanken braucht er dafür?

Damit ein Agent stabil, sicher und verantwortungsvoll arbeitet, folgt sein Aufbau im Unternehmen einem klaren Entwicklungsprozess:

- Zielsetzung & Scoping: Was genau soll der Agent tun? Welche Schritte darf er autonom ausführen – und an welchen Stellen ist ein Human-in-the-Loop (HITL) verpflichtend, um Ergebnisse zu prüfen oder Aktionen freizugeben?
- Design & Architektur: Hier entsteht der Bauplan: einzelner Agent oder orchestriertes Multi-Agenten-System? Wie werden die definierten HITL-Punkte technisch umgesetzt (z. B. Freigabeschritte, Rechteverwaltung)?
- Framework- & Tool-Auswahl: Baut man den Agenten selbst oder nutzt man Frameworks wie LangChain, LangGraph, CrewAI oder Microsoft AutoGen? Welches LLM übernimmt das Reasoning?
- Entwicklung & Datenanbindung: Der Agent wird modular gebaut. Meist wird ein vortrainiertes Modell genutzt und über RAG oder Fine-Tuning mit Unternehmenswissen verbunden.
- Evaluation & Test: Der Agent wird sicher getestet: Erfüllt er seine Aufgabe? Halten die HITL-Punkte und Leitplanken? Wie hoch ist die Fehlerrate?
- Deployment & Monitoring: Der Agent wird live geschaltet – und ab hier beginnt der wichtigste Teil: kontinuierliche Überwachung, Logging und Eingriffsmöglichkeiten (AgentOps, s. unten).

Am leichtesten erschließt sich dieses Prinzip, wenn du selbst einen kleinen Agenten baust – zum Beispiel mit der Plattform des deutschen

Anbieters n8n (mehr dazu am Ende des Kapitels unter "Dein Action Plan").

Doch selbst der bestentwickelte Agent ist nur so gut wie sein Betrieb. Und genau hier beginnt der nächste professionelle Schritt: AgentOps.

Der nächste Schritt für Profis: AgentOps

Einen Agenten zu bauen ist nur die halbe Miete. Ihn zuverlässig im Betrieb zu managen, ist die eigentliche Herausforderung. Hierfür etabliert sich gerade ein neues Feld: AgentOps (Agent Operations).

Das Problem: Moderne Agenten sind dynamisch. Ohne Überwachung wirken sie schnell wie eine Black Box. Einen Agenten ohne Monitoring laufen zu lassen ist, als würde man einem Teenager eine Kreditkarte geben, ohne jemals auf die Abrechnung zu schauen.

AgentOps liefert die Werkzeuge, um diese gefühlte „Black Box" zu managen. Wichtige Kernfunktionen sind:

- Observability (Beobachtbarkeit): Detailliertes Nachvollziehen der Schritte, um zu sehen: Was hat der Agent wann getan? Welches Tool hat er aufgerufen? Wo ist er falsch abgebogen?
- Debugging & Kostenmanagement: Fehlerquellen in langen Agenten-Ketten finden und überwachen, wie oft teure LLMs aufgerufen werden.
- Interruption (Unterbrechbarkeit): Die Fähigkeit, einen „Not-Aus-Schalter" zu betätigen, um einen Agenten, der in einer Endlosschleife steckt oder fehlerhafte Handlungen ausführt, sauber zu stoppen.
- Traceability & Governance: Sicherstellen, dass der Agent Leitplanken einhält und seine Aktionen nachvollziehbar bleiben – z. B. über Run-IDs oder Audit-Logs.

AgentOps ist damit die notwendige Konsequenz der Autonomie. Es ist das professionelle Handwerkszeug, das den Übergang vom spannenden Experiment zum zuverlässigen, skalierbaren Unternehmensprozess erst möglich macht.

Es sind genau diese Werkzeuge, die deine Rolle als „Schiedsrichter" und „Weichensteller" in der Praxis definieren. Du gibst nicht nur das Ziel vor, sondern überwachst auch das Spiel und greifst ein, wenn die Regeln verletzt werden. Kurz gesagt: AgentOps ist die notwendige

Brücke vom spannenden Experiment zum verlässlichen Unternehmenssystem.

Technologische Souveränität – Du hast es in der Hand

Und damit sind wir am Ende des Kapitels „Bot". In diesem Kapitel hast du gesehen, wie sich technologische Kompetenz im KI-Zeitalter neu definiert. Es reicht nicht mehr, einzelne Tools zu beherrschen – entscheidend ist, dein digitales Ökosystem als Ganzes zu verstehen. Mit technologischem Grundverständnis baust du das Fundament: Du liest dein technisches Umfeld, erkennst Abhängigkeiten und triffst souveräne Entscheidungen. Darauf aufbauend hast du gelernt, wie regelbasierte Automatisierung und Predictive AI deine Arbeit effizienter machen, indem sie Routineprozesse leise im Hintergrund verschwinden lassen. Und schließlich haben wir mit Generative und Agentic AI die nächste Stufe betrachtet: Maschinen, die nicht nur analysieren, sondern Ideen liefern, kreativ mitgestalten und sogar eigenständig handeln können. Deine Rolle verändert sich dabei: vom Anwender zum Architekten, vom Abarbeiter zum Regisseur deiner digitalen Umgebung.

KI wird dir nicht alle Aufgaben abnehmen – und sie wird auch nicht jede deiner Aufgaben retten. Manche Tätigkeiten verschwinden, andere verändern sich, neue entstehen. Genau deshalb ist dein Umgang mit Technologie heute so entscheidend.

Technologische Souveränität, Automatisierung und der bewusste Einsatz von Generative AI und Agentic AI machen dich nicht unverwundbar – aber sie machen dich beweglich. Sie verschaffen dir Orientierung in einer Welt, in der Tools kommen und gehen, und sie geben dir die Freiheit, deinen eigenen Kurs zu setzen. Die eigentliche Stärke liegt nicht in der Maschine, sondern darin, wie du sie einsetzt: kritisch, kreativ, verantwortungsvoll. Deine Haltung und deine Urteilskraft werden enorm wichtig.

Das war dein Werkzeugkasten für den ‚Bot' – also die technologischen Skills. Im nächsten Kapitel geht es um den ‚Kopf': wie du dein Wissensmanagement aufs nächste Level hebst und dein Denken schärfst. Danach widmen wir uns dem ‚Herz' – den zwischenmenschlichen Fähigkeiten, die dich im KI-Zeitalter unersetzbar machen.

Dein Action Plan: Lass die Bots tanzen (Bots just wanna have fun...)

Technologische Souveränität entsteht nicht durch Lesen, sondern durch Handeln. Du hast die Konzepte verstanden – von RAG über Prompting bis hin zu Agentic AI. Hier ist dein konkreter 3-Schritte-Action-Plan, um dieses Wissen sofort in Kompetenz zu verwandeln.

3-Schritte-Action-Plan

1. Schritt: Prompt-Sprint

Wir kombinieren die wichtigste Regel mit der wichtigsten Fähigkeit. Bevor du ein Profi wirst, musst du dein Trainingsfeld („Sandbox") definieren.

- Die Regel: Definiere als Erstes dein sicheres Übungsfeld (z. B. einen privaten Account bei ChatGPT, Gemini oder Claude). Die eiserne Regel gilt: Keine Firmendaten in öffentlichen Tools! Und: Auch vor Eingabe von privaten Daten Sicherheitseinstellungen checken, ggf. in Pro-Versionen mit erweitertem Datenschutz investieren.
- Die Übung: Nimm dir eine komplexe, nicht-vertrauliche Aufgabe, z. B. die Planung eines größeren Events (real oder sonst auch fiktiv).
- Das Profi-Briefing: Wende das 7-Punkte-Briefing aus diesem Kapitel an (Rolle, Aufgabe, Zielgruppe, Kontext, Format, Ton, Beispiele) und verfeinere das Ergebnis in mindestens drei Iterationen (z. B. „Gut, aber kürzer", „fokussiere mehr auf Aspekt X").

Ziel:

Du hast 100 % Klarheit, wo du sicher experimentierst und erlebst, wie aus einer ersten Anfrage ein präzises Ergebnis wird, weil du von Runde zu Runde konkretere Anweisungen gibst.

2. Schritt: Der Wissens-Assistent – Baue deine eigene RAG-Anwendung

Jetzt testen wir, wie du der KI „externes Wissen" beibringst. Dafür baust du einen persönlichen Assistenten.

- ⋆ Die Datenbasis: Sammle 3–5 nicht-vertrauliche Dokumente zu einem Thema, das dich brennend interessiert, z. B. PDFs von Artikeln zu einem Fachthema oder einem Hobby.
- ⋆ Das Setup: Nutze ein Tool, das RAG-Funktionen anbietet (viele „Pro"- Versionen öffentlicher Tools oder interne Enterprise-Lösungen können dies). Lade deine Dokumente hoch und erstelle einen Chatbot, dem du deine eigenen Dokumente mitgibst. Die Bezeichnungen dafür variieren von Chatbot zu Chatbot („Wissensspeicher", „benutzerdefinierter Assistent", „GPT" ...)
- ⋆ Der Test: Stelle deinem neuen Assistenten Fragen, die er nur mithilfe deiner Dokumente beantworten kann. Prüfe, ob die Antworten stimmen und (falls das Tool es unterstützt) ob die Quellen korrekt zitiert sind.

Ziel:
Du verstehst, wie du dir gezielt eigene Assistenten mit spezifischem Wissen aufbaust.

3. Schritt: Der Agenten-Designer – Designe deinen ersten Agenten

Du musst Agentic AI noch nicht nutzen können, aber du kannst anfangen, so zu denken.
Jetzt arbeiten wir uns an deinen ersten selbstgebauten AI Agent heran.

- ⋆ Wähle eine aktuelle Low-Code/ No-Code-Plattform, auf der du Workflows und agentenähnliche Abläufe visuell modellieren kannst. Lass dich bei der Auswahl gern vom Chatbot deines Vertrauens beraten. Viele starten z. B. mit n8n: Diese Plattform bietet deutschsprachige Tutorials und eine große Bibliothek vorgefertigter Workflows, die du sofort ausprobieren und anpassen kannst.

- ⋆ Jetzt geht es an das Design eines agentischen Workflows, der die regelmäßig News zu einem für dich besonders interessanten Thema schickt. Starte so, wie es für dich am besten passt:
  Option A – Schneller Einstieg mit Vorlage: Lade einen passenden vorgefertigten Workflow (z. B. „Daily News Digest" oder „Morning Briefing") und passe ihn an dein Thema, deine Filterregeln und deinen E-Mail-Empfänger an.
  → Perfekt, wenn du erst einmal „spüren" willst, wie ein Agent grundsätzlich funktioniert.
  Option B – Eigenbau für maximale Lernkurve: Erstelle einen Agenten-Workflow von Grund auf. Morgens automatisch Nachrichten zu deinem Thema sammeln (Wahrnehmung & Tool-Use), irrelevante Beiträge herausfiltern (Überlegung), die wichtigsten Artikel per KI zusammenfassen (Ausführung) und dir das Ganze als tägliches Briefing mailen (Output).
  → Damit erlebst du die zentralen Bausteine eines AI Agents im echten Einsatz. Lass dich dabei von vorhandenen Templates inspirieren und im Detail von Tutorials sowie vom Chatbot deines Vertrauens helfen.
- ⋆ Optional: Lege für diesen Zweck eine eigene E-Mail-Adresse an. Das sorgt für Übersicht und ist eine einfache Zusatzmaßnahme für Datenschutz und Trennung der Kanäle.

Ziel:

Du gewinnst ein praktisches, intuitives Verständnis dafür, wie AI Agents funktionieren – egal, ob du eine Vorlage individualisierst oder selbst baust. Dieses Know-how kannst du im nächsten Schritt auf immer komplexere Anwendungsfälle übertragen.

Kapitel 6

Kopf – Intellektuelle PS für die KI-Ära

”

Fakt ist: Um die Chancenpotenziale der künstlichen Intelligenz bestmöglich und reflektiert nutzen zu können, bedarf es gleichermaßen Investitionen in ihr Komplementär: die humane Intelligenz.

Yasmin Weiß

Kapitel 6: Kopf – Intellektuelle PS für die KI-Ära

Kannst du immer noch die Bestandteile einer Zelle auswendig aufsagen? Mitochondrien, Desoxyribonukleinsäure, endoplasmatisches Retikulum. Auswendig gelernt, um sie im richtigen Moment aus dem Kopf auf ein Stück Papier zu schreiben, weil es dafür gute Noten in der Schule gab. Vielleicht ist es bei dir nicht Biologie, sondern ein anderes Fach, aber die meisten von uns können Fachbegriffe zitieren, ohne auch nur die geringste Idee zu haben, welche Rolle diese Dinge in der echten Welt spielen.

„Wissen ist Macht!", der zentrale Glaubenssatz ganzer Generationen ist tief in unseren Köpfen verankert. Habe ich nur genug Wissen für meine spezielle Nische angesammelt, bin ich nicht zu stoppen. Egal ob Verkehrsrecht, Supply-Chain-Management oder HR-Prozesse: Wir alle sind durch ein Bildungssystem gegangen, in dem spezialisiertes Fachwissen den Ritterschlag für Erfolg bildet. Insbesondere diejenigen von uns, die den Übergang von der Diskette zur Cloud bewusst miterlebt haben, wurden darauf getrimmt: Wer Experte in seinem Fachgebiet ist, hat ausgesorgt. Tiefes Spezialwissen – idealerweise gekrönt mit den entsprechenden Zeugnissen und Zertifikaten – ist als Schlüssel zum beruflichen Erfolg und zu einem sicheren Job. Das war unser Pakt mit der Arbeitswelt.

Aber jetzt kommt die KI und alles steht plötzlich Kopf. Die Sorge, dass eine Maschine unsere Routinen und sogar komplexe Analysen übernimmt, ist real. Viele von uns fragen sich: Was ist unser Wissen noch wert, wenn ein Algorithmus in Sekundenschnelle die von uns mühsam erlernten Fakten unseres Fachgebiets herunterrattert? Wenn Generative AI Wissen in Sekunden reproduziert, was ist es dann noch wert, jahrelang Regeln, Formeln oder Gesetzestexte zu lernen? Wie bleibe ich relevant, wenn mein Wissen scheinbar entwertet wird?

Und genau das ist der Knackpunkt: Wir legen jetzt die Grundlage dafür, was wir in Zukunft von Arbeitsergebnissen erwarten, wenn KI uns bei ihrer Erstellung hilft. Wir könnten natürlich einfach den gleichen Kram machen wie bisher, nur halt viel schneller. Die KI liefert uns in Sekunden einen akzeptablen Text, für den wir früher Stunden geschwitzt haben. Wäre doch bequem, oder?

Oder aber, wir nutzen einen Teil der Zeit, die wir durch KI gewinnen, um die Qualität massiv in die Höhe zu schrauben. Stell dir vor: Die KI formuliert den Textentwurf, und du? Du nutzt die geschenkte Zeit, um mehr Perspektiven einzubeziehen, um deine Argumentation zu schärfen, um Wissenssilos aufzubrechen.

Wir können jetzt gemeinsam dafür sorgen, dass genau das die neue Erwartungshaltung wird: Wir streben nach Exzellenz, nicht nach „passt schon". Der Erkenntnisgewinn für uns als Gesamtgesellschaft kann dadurch ungleich größer werden: mehr Innovation, mehr nachhaltiges Wachstum und damit mehr Ressourcen, um den aktuellen globalen Herausforderungen zu begegnen. Und: Indem wir den Anspruch an unsere Arbeit in eine andere Richtung lenken, gehen wir einen Schritt weiter weg von dem, worin KI auch verdammt gut ist: Effizient eng umgrenzte Fragestellungen lösen. Indem wir auf exzellente Qualität setzen, bauen wir uns ein wirksames Unterscheidungsmerkmal gegenüber der KI auf, und das sehen auch unsere Kunden und internen Stakeholder.

Wissensmanagement: Dein Wissensschatz am Arbeitsplatz

Veränderung liegt manchmal lange in der Luft und kommt dann ganz schnell. Wie könnte das in deinem Team aussehen? Euer Unternehmen führt ein datenschutzkonformes KI-Tool ein. Mit dem Tool könnt ihr u. a. individuell Dokumente hinterlegen und von einem hochwertigen Sprachmodell durchsuchen und analysieren lassen. Ein Teil eures Teams probiert sehr neugierig einzelne Anwendungsfälle aus, ihr nutzt KI, um einige eurer Arbeiten schneller und/oder in optimierter Qualität umzusetzen.

Eine eurer Kolleginnen geht einen Schritt weiter. Sie blockt sich Zeit und stellt ihre gesamte Wissensbasis zusammen: Fachartikel, Schulungsunterlagen, Best of Arbeitsergebnisse, Unternehmensrichtlinien, Meeting-Mitschriften, Whitepaper mit Branchen-Insights, spannende Social-Media-Posts, alles was sie schriftlich finden kann. Weitere Informationen schreibt sie für das Sprachmodell auf: Eine Beschreibung ihrer Rolle und ihrer Ansprüche an hochwertigen Output. Und plötzlich kann sie Arbeitsergebnisse deutlich schneller liefern als vorher und das in äußerst hoher Qualität. Die Zeit nutzt sie, um mit KI-Unterstützung ihre Wissensbasis auf den neuesten Stand zu bringen und auf angrenzende Gebiete zu erweitern. Und um ein persönliches System zu entwickeln, das sicherstellt, dass die KI stets über eine aktuelle Wissensbasis verfügt: Jede Woche blockt sie sich 30 Minuten für ihren „Review-Ritual-Freitag": eine Tasse Kaffee, eine kleine Playlist, und sie pflegt ihre Wissensbasis. Alte Dokumente raus, neue Erkenntnisse rein.

Euer Team Lead ist zunächst überrascht, in welchem Tempo die Kollegin qualitativ hochwertige Arbeit liefert. Und dann gewöhnt er sich langsam daran: Die Erwartungshaltung an die Arbeitsqualität verändert sich, was früher sehr gut war, ist vielleicht nur noch gut. Das Beispiel zeigt, wie der Unterschied zwischen gelegentlicher Nutzung und zielgerichteter Transformation eigener Arbeitsprozesse aussehen kann, zwischen KI-Touristen und Power Usern.

Bisher orientiert sich die Erwartungshaltung an Schnelligkeit und Qualität der Arbeit eines typischen Office-Arbeiters an der Kapazität eines menschlichen Gehirns zur Leistungserbringung. Jetzt stehen jedem von uns plötzlich Tools zur Verfügung, die diese Kapazität deutlich erweitern können. Und dein Team Lead, deine Kunden, der CFO, sie werden langsam, aber stetig ihre Erwartungshaltung anpassen. Sie erwarten, dass du KI nutzt, um Informationen schneller zu beschaffen, kritisch zu bewerten und mit deinem Kontextwissen zu verbinden. Sie legen zunehmend Wert darauf, dass du dein Fachwissen breiter aufstellst und schneller aktualisierst, weil KI dich dabei massiv unterstützen kann.

Wie sich der Wert deines beruflichen Wissens in der KI-Ära verändert

Um zu verstehen, welchen Wert dein Wissen in der KI-Ära hat, müssen wir uns zunächst anschauen, in welchen Formen Wissen überhaupt existiert. Denn KI geht mit verschiedenen Wissensarten sehr unterschiedlich um.

In der Wissensforschung wird traditionell zwischen explizitem und implizitem Wissen unterschieden.[24]

Explizites Wissen ist im Grunde genommen das, was du aufschreiben, speichern und weitergeben kannst, also Regeln, Gesetze, Handbücher oder Prozessbeschreibungen. Implizites Wissen dagegen steckt in deiner Erfahrung, Intuition und in jenen Routinen, die du täglich anwendest, ohne groß darüber nachzudenken.

Doch: Nicht jedes implizite Wissen ist unzugänglich. Ein Teil davon kann explizit gemacht werden, etwa, wenn du deine Vorgehensweisen beschreibst, eine neue Kollegin einarbeitest oder Best Practices dokumentierst. Ein anderer Teil bleibt dagegen tief verankert: Intuition, Fingerspitzengefühl, Urteilsvermögen.

Auf dieser Grundlage unterscheiden wir die folgenden drei Begriffe, die praktisch greifbar machen, wie gut die Wissensarten für KI oder andere digitale Systeme zugänglich sind [84]:

- ⋆ Kodifiziertes Wissen: Das Wissen, das dokumentiert, strukturiert und maschinenlesbar vorliegt, also Gesetze, Grundlagenwerke, Tabellen, Handbücher oder technische Regelwerke, bildet häufig (aber nicht nur) die fachlichen Grundlagen deiner Arbeit. Es entspricht dem klassischen expliziten Wissen der Wissenschaft. KI kann dieses Wissen direkt verwenden.
  Beispiel:
  Ein Projektmanager kennt sämtliche relevanten Prozesshandbücher. Eine Ingenieurin kennt die physikalischen Grundlagen der

[24] Die Unterscheidung zwischen explizitem und implizitem Wissen geht auf Michael Polanyi (*The Tacit Dimension*, 1966) zurück und wurde durch Ikujiro Nonaka & Hirotaka Takeuchi (*The Knowledge-Creating Company*, 1995) weiterentwickelt. Die hier verwendete Dreiteilung (kodifiziert – artikuliert – intuitiv) ist eine praxisorientierte Erweiterung, die verdeutlicht, welche Wissensformen für KI direkt nutzbar, potenziell nutzbar oder grundsätzlich menschlich bleiben.

Hydraulik. Beides ist kodifiziertes Wissen – es steht in Büchern, Datenbanken, Richtlinien oder Verordnungen, und KI kann es problemlos analysieren.

* Artikulierbares implizites Wissen: Das praktische Erfahrungswissen, das du im Arbeitsalltag sammelst, meist nicht niedergeschrieben, aber prinzipiell beschreibbar. Es steckt in deinen Routinen, Branchenwissen und Vorgehensweisen, die du über Jahre verfeinert hast. Dieses Wissen ist der Grund, warum Arbeit in der Praxis oft anders läuft als auf dem Papier. Es ist grundsätzlich implizit, existiert also im Kopf, kann aber erklärt und aufgeschrieben werden, wenn man es will. Wenn du es teilst, dokumentierst oder in Systeme einspeist, wird es auch für KI nutzbar.

  Beispiel:
  Der Projektmanager weiß aus Erfahrung, dass ein bestimmter Stakeholder niemals lange E-Mails liest. Seine pragmatische Lösung, die nirgends steht: „Für Herrn Schmidt den wichtigsten Satz an den Anfang, maximal drei Bullet Points und fünf Minuten nach dem Senden anrufen." Die Ingenieurin weiß aus Erfahrung, dass sich eine bestimmte Dichtung bei hohen Temperaturen verzieht und hat eine pragmatische Lösung für das Problem entwickelt. Dieses Wissen lässt sich z. B. in einem Team-Wiki dokumentieren.

* Intuitives implizites Wissen: Das ist das tief verinnerlichte Erfahrungs- und Urteilswissen, das du kaum in Worte fassen kannst. Es zeigt sich in deinem Gespür für Situationen, Menschen und Muster. Dieses Wissen entsteht über Jahre, durch Erfahrung, Beobachtung, Reflexion. Es ist individuell, kontextabhängig und bleibt grundlegend menschlich.

  Beispiel:
  Der Projektmanager spürt in einem Meeting, dass das Team zwar zustimmt, aber innerlich Widerstand leistet. Er bemerkt die subtile Körpersprache, die auf ein ungelöstes Problem hindeutet, obwohl alle Status-Ampeln auf Grün stehen. Dieses „Lesen des Raumes" ist eine rein menschliche Fähigkeit, die eine KI nicht erfassen kann. Die Ingenieurin hört am Klang einer Hydraulik-

pumpe, dass etwas nicht stimmt, obwohl alle Sensoren grünes Licht zeigen. Hier greifen Intuition und Erfahrungswissen ineinander – ein Bereich, den KI so weder versteht noch imitieren kann.

Kommen wir zurück zu unserer Ausgangsfrage: Was ist unser akkumuliertes Wissen in der KI-Ära wert? Isoliertes Fachwissen verliert in der KI-Ära an eigenständigem Wert, vor allem dort, wo es leicht zugänglich, standardisiert und maschinenlesbar ist. Denn viel von dem, was wir unter klassischem Fachwissen verstehen, gehört zur Kategorie des kodifizierten Wissens: Es liegt bereits in gut dokumentierter und strukturierter Form vor und lässt sich leicht von KI-Systemen analysieren.

Und hiermit sind wir bei einem entscheidenden Punkt: Die Bedeutung von Wissen ist in der KI-Ära abhängig davon, wie gut es für KI-Systeme zugänglich und auswertbar ist.

- Kodifiziertes Wissen ist für KI leicht zugänglich, häufig in gut strukturierter Form und damit gut auswertbar.
- Artikulierbares implizites Wissen ist potenziell durch KI nutzbar, wenn du es strukturiert dokumentierst und für die KI verfügbar machst.
- Intuitives implizites Wissen ist für KI kaum zugänglich, es entsteht aus Erfahrung, Kontext und Urteilsvermögen und bleibt damit grundlegend menschlich.

Das heißt nicht, dass du die Grundlagen deines Fachgebiets nicht mehr brauchst, im Gegenteil: Alle drei Wissensformen bauen auf derselben Grundlage auf: deinem Fachwissen. Ohne Fachwissen fehlt dir die Basis, um implizites Wissen aufzubauen, die Fähigkeit, KI-generierte Inhalte zu prüfen, zu interpretieren und sinnvoll in deinen eigenen Kontext zu setzen. Fachwissen bleibt also Pflicht.

KI kann Datenberge durchsuchen und Muster erkennen, aber sie hat kein situatives Weltverständnis. Sie weiß nicht, warum in deinem speziellen Umfeld eine Lösung besser ist als eine andere. Du bist der Akteur, der die KI leitet: Du stellst die richtigen Fragen, erkennst Fehler in ihren Analysen und triffst die Entscheidungen, die wirklich zählen. Dein implizites Wissen ist dabei die Brücke zwischen der KI und der realen Welt. Es sorgt dafür, dass KI-Ergebnisse relevant und umsetzbar sind.

So weit, so wenig überraschend. Auch vor dem Aufstieg von Generative AI waren tendenziell eher diejenigen beruflich erfolgreich, die stetig relevante Ergebnisse für den spezifischen Kontext ihrer Rolle im Unternehmen geliefert haben, also: aufgebaut aus einer starken Verzahnung von kodifiziertem Fachwissen und implizitem Wissen. Neu ist: KI wird diesen Aspekt deutlich verstärken. Ein „Burggraben" aus Fachwissen hat in Zukunft noch weniger Erfolgsaussichten als heute schon. Wie kann dir KI nun aber dabei helfen, dein Wissensmanagement fit für die neue Ära zu machen?

KI als Co-Worker: So schöpfst du das volle Potential aus deinem Wissen

Wer im Experten-Modus brillieren will, muss die Basics im Griff haben. Die Realität sieht meist anders aus: Der Browser hat dutzende Tabs offen. Der Desktop ist zugemüllt mit PDFs von Fachartikeln und Schulungs-Präsentationen, die du alle mal lesen wolltest. Aus allen digitalen Kanälen prasseln ständig neue Informationen auf dich ein, berufliche Netzwerke, Messenger-Apps und natürlich E-Mails und Notizen, die in verschiedenen Apps oder auf unzähligen Zetteln verstreut sind. Die geniale Idee aus dem letzten Meeting? War in einer Mail, die du nie wiederfindest.

Jeder Klick, jede E-Mail, jedes Meeting produziert neue „Wissensschnipsel". In der KI-Ära haben diejenigen die Nase vorn, die es schaffen, ihre Wissensschnipsel als stringente Datenbasis zusammenzufügen und datenschutzkonform mit einer KI zu verknüpfen. Dadurch findest du Wissen schneller, kannst schneller Zusammenhänge herstellen und deine Arbeitsergebnisse in einem anderen Tempo und höherer Qualität vorlegen.

Und das nicht nur für dich selbst, sondern auch als Delegations-Booster: Stell dir vor, du möchtest eine Aufgabe an einen Kollegen oder eine Kollegin delegieren. Anstatt mühsam alle relevanten Dokumente und Notizen zusammenzusuchen und lange Erklärungen zu geben, kannst du dank deines organisierten persönlichen Wissens alle wichtigen Informationen per Klick abrufbar machen. Du bereitest dein Wissen so auf, dass eine KI es beliebig zusammenfassen, kontextualisieren oder in verständliche Anleitungen umwandeln kann. Das spart dir nicht nur wertvolle Zeit, sondern erlaubt dir auch, Aufgaben reibungslos und effizient zu übergeben.

Die Lösung: Wissensmanagement optimiert auf die KI-Ära

Persönliches Wissensmanagement ist der systematische Prozess des Sammelns, Organisierens, Verknüpfens und Wiederfindens von Informationen und Ideen. Erfahrungsgemäß war das bisher eine zähe Sache: Häufig versanden solche Wissensmanagement-Projekte, egal ob im Team aufgesetzt oder individuell, nach einer kurzen Zeit des enthusiastischen Einsatzes. Insbesondere das Aktuellhalten ist schwierig. Wissensstrukturen verändern sich, Dokumente veralten und irgendwann scheint dem Aufwand kein adäquater Nutzen mehr gegenüberzustehen. KI ist hier der entscheidende Gamechanger: Fütterst du deinen Lieblings-Chatbot mit deinem Wissen, findet er für dich in Sekundenschnelle relevante Informationen und Zusammenhänge.

Allerdings: Nur wenn dein Wissen gut organisiert und datenschutzkonform verknüpft ist, wie in Kapitel 5 ausführlich beschrieben, kann KI dir wirklich nützlich sein, als dein persönlicher Assistent, der auf deiner gesicherten Wissensbasis arbeitet, nicht auf generischem Internet-Wissen. Dieser Abschnitt legt den Grundstein dafür. Wir bauen hier das „Futter" für die KI. Dein gut organisiertes „Second Brain" wird damit zum Fundament für deine persönliche Produktivität, ohne dass sensible Firmendaten in falschen Kanälen landen.

Das Grundkonzept eines „Second Brain" für die KI-Ära

Das Konzept des „Second Brain" (also dein zweites Gehirn) wurde populär gemacht von Tiago Forte. Sein CODE-Konzept beschreibt die vier zentralen Schritte, mit denen ein „Second Brain" funktioniert:

- Capture – Ideen, Informationen und Eindrücke systematisch festhalten;
- Organize – sie entlang aktueller Projekte und Themen in eine klare Struktur bringen;
- Distill – die Essenz herausfiltern, sodass nur die wirklich relevanten Kernpunkte bleiben;

* Express – das gespeicherte Wissen in konkrete Ergebnisse wie Texte, Entscheidungen oder Präsentationen übersetzen. [85]

Die Grundidee des Second Brain bleibt auch im KI-Zeitalter unverändert: ein verlässliches externes Gedächtnis, das uns hilft, Wissen greifbar und nutzbar zu machen. Verändert hat sich jedoch die Art der Umsetzung. Was früher mühsames Sammeln, Sortieren und Verdichten war, übernehmen heute Maschinen in Sekunden und halten unser System gleichzeitig viel leichter aktuell. Damit verschiebt sich unsere Rolle: Wir sind nicht mehr Verwalter, sondern Kuratoren. KI sorgt für Tempo und Breite, wir bringen Tiefe, Kontext und Prioritäten ein.

Und noch etwas ist neu: Wir bauen unser Second Brain nicht mehr nur für uns selbst, sondern auch für unsere KI-Assistenten, die es als Wissensquelle nutzen. Je besser wir dieses Fundament pflegen, desto präzisere und relevantere Ergebnisse können sie uns liefern. So bleibt das Second Brain kein automatisches Abstelllager, sondern ein bewusst gestaltetes System, das technische Effizienz mit menschlichem Urteilsvermögen verbindet.

Was gehört rein, was nicht?

Grundsätzlich packst du in dein zweites Gehirn sämtliche Informationen, die für deine Arbeit relevant sind. Aber was genau ist für deine Arbeit relevant? Hier hast du einen wunderbaren Anstoß, um aus der Vogelperspektive auf deine Rolle im Unternehmen zu schauen. Überlege dir: Was ist der Mehrwert, den ich erbringe und wie genau erbringe ich ihn?

Stell dir vor, du würdest die Dienstleistungen, die du in deinem Job erbringst, extern am Markt anbieten: Welche Dienstleistungen erbringst du? Und für welche davon würdest du das höchste Honorar verlangen, weil sie deinem Kunden den größten Mehrwert bringen? Schreib dir jede deiner Dienstleistungen auf, am besten in einer Reihenfolge, die ihren Wert widerspiegelt.

Als nächstes schreibst du dir auf, welche Schritte bzw. Aufgaben du ausführst, um jede deiner Dienstleistungen zu erbringen. Brich die Aufgaben so weiter herunter, dass du für jeden Teilbereich theoretisch einen KI-Assistenten mit einer genau definierten Wissensbasis bauen könntest, der dich sinnvoll unterstützt. Das können kleinere

Projekte sein, laufende Aufgaben oder bei größeren Projekten einzelne Projektstränge.

Und genau daraus ergibt sich, welches Wissen für dein Second Brain wirklich relevant ist: Relevant ist alles, was dir hilft, deine wertschöpfenden Aufgaben besser zu erledigen – also schneller, präziser, sicherer oder kreativer.

Dabei gilt ein wichtiger Grundsatz: Persönliches Wissen ergänzt, ersetzt aber nicht die zentralen Unternehmenssysteme. Dein „Second Brain" ist kein Ersatz für Tools wie CRM oder ERP. Daten, die ins CRM-System gehören – wie Kundendaten oder Verkaufschancen –, müssen dort erfasst und gepflegt werden. Dein zweites Gehirn soll dein Denken erweitern, nicht die Datenhaltung deines Unternehmens kopieren.

Und schließlich solltest du über das unmittelbare Unternehmenswissen hinausdenken. Viele der wertvollsten Impulse für deine Arbeit entstehen nicht in internen Systemen, sondern „am Rand": in Artikeln, Newslettern, Social-Media-Posts, Podcasts, Fachbüchern, Research-Papern oder Ratgebern. Solche Inhalte verschwinden jedoch schnell wieder im digitalen Rauschen – es sei denn, du fängst sie bewusst ein. Genau dafür nutzen viele Wissensarbeiter heute Sammel- und Lese-Tools wie Readwise. Damit kannst du interessante Inhalte aus nahezu jeder digitalen Quelle erfassen: Webseiten, PDF-Berichte, LinkedIn-Posts, YouTube-Transkripte, Newsletter oder E-Books aus Kindle und Apple Books – und sogar einzelne markierte Passagen aus physischen Büchern per Foto und Texterkennung. Dank integrierter Highlight-Funktionen, automatischer Zusammenfassungen und Suchfunktionen landet das Wichtigste davon strukturiert in deinem Second Brain, statt im Vergessen. Tools wie Readwise sorgen damit dafür, dass externe Impulse nicht als Zufallsfunde verpuffen, sondern zu nutzbarem, anschlussfähigem Arbeitswissen werden.

Welches Wissen benötigen die KI-Assistenten?

KI wird deutlich besser, wenn sie gezielt auf deine kuratierten Dokumente zugreift statt nur auf allgemeines Trainingswissen. Besonders bei Generative AI und beim sogenannten RAG-Ansatz gilt: Qualität schlägt Quantität. Es braucht keine Datenflut – sondern wenige, aber hochwertige, aktuelle und verlässliche Quellen, die wirklich zu deiner Arbeit passen.

Jetzt stellst du dir folgende Frage: Wenn ich heute einen persönlichen Assistenten für jede meiner oben definierten Aufgaben bekommen würde, welche Informationen bräuchte er, um die Aufgaben bestmöglich ausführen zu können?

Egal, welche Dienstleistung du erbringst, es gibt einiges an Hintergrund-Wissen, das dein Assistent für die meisten der Aufgaben benötigt, um möglichst gute Arbeitsergebnisse zu liefern:

- ⋆ Wichtige Informationen zu dir, z. B. deine Rolle im Unternehmen, dein Lebenslauf, deine präferierten Kommunikationsformen, dein Stil, die von dir vertretenen Werte.
- ⋆ Alles Wichtige zu deinem Arbeitgeber, z. B. wie groß ist das Unternehmen, wie ist es global aufgestellt, wie steht es finanziell da, was sind Vision und Strategie, welche Produkte und Dienstleistungen erbringt es?

Das ist das fundamentale Wissen, das du jedem deiner Assistenten mitgibst. Es wird sich hin und wieder ändern, jedoch nicht täglich.

Ab hier differenzierst du nach einzelnen Aufgaben: Je Aufgabe aus deiner Liste überlegst du, welches Wissen du einem persönlichen Assistenten mitgeben würdest, um diese Aufgabe für dich zu erfüllen. Für jede einzelne Aufgabe schreibst du dir auf, welches Wissen dafür notwendig ist: Prozessbeschreibungen, Schnittstellen mit anderen Abteilungen, Ressourcen, Beispiel-Projekte, Fachartikel, Social-Media-Posts, Best Practices, E-Mails, Team-Organigramm, Meeting-Transkripte... Dies ist ein komplett individueller Prozess, der von deinen konkreten Aufgabenstellungen abhängt. Dann beginnst du, das Wissen je Aufgabe systematisch zu erfassen. Dieses Wissen ist hochdynamisch, jeden Tag kommen neue relevante Wissensschnipsel dazu.

Nun hast du für jede Aufgabe das relevante Wissen definiert.

Wie bereite ich das Wissen KI-tauglich auf?

Das Second Brain der Pre-KI-Ära und das Second Brain der Post-KI-Ära haben einen entscheidenden Unterschied. Ohne KI hast du die Informationen so aufbereitet, dass du selbst sie gut auswerten konntest. Jetzt bereitest du sie so auf, dass *du und die KI* sie gut auswerten können.

Sprachmodelle lieben Struktur. Das bedeutet: klare Überschriften, Listen, Absätze und eindeutige Bezeichnungen. Je besser dein Wissen gegliedert ist, desto präziser kann KI darauf zugreifen, es verstehen und verknüpfen.

Um diese Klarheit zu schaffen, ist es besonders hilfreich, deine Dokumente zu formatieren. Eine einfache und besonders wirksame Methode ist das Markdown-Format. Mit simplen Zeichen wie Rauten (#) für Überschriften oder Sternchen (⋆) für Listen gibst du deiner Anweisung eine saubere Struktur. So weiß die KI genau: Das hier ist die Rolle, das ist die Aufgabe und das ist der Kontext. Andere Systeme, insbesondere im Enterprise-Umfeld, bevorzugen manchmal strukturierte Formate wie XML-Tags. Das Prinzip bleibt aber dasselbe: Struktur schafft Klarheit und führt zu besseren Ergebnissen. Hier ein paar Beispiele:

- ⋆ Eine Überschrift beginnt mit einem oder mehreren #-Zeichen.
    - o # steht für eine Hauptüberschrift,
    - o ## für eine Zwischenüberschrift,
    - o ### für eine Unterüberschrift.
- ⋆ Listen beginnst du mit einem – oder *.
- ⋆ Wichtige Begriffe kannst du mit **fett** oder _kursiv_ markieren.

Diese Struktur hilft der KI, deine Inhalte richtig zu gliedern. So erkennt sie sofort, wo ein neues Thema beginnt, welche Punkte zusammengehören und welche Informationen besonders wichtig sind.

Wenn du also deine persönlichen Wissensdokumente, Projektnotizen oder Guidelines in Markdown strukturierst, bereitest du sie automatisch „KI-freundlich" auf. Du musst dafür nichts programmieren, es reicht, deine Texte sauber zu gliedern und konsistent zu beschriften.

So entsteht nach und nach eine Wissensbasis, die nicht nur dir selbst Orientierung gibt, sondern auch deinem digitalen Assistenten: Er kann schneller finden, besser verstehen und intelligenter verknüpfen.

Welche Tools brauche ich?

In der KI-Ära muss dein Toolset nicht komplex sein. Im Gegenteil: Ein einfaches, aber konsequent genutztes Tool, in dem du mit möglichst wenig Aufwand relevante Informationen sammeln und strukturieren kannst, ist oft effektiver als ein überladenes System. Die KI hilft dir später, aus diesen einfacheren Strukturen komplexe Zusammenhänge zu erkennen und zu verdichten. Konzentriere dich auf eine Kernanwendung, die in deiner Unternehmensumgebung sicher und zugelassen ist.

Zudem brauchst du ein in deinem Unternehmen freigegebenes KI-Tool, das es dir mindestens erlaubt, mit eigenen Dokumenten zu chatten und möglichst eigene Assistenten zu erstellen. Hast du auch Zugriff auf Agenten-Funktionalitäten, erweitern sich deine Möglichkeiten noch mehr. Wir gehen hier von Assistenten aus, da dies für die meisten Arbeitnehmer in Deutschland aktuell das realistischste Szenario ist. Hast du für jede Aufgabe das relevante Wissen definiert und in ein gut strukturiertes Dokument gepackt, kannst du beginnen, KI-Assistenten zu erstellen, die dich bei der jeweiligen Aufgabe unterstützen können.

Kontext bleibt dein entscheidender Vorteil

Es scheint wie ein Widerspruch: Einerseits sichert dein implizites Wissen deine Relevanz am Arbeitsplatz, da KI eben dieses Wissen nicht hat. Andererseits hilft dir das Füttern gerade dieser KI mit deinem strukturiert erfassten artikulierbaren impliziten Wissen, deine Produktivität im Arbeitsalltag deutlich zu erhöhen. Wie lässt sich dieser Widerspruch auflösen?

Um KI wirklich produktiv einsetzen zu können, musst du ihr Kontext geben. Das ist unvermeidbar. Dieser Kontext ist jedoch kein statisches Wissen, das man einmal einspeist und dann läuft alles von selbst. Es ist zu einem großen Teil dynamisch, verändert sich ständig und lebt davon, dass du ihn regelmäßig pflegst, aktualisierst und neu bewertest.

Hörst du damit auf, verliert auch der beste Assistent schnell an Wert. Die KI kann ohne dein laufendes, implizites Wissen keine sinnvollen Ergebnisse liefern. Genau deshalb ist dein Job schwer durch KI ersetzbar, solange du deine Rolle so gestaltest, dass sie stark auf diesem lebendigen Kontext basiert.

Deine Aufgabe lautet also: Rolle und Arbeitsweise bewusst so anpassen, dass dein implizites Wissen ein zentraler Bestandteil bleibt. Fütterst du die KI kontinuierlich damit, wird sie zu einem mächtigen Partner. Stellst du die Pflege ein, wird sie wertlos. In dieser Dynamik liegt dein Schutzschild: Nicht die Maschine entscheidet, ob sie dich ersetzt, sondern dein Umgang mit ihr.

Gutes Wissensmanagement ist mehr als Ablage; es ist die Brücke, über die dein Fach- und Erfahrungswissen im Alltag tatsächlich Wirkung entfaltet. Je besser du deine Wissensbasis strukturierst und pflegst, desto besser wird deine Fähigkeit, auch in neuartigen Situationen tragfähige Lösungen zu entwickeln. Wissensmanagement ist also nicht Ersatz für Expertenurteil, es ist dessen Fundament.

Skill-Building: Wie du dein Wissen mit Hilfe von KI aufs (über-)nächste Level hebst

Lernen im Berufsalltag als persönlicher Erfolgsfaktor wird in der KI-Ära immer wichtiger. Mit generativer KI hast du ein Werkzeug in der Hand, das genau dabei unschlagbar ist. Sie ist der fehlende Baustein, der das traditionelle, oft starre Lernen in eine dynamische und interaktive Erfahrung verwandelt.

Bisher sah Lernen im Beruf oft so aus: im Frontalunterricht zuhören, Lern-Videos schauen oder sich durch PDF-Slides klicken, meistens passiv, selten individuell. Das Problem: Unser Gehirn speichert Wissen besser, wenn wir aktiv damit arbeiten, es in kleinen, relevanten Portionen bekommen, idealerweise in verschiedenen Formaten, regelmäßig wiederholen und es schnell anwenden können.

Und genau hier brilliert Generative AI. Weil sie die Schwächen unseres Gehirns im Lernprozess ausgleicht und gleichzeitig seine Stärken maximiert. Frontalunterricht oder ein PDF-Dokument sind statisch, sie bieten dieselben Inhalte für alle, unabhängig von ihrem Vorwissen. Generative AI kann dir das passende Wissen in deinem Tempo, deiner Sprache und deinem Kontext servieren, und zwar genau dann, wenn du es brauchst.

Was soll ich lernen?

Vermutlich hast du schon einige Themen im Kopf, die du gern besser verstehen würdest: Themen deines Berufsalltags, von denen du weißt, dass du nicht mehr up to date bist. Blinde Flecken, die dir immer wieder in Meetings auffallen. Angrenzende Gebiete, die du öfter streifst, aber noch nie vertieft hast. Fragen, die dir deine Kunden gestellt haben oder die du dir schon öfter selbst gestellt hast.

- ⋆ Virale Themen in deinem Fachgebiet/in deiner Branche: KI kann dir helfen, aktuelle Trends und Entwicklungen zu erkennen, die du in deinem Arbeitsalltag vielleicht übersehen würdest. Gib der KI deines Vertrauens z. B. eine Reihe von Social-Media-Posts oder Artikeln, die du dir zuletzt abgespeichert hast, und lass dir daraus interessante Themengebiete vorschlagen.
- ⋆ Angrenzende Themen: KI hilft dir, Zusammenhänge zwischen deinem Fachgebiet und angrenzenden Bereichen herzustellen. So erweiterst du nicht nur dein Wissen, sondern auch deine Problemlösungskompetenz.
- ⋆ Dinge, die dich schon immer interessiert haben, nicht nur im beruflichen Kontext: KI ist nicht nur für deinen Job da. Nutze sie, um deiner Neugier zu folgen und dein Wissen in Bereichen zu vertiefen, die dich persönlich bereichern. Häufig lassen sich überraschende Synergien mit Arbeitsthemen herstellen.
- ⋆ Blinde Flecken: Woher weiß ich denn, was ich nicht weiß? Das ist die Kernfrage, und auch hier ist KI dein perfekter Sparringspartner. Sie kann dein Wissen systematisch abfragen und Schwachstellen aufzeigen, an die du selbst nie gedacht hättest. Sie hilft dir, Blind Spots zu erkennen und zu beheben.

Brauchst du Inspiration, dann sprich mit deinem Chatbot des Vertrauens und nutze ihn als Radar, um Wissenslücken zu identifizieren (und zu schließen). Einige (sehr rudimentäre) Beispiele:

- ⋆ „Teste mein Wissen zu [Thema] mit 10 Fragen in gemischten Formaten (Multiple Choice, offene Fragen, Lückentext) und ansteigendem Schwierigkeitsgrad. Bewerte meine Antworten und schlage vor, welche Unterthemen ich vertiefen sollte."
- ⋆ „Ich glaube, ich kenne mich in [Thema] aus. Stell mir 5 schwierige Verständnisfragen und sag mir danach, in welchen Bereichen ich unsicher bin."
- ⋆ „Simuliere eine Prüfung zu [Thema]. Bewerte jede Antwort direkt, korrigiere Fehler und schlage passende Übungen zur Vertiefung vor."

Hast du deinen nächsten Lernbereich identifiziert? Dann lass uns schauen, wie genau du KI zu deinem Lernbuddy machst.

So machst du KI zu deinem ultimativen Lernbuddy

Während Dokumente und Kurse fix sind, reagiert KI flexibel: Sie überspringt das, was du schon weißt, erklärt schwierige Stellen mehrfach und in unterschiedlichen Formaten und prüft nebenbei, ob du's wirklich verstanden hast. Die KI agiert als dein persönlicher Coach, der sich in Echtzeit auf dich einstellt. Wenn du einen Teil schon beherrschst, überspringt sie ihn einfach und vertieft direkt die Themen, bei denen du noch Unsicherheiten hast. Dies ist die wahre Personalisierung in Echtzeit.

Bevor du das Lernprogramm startest, überlege dir, welches Wissen du der KI mitgeben möchtest. Fragst du einfach so in den Chatbot hinein, bekommst du das, was das Modell beim Training mitbekommen hat. Durch gezieltes Hinzugeben bestimmter Unterlagen oder Videos von Online-Schulungen kannst du die Inhalte wunderbar für dich personalisieren. Schau dir dazu auch noch mal das Beispiel zum Lernen für die Physikprüfung aus Kapitel 5 an.

Um KI als interaktiven Sparringspartner beim Lernen zu nutzen, brauchst du die passende Ansprache. Lass dich von den folgenden Prompt-Schnipseln inspirieren, die verschiedene Elemente des interaktiven Lernens ansprechen:

Elemente interaktiven Lernens

Personalisierte und adaptive Lernpfade Erstelle dir mit KI deinen personalisierten Lernplan, der auch dein Vorwissen berücksichtigt:

> „Frag mich zu Beginn nach meinem aktuellen Wissen zu [Thema] und passe anschließend den Lernplan so an, dass ich nur neue Inhalte vertiefe."

„Erstelle einen Lernpfad zu [Thema], angepasst an meinen Arbeitsbereich [X], mit 10-minütigen Lerneinheiten und steigender Schwierigkeit über 4 Wochen."

Interaktiv statt passiv: Statt nur zuzuhören oder zu lesen, trittst du mit KI in den Dialog: Du stellst Fragen, bekommst Rückfragen, musst selbst formulieren. Das trainiert automatisch Active Recall und kritisches Denken, beides Schlüssel für nachhaltiges Lernen. Dafür erklärst du der KI im Prompt genau die einzelnen Schritte, zum Beispiel:

„Stell mir 5 Fragen zu [Thema] und geh erst zum nächsten Punkt, wenn ich eine Antwort gegeben habe. Wenn meine Antwort unvollständig ist, hilf mir, sie zu verbessern."

„Erkläre mir [Konzept] und schiebe zwischendurch Verständnisfragen ein, um zu prüfen, ob ich noch mitkomme."

Unterschiedliche Formate und Perspektiven Die KI kann dir dein Thema in verschiedensten Formaten aufbereiten, z. B. als Fachtext für Experten, Analogie aus deinem Alltag, Erklärung für eine 5-Jährige, Mindmap, Podcast oder Quiz. Indem du mit verschiedenen Formaten & Perspektiven lernst, erhöhst du die Chance, dass es hängen bleibt. Einfache Beispiele:

„Erkläre mir [Thema] zuerst in drei Sätzen, dann als Alltagsanalogie, dann als kurze Checkliste und zum Schluss als Mini-Quiz."

„Erstelle eine Mindmap zu [Thema], die Führungskräften einen klaren Überblick gibt. Die Struktur soll drei Ebenen umfassen – Hauptthemen, Unterthemen und konkrete Beispiele. Der Stil ist klar, praxisnah und frei von Fachjargon."

Motivation KI kann Inhalte in deinem bevorzugten Stil verpacken – humorvoll, knapp oder wissenschaftlich – und kleine Erfolge sichtbar machen. Das steigert die Lern-Motivation.

> „Erkläre mir die Kernpunkte von [Thema] in einem lockeren, humorvollen Stil, als würdest du sie einem Freund in der Kaffeepause erzählen."

> „Fasse meine Lernfortschritte der letzten Woche zu [Thema] in 3 motivierenden Sätzen zusammen."

Denk daran, dass du deinen kompletten Prompt mit Hilfe deines Chatbots perfekt auf dein persönliches Lernbedürfnis zuschneiden kannst. Du erklärst dem Modell in natürlicher Sprache, was du dir wünschst, probierst aus, bittest um das Ändern bestimmter Aspekte. Gerade beim interaktiven Lernen im Dialog können passgenaue Prompts richtig lang und detailliert werden. Hier lohnt es sich besonders, gemeinsam mit der KI am Prompt zu feilen, damit das Lernerlebnis dich auch länger motiviert und inhaltlich nach vorn bringt.

Wenn du dein Wissen gut strukturierst, hast du den ersten wichtigen Schritt getan: Du schaffst Ordnung in der Informationsflut – und machst dein eigenes Denken überhaupt erst zugänglich. Doch Struktur allein reicht nicht. Wirklich zukunftsrelevant wird dein Wissen erst dann, wenn du es verknüpfen, hinterfragen und neu kombinieren kannst. Genau hier beginnt der nächste Abschnitt: Wie nutzt du das, was du weißt? Wie denkst du in der KI-Ära analytisch, kritisch, kreativ? Genau darum geht's im nächsten Abschnitt.

Analytisches, kritisches & kreatives Denken: Denken für Fortgeschrittene

Wissen ist die Eintrittskarte ins Spiel. Aber um im KI-Zeitalter wirklich zu glänzen, reicht es nicht, die Fakten zu kennen, du musst sie strukturieren, hinterfragen und in neue Zusammenhänge setzen können. Das ist der Weg vom kodifizierten Wissen zum intuitiven Wissen, das durch

KI zum derzeitigen Stand kaum zu ersetzen ist. Genau hier kommt „Denken für Fortgeschrittene“ ins Spiel. KI kann dir 1.000 Türen zeigen. Denken für Fortgeschrittene bedeutet, bewusst zu entscheiden, welche du öffnest, durch welche du gehst und was du dahinter machst.

Analytische Fähigkeiten und kritisches Urteilsvermögen

Die Fähigkeit, komplexe Probleme, Daten oder Situationen systematisch zu zerlegen, Muster und Zusammenhänge zu erkennen, Informationen kritisch zu bewerten, Hypothesen aufzustellen und die richtigen Schlüsse zu ziehen: Analytisches Denken bedeutet, nicht vom Problem erschlagen zu werden, sondern es in handhabbare Teile zu zerlegen und Schritt für Schritt zu bearbeiten. Kritisches Urteilsvermögen hilft dir, Annahmen zu prüfen, Informationen zu bewerten, Verzerrungen (Bias) zu erkennen und Nutzen gegen Risiken abzuwägen. Zusammen sind analytische Fähigkeiten und kritisches Urteilsvermögen ein unschlagbares Team: Sie bilden den Schlüssel zur fundierten Entscheidungsfindung und zur effektiven Problemlösung.

Das Power-Couple für gute Entscheidungen in der KI-Ära

In der KI-Ära, in der wohlformulierte Vorschläge innerhalb von Sekunden maschinell erstellt werden, ist dies ein enorm wichtiger Erfolgsfaktor. Deine KI erstellt dir in Sekunden einen Bericht mit 20 Handlungsempfehlungen. Wer entscheidet, welche davon in deinem Umfeld realistisch, relevant und wirtschaftlich sind? Du. Wer hinterfragt die Annahmen und schätzt die Risiken ein? Du. Analytisches Denken und kritisches Urteilsvermögen filtern das Rauschen und machen aus Daten Entscheidungen.

Beispiel aus dem IT-Projektmanagement-Bereich gefällig? Ein KI-Tool schlägt dir auf Basis von Bug-Reports zehn technische Anpassungen vor. Fünf davon sind dringend, drei würden das System destabilisieren, zwei betreffen Bereiche, die in drei Monaten ohnehin ausgetauscht werden. Analytisches Denken und kritisches Urteilsvermögen helfen dir, diese Faktoren abzuwägen, Abhängigkeiten zu erkennen und einen realistischen Umsetzungsplan zu entwickeln.

Oder auch aus der Marketing-Abteilung: Die KI liefert dir eine umfassende Analyse der Social-Media-Performance mit 25 Optimierungsvorschlägen. Manche sind sofort umsetzbar, andere widersprechen eurer Markenpositionierung oder sind für eure Zielgruppe irrelevant. Analytisches Denken und kritisches Urteilsvermögen bedeuten hier, die Vorschläge zu priorisieren, auf Machbarkeit zu prüfen und in eine kohärente Kampagnenstrategie zu übersetzen.

KI als Co-Worker: So unterstützt dich KI beim analytischen und kritischen Denken

Es gibt viele Wege, wie dich KI beim analytischen und kritischen Denken unterstützen kann. Für Top-Ergebnisse musst du sie jedoch mit Kontext füttern. Du möchtest lieber 3 fundierte Vorschläge als 25 mittelmäßige bis unbrauchbare? Gib der KI eure Brandstrategie, Zielgruppeninformationen und ausgewählte Branchenreports mit. Füge die Engagement-Daten eurer bisherigen Posts bei. Sind die Vorschläge erst mal auf ein überschaubares Maß an sinnvollen Handlungsempfehlungen runtergebrochen, nutzt du die KI zum Brainstorming: Lass dir Pro und Contra geben, die Empfehlung aus Sicht verschiedener Kundenpersonas bewerten, lass die KI ihre Annahmen und Datenquellen auflisten und deren Eignung hinterfragen oder bitte sie um eine „Pre-Mortem-Analyse".

Eine Pre-Mortem-Analyse ist eine Methode, bei der du die KI bittest, einen Projektfehler in der Zukunft zu simulieren. Du sagst: „Stell dir vor, diese Kampagne ist in sechs Monaten gescheitert. Was waren die wahrscheinlichsten Ursachen dafür?" Die KI kann dir Schwachstellen aufzeigen, die du bei deiner ersten Analyse übersehen hast: mögliche technische Probleme, unrealistische Erwartungen oder eine Fehlkommunikation. Du gewinnst dadurch wertvolle Erkenntnisse, bevor du überhaupt mit der Umsetzung beginnst.

Analytisches und kritisches Denken im KI-Zeitalter bedeutet nicht, dass du alles allein durchdenken musst. Es bedeutet, dass du die richtigen Fragen stellst, die KI als Sparringspartner nutzt, um deine Analyse zu beschleunigen und zu vertiefen, und schlussendlich gute Entscheidungen triffst. Du bist der Kapitän, die KI ist dein Co-Pilot und zusammen seid ihr ein unschlagbares Team.

Skill-Building mit KI: So trainierst du deinen analytischen Denk-Muskel und dein kritisches Urteilsvermögen

Wie lernst du, die richtigen Fragen zu stellen, um das Beste aus der KI herauszuholen? Wie wirst du richtig gut in Ad-Hoc-Analysen, wenn du gerade keinen Zugriff auf deinen künstlichen Sparringspartner hast? Indem du deinen analytischen Denk-Muskel trainierst. Und das geht – Überraschung – ziemlich gut mit Hilfe von KI, die dich anhand von fiktiven Szenarien durch ein individuelles Trainingscamp schickt. Bevor wir in die konkreten Ideen gehen, hier noch zwei wichtige Hinweise:

- ⋆ Damit das Trainingsprogramm wirklich auf deine Bedürfnisse zugeschnitten ist, lass dir von deinem Chatbot helfen, den Prompt zu verfeinern. Oft berücksichtigen richtig gute Prompts für solche Aufgabenstellungen viele Aspekte, an die du zunächst gar nicht denkst. Z. B: die Themengebiete, aus denen die Übungsszenarien stammen sollen, die Detailtiefe der Beschreibung der Szenarien, das Komplexitätslevel, die Kriterien, anhand derer die KI deine Antworten evaluiert usw.
- ⋆ Ein häufiges Hindernis, auf das du beim Prompten solcher szenarienbasierter Trainingsprogramme stoßen kannst: Sobald du den Prompt ein zweites Mal laufen lässt, bekommst du ein ähnliches Szenario, schließlich sucht die KI auch hier wieder die beste = wahrscheinlichste Antwort auf deine Anfrage. Bei manchen Modellen reicht die Aufforderung, die Szenarien zu variieren. Bei anderen brauchst du kleine Workarounds, z. B. forderst du das Modell auf, zunächst eine Liste von beispielsweise 50 möglichen Themen für das Szenario zu erstellen. Du wählst eins davon als Startpunkt, die KI geht dann die Reihe nacheinander durch.

Hier bekommst du Inspiration, welche Übungen du mit deinem Lieblings-Chatbot machen kannst:

Drei Übungen

Hypothesen-Sparringspartner

- ⋆ **Ziel:** Die Fähigkeit trainieren, selbstständig plausible Hypothesen zu einem Problem zu entwickeln und deren Gültigkeit zu prüfen.

* **Ablauf:** Die KI gibt ein Problem vor (z. B. „Ein Online-Händler für Sportbekleidung stellt fest, dass die monatlichen Verkaufszahlen für Laufschuhe in den letzten drei Monaten um 20 % gesunken sind, obwohl die Werbeausgaben gleichgeblieben sind. Das Unternehmen hat zudem festgestellt, dass die Konversionsrate auf der Produktseite für Laufschuhe ebenfalls stagniert."). Du antwortest mit drei möglichen Erklärungen. Die KI bewertet dann jede Hypothese, fragt nach Daten zur Überprüfung und schlägt weitere mögliche Hypothesen vor.

„Ich möchte mein analytisches Denken trainieren. Ich werde die Rolle des Problemlösers übernehmen. Bitte erstelle mir ein Trainingsprogramm. Der Ablauf ist wie folgt: Du gibst mir ein komplexes geschäftliches Szenario vor, das ein Problem beschreibt. Danach forderst du mich auf, drei unterschiedliche Hypothesen zu formulieren. Danach wirst du meine Hypothesen bewerten und hinterfragen. Bitte achte darauf, dass die Szenarien von Runde zu Runde deutlich variieren."

* **Trainingseffekt:** Du bist gezwungen, analytische Erklärungen zu finden, und die KI hilft dir, deine Gedanken zu schärfen.

Pre-Mortem-Analyse reversed:

* **Ziel:** Die Fähigkeit trainieren, proaktiv Risiken zu erkennen und dich mental auf potenzielle Probleme vorzubereiten.
* **Ablauf:** Die KI gibt ein bevorstehendes Projekt vor (z. B. „Dein Team plant, in drei Monaten eine interne Wissensdatenbank einzuführen." oder „Du organisierst mit einer Gruppe von Freunden ein kleines Musikfestival in deiner Stadt"). Du nennst drei realistische Gründe, warum es scheitern könnte. Die KI bewertet deine Argumente, nennt dir weitere, möglicherweise übersehene Risiken und fragt nach Möglichkeiten, diese Risiken von vornherein zu minimieren.

„Ich möchte die Pre-Mortem-Analyse üben. Ich werde die Rolle des Risikoanalytikers übernehmen. Bitte gib mir ein Projektszenario vor, in dem ein Projekt kurz vor dem Start steht. Das Projekt kann aus dem beruflichen oder privaten Bereich kommen. Fordere mich dann auf, drei Gründe zu nennen, die zum Scheitern dieses Projekts führen könnten. Danach wirst du meine Analyse bewerten und ergänzen."

- ⋆ **Trainingseffekt:** Du denkst vorausschauend, identifizierst Schwachstellen in deinen Plänen und lernst, deine eigenen Annahmen kritisch zu hinterfragen.

Bias-Hunter:

- ⋆ **Ziel:** Das kritische Urteilsvermögen trainieren, indem du gezielt Fehler und Voreingenommenheit in KI-generierten Informationen erkennst.
- ⋆ **Ablauf:** Die KI generiert einen Bericht mit bewussten Fehlern (z. B. Wachstumsrate ohne Kontext, Verwechslung von Korrelation mit Kausalität, bewusste Falschaussage). Du liest den Bericht und identifizierst die Fehler. Die KI bestätigt deine Treffer, offenbart alle beabsichtigten Fehler und erklärt die Logik dahinter, um dein Verständnis zu vertiefen.

„Ich möchte meinen kritischen Blick schärfen. Bitte nimm die Rolle eines Junior-Analysten an und erstelle einen Bericht über ein Marketing-Thema, der drei subtile, aber absichtliche Fehler enthält: eine ungenaue Statistik, eine falsche Schlussfolgerung und eine sachliche Ungenauigkeit. Fordere mich dann auf, diese Fehler zu finden."

- ⋆ **Trainingseffekt:** Du lernst, KI-generierte Inhalte nicht blind zu akzeptieren. Stattdessen schärfst du deinen Blick für Widersprüche, Fehlschlüsse und Ungenauigkeiten.

Ähnlich wie in diesen Beispielen gibt es zahlreiche weitere Möglichkeiten, analytisches Denken und kritisches Urteilsvermögen im

Tandem mit der KI zu üben, z. B. in Form von SWOT-Analysen oder Case-Study-Methoden. Hier kannst du richtig kreativ werden. Du hast in einem Coaching ein neues Denkmodell gelernt, im Meeting hat dich ein Kollege mit einem ziemlich genialen Denk-Twist überrascht oder ein Reporter beeindruckt dich, wie er einen Lobbyisten in einem Live-Interview beim bewusst irreführenden Storytelling mit Hilfe einer Statistik entlarvt? Überleg dir einen passenden Prompt und übe mit der KI weiter.

Kreatives Denken – Das MacGyver Mindset

Eine tickende Zeitbombe, ein verschlossener Raum und nichts weiter als eine Büroklammer, ein Kaugummi und ein Schweizer Taschenmesser. Für die meisten eine ausweglose Situation. Für MacGyver der Beginn eines genialen Plans. Er sah nicht nur die Einzelteile, sondern ihre ungeahnten Möglichkeiten jenseits des Offensichtlichen. Genau das ist die Essenz von Kreativität: Neuheit × Nützlichkeit.

Was kreatives Denken bedeutet und warum es in der KI-Ära unverzichtbar ist

Im Arbeitsalltag begegnet dir diese Fähigkeit weit über buntes Brainstorming hinaus:

- Wenn du ein festgefahrenes Kundenproblem auf unkonventionelle Weise löst.
- Wenn du einen Prozess nicht nur optimierst, sondern von Anfang an neu denkst.
- Wenn du in einer Verhandlung spontan auf ein Gegenargument reagierst und so den Gesprächsfluss drehst.

Kreatives Denken verbindet Unerwartetes, bricht Routinen auf und landet dennoch bei Lösungen, die funktionieren. Kein Zufall, dass eine spanische Studie (2021) mit 200 Professionals aus verschiedensten Branchen zeigte: Menschen mit hoher kreativer Denkfähigkeit sind signifikant erfolgreicher im Beruf. [86]

Die Versuchung ist groß: Mit Generative AI kannst du heute in Sekundenschnelle Inhalte erzeugen, die auf den ersten Blick verblüffend „kreativ“ wirken. Wenn du z. B. mit generativen Bildgenerierungsmodellen der neuesten Generation herumgespielt hast, kennst du sicher die Schieberegler, mit denen du die Ergebnisse anpassen kannst. Dazu gehört bei vielen „weirdness“ so oder ähnlich ausgedrückt, d. h. wie unkonventionell soll mein Ergebnis sein? Und „unkonventionell“ beschreibt die Ergebnisse zum Teil wirklich gut, seien es Möbelstücke in Avocadoform oder abgefahrene Traumwelten.

Bilder kreiert mit Midjourney V7 bzw. Open AI DALL-E 3 und folgenden Prompts: „a chair shaped like an avocado, pale yellow wood texture, Scandinavian design aesthetic, elegant modern design, natural textures and colors, studio lighting, minimal background, ultra-realistic materials, 8K detail, soft shadows, product photography style“; „A cinematic shot of a path leading into unknown territory“; „A young goat girl walking along a forest path on two legs, wearing a rustic orange dress and hiking boots, carrying a tiny crossbody bag, natural lighting, detailed fur texture, cinematic atmosphere, woodland background, soft focus, realistic photography style, warm tones“.

Ein aktuelles Forschungsergebnis (2024) zum Designbereich bestätigt dies: Designs, die mit generativer KI erstellt wurden, galten als kreativer und unkonventioneller. Jedoch: Bei visueller Attraktivität, Nützlichkeit und Markenkonformität schnitt die KI keineswegs besser ab als rein menschlich erstellte Designs. Dies deutet auf eine Entkopplung von Neuheit und Nützlichkeit hin, beides Schlüsselkomponenten echter Kreativität. Die KI war also in diesem speziellen Kontext gut darin, das Ungewöhnliche zu produzieren, aber die Relevanz und Anwendbarkeit für den realen Kontext gelang ihr (noch) nicht. [87] Auch hier gilt also wieder: Im Team mit KI, kannst du großartige Ergebnisse erzielen – aber du bleibst im Driver’s Seat.

Co-Working mit KI: Kreatives Brainstorming

Wenn du die KI gezielt in die richtige Richtung lotst, kann sie eine wertvolle Hilfe sein. Für die kreative Problemlösung haben sich zahlreiche Methoden etabliert, die zu messbar besseren Ergebnissen führen. Diese kannst du mit der KI gemeinsam durchlaufen:

Ein gezielter Perspektivwechsel kann den Blick erweitern, blinde Flecke sichtbar machen und damit neue Lösungsansätze eröffnen und die Qualität von Entscheidungen steigern.

Bitte die KI um die Perspektive verschiedener Rollen und Personas, entweder ad hoc oder du gibst ihr eine vordefinierte Liste, die sich bewährt hat. Beispiele:

- „Betrachte dieses Problem aus den folgenden Perspektiven: (1) aus Sicht des Kunden oder Endnutzers, (2) aus Sicht eines Kollegen aus einer anderen Abteilung, (3) aus Sicht eines externen Branchenexperten oder Wettbewerbers. Beschreibe, welche Chancen, Risiken und Lösungsansätze sich aus jedem Blickwinkel ergeben könnten."
- Oder: „Wie würde ein Ingenieur dieses Problem angehen? Wie ein Künstler? Wie ein Grundschullehrer?" Die Ergebnisse sind oft überraschend und können deine eigenen Gedanken in neue Richtungen lenken. Du kannst die verschiedenen Experten natürlich auch mit der KI gemeinsam brainstormen; z. B. „Ich möchte eine Frage aus Sicht möglichst vieler verschiedener Experten-Perspektiven betrachten. Welche schlägst du mir vor für meine Frage „Warum ist der Himmel blau?" Hier geben dir manche Modelle etliche Ideen, vom Astrophysiker über den Meteorologen bis zum Fotografen, Maler und Kindergartenpädagogen.
- Eine beliebte Methode ist es auch, komplette Personas, z. B. von Kunden, zu generieren und die Fragestellung aus deren Sicht zu betrachten.
- Hier könntest du z. B. prompten: „Erstelle für [Produkt/Dienstleistung] mindestens drei unterschiedliche Kundenpersonas, die jeweils eine relevante Zielgruppe repräsentieren. Beschreibe für jede Persona kurz demografische Merkmale, Bedürfnisse, Kaufmotive, mögliche Hürden sowie typische Erwartungen an unser Angebot. Achte darauf, dass die Personas sich klar voneinan-

der unterscheiden und realistisch wirken. Nutze diese Personas anschließend, um das Problem aus deren jeweiliger Sicht zu analysieren und Lösungsansätze abzuleiten.“

Darüber hinaus existieren zahlreiche weitere Methoden, die dir helfen, deine Gedanken in kreative Bahnen zu lenken. Bitte die KI jeweils, die entsprechende Methode auf dein Problem, dein Produkt, deine Dienstleistung oder deinen Prozess anzuwenden.

- Die 6-Hüte-Methode von Edward de Bono hilft, ein Problem aus verschiedenen Perspektiven zu betrachten.
- Mind Mapping macht Ideen und Zusammenhänge sichtbar, während
- First Principles Thinking dazu anregt, Probleme in ihre Grundelemente zu zerlegen und Gewohnheiten zu hinterfragen, ein direkter Weg zu originellen Lösungen.

Diese drei sind nur einige Beispiele, du kannst gemeinsam mit dem Chatbot deines Vertrauens jederzeit weitere Methoden brainstormen und ausprobieren.

Skill-Building mit KI: Wie wir unsere eigene Kreativität boosten

Hast du das auch schon erlebt: „Ich bin leider nicht so kreativ“, sagt dein Kollege, während er dir mit gesenktem Blick die Karte zum Formulieren der Glückwünsche an die frisch verheiratete Kollegin rüberschiebt? Kreativität wird oft als schicksalhaft verteilte Gabe angesehen, entweder du hast es, oder du hast es eben nicht. Die gute Nachricht: Kreativität ist keine angeborene Lotterie, sondern lässt sich trainieren, das belegen etliche Studien. Große Meta-Analysen zeigen, dass gezielte Programme dich messbar kreativer machen können. [138]

Und das Trainieren lohnt sich, denn: Kreativität zeigt sich oft in der Spontanität des menschlichen Austauschs. Im Kundengespräch, bei der schnellen Problemlösung im Team oder in der Verhandlung mit Partnern müssen wir blitzschnell reagieren, empathisch zuhören und oft ad hoc kreative Lösungen finden. Hier können wir nicht erst eine KI konsultieren, um uns Brainstorming-Vorschläge liefern zu lassen. Diese improvisierte, situative Kreativität ist zutiefst menschlich und entscheidend für unseren Erfolg in dynamischen Interaktionen.

KI kann dein Sparringspartner für ein länger angelegtes Kreativitäts-Lernprogramm sein. Richtig gepromptet lässt dich die KI interaktiv im Dialog über längere Zeiträume täglich neue Kreativitäts-Challenges lösen, über die du dein kreatives Denkvermögen stärken kannst: Seien es spontane Antworten auf von der KI vorgegebene Fragen, das kreative Weiterspinnen von Storylines, die dir die KI als Basis gibt, oder das Anwenden von konkreten Methoden (z. B. die oben genannten) auf von der KI vorgegebene Szenarien.

KI als Sparringspartner

„Erstelle ein interaktives 30-Tage-Trainingsprogramm für kreatives Denken, bei dem du als Coach agierst. Jeden Tag sollst du eine kurze, machbare Mini-Challenge stellen, die auf einer anerkannten Kreativtechnik basiert (z. B. Random-Wortpaar-Story, Szenario-Entstehung, Alternative Nutzung, Perspektivwechsel, SCAMPER, Was-wäre-wenn, Verbotene Lösung, Ideen-Remix). Die Aufgaben sollen abwechslungsreich sein und unterschiedliche Denkfähigkeiten trainieren (assoziatives Denken, Perspektivwechsel, Problemlösungsflexibilität, Innovation). Gib die Aufgabe klar formuliert aus, erwarte eine Antwort, und bewerte diese anschließend realistisch und konstruktiv – mit Fokus auf Originalität, Machbarkeit und Klarheit, ohne übertriebene Begeisterung. Am Ende jeder Tagesaufgabe soll ein kurzer Verbesserungsvorschlag stehen. Plane die 30 Tage so, dass Schwierigkeit und Komplexität im Laufe des Programms leicht ansteigen. Nutze eine Mischung aus seriösen Business-Beispielen und überraschenden Alltags-/Privatbeispielen, um die Übertragbarkeit zu zeigen."

So könnten z. B. die täglichen Mini-Challenges aussehen:
Beispiel „Alternative Nutzung"

KI (Aufgabe): „Dein Gegenstand heute: ‚Taschenlampe'. Finde mindestens 5 alternative Nutzungsmöglichkeiten, die nichts mit Licht zu tun haben."

Du „Türstopper, Schlaginstrument, Mikrofon-Attrappe, Wanderstock, Hundespielzeug."

KI (Feedback): „Originalität: 6/10 – gute Ideen, einige naheliegend. Machbarkeit: 8/10 – fast alles sofort umsetzbar. Klarheit: 9/10 – klare Liste. Verbesserungstipp: Versuche, eine völlig absurde, aber funktionierende Nutzung einzubauen, um die Spannweite zu erhöhen."

Beispiel „Verbotene Lösung"

KI (Aufgabe): „Problem: Ein Café verliert Kunden, weil der Kaffee zu bitter schmeckt. Die Lösung ‚Bessere Bohnen kaufen' ist verboten. Finde 3 alternative Ansätze."

Du „Mehr Milchvarianten anbieten, neue Brühmethoden ausprobieren, Kaffeerezepte mit Süßspeisen kombinieren."

KI (Feedback): „Originalität: 6/10 – der dritte Ansatz bringt eine neue Erlebnis-Komponente ins Spiel. Machbarkeit: 9/10 – alle drei Ideen sofort testbar. Klarheit: 9/10 – gut lesbar und strukturiert. Verbesserungstipp: Denke zusätzlich an atmosphärische oder Marketing-Ideen, z. B. ein ‚Bitter & Proud'-Thema, das den Geschmack bewusst inszeniert."

So interpretierte ein beliebter Chatbot die Aufgabe:

Erstelle ein interaktives 30-Tage-Trainingsprogramm für kreatives Denken, bei dem du als Coach agierst.
Jeden Tag sollst du eine kurze, machbare Mini-Challenge stellen, die auf einer anerkannten Kreativtechnik basiert (z. B. Random-Wortpaar-Story, Szenario-Entstehung, Alternative Nutzung, Perspektivwechsel, SCAMPER, Was-wäre-wenn, Verbotene Lösung, Ideen-Remix).
Die Aufgaben sollen abwechslungsreich sein und unterschiedliche Denkfähigkeiten trainieren (assoziatives Denken, Perspektivwechsel, Problemlösungsflexibilität, Innovation).
Gib die Aufgabe klar formuliert aus, erwarte eine Antwort, und bewerte diese anschließend realistisch und konstruktiv - mit Fokus auf Originalität, Machbarkeit und Klarheit, ohne übertriebene Begeisterung.
Am Ende jeder Tagesaufgabe soll ein kurzer Verbesserungsvorschlag stehen.
Plane die 30 Tage so, dass Schwierigkeit und Komplexität im Laufe des Programms leicht ansteigen.
Nutze eine Mischung aus seriösen Business-Beispielen und überraschenden Alltags-/Privatbeispielen, um die Übertragbarkeit zu zeigen.

Perfekt — du bekommst von mir ein **30-Tage-Kreativtraining** mit klarer Dramaturgie, realistischen Mini-Challenges und einem Coaching-Stil, der ehrlich, konstruktiv und ohne übertriebene Lobhudelei ist.
Ich erkläre dir kurz den Aufbau, danach siehst du Tag 1 sofort einsatzbereit.

🎯 Ziel des Programms

In 30 Tagen trainierst du:

- Assoziationskraft
- Perspektivwechsel
- Problemlösungsflexibilität
- Experimentierfreude
- Strukturierte Kreativität (SCAMPER, Morphologischer Kasten etc.)

Das Programm ist so konzipiert, dass du **täglich eine kleine Übung (5–10 Minuten)** machst und direkt Feedback bekommst.
Ich agiere als dein **Kreativ-Coach**: Ich stelle die Aufgabe → du antwortest → ich bewerte realistisch und gebe einen kurzen Verbesserungsvorschlag.

🔄 Progression

Phase	Tage	Fokus	Schwierigkeit
1️⃣ Einstieg	1–10	Assoziation, Spontaneität, Ideenfluss	leicht
2️⃣ Vertiefung	11–20	Perspektivwechsel, Variation, SCAMPER	mittel
3️⃣ Anwendung	21–30	Komplexere Szenarien, Business-Bezug, Ideen-Kombination	anspruchsvoller

Tag 1 – „Zufalls-Duo"

Technik: Random-Wort-Kombination (assoziatives Denken)
Ziel: Schnell Brücken zwischen scheinbar unvereinbaren Dingen bauen.

Aufgabe:
Kombiniere die beiden Wörter
👉 „**Kaffeemaschine**" und „**Wolke**"
und entwickle daraus **eine neue Produkt- oder Service-Idee**, die theoretisch am Markt bestehen könnte.
Max. 5 Sätze.

Beispiel (nicht zur Nachahmung): „Ein Abo-Dienst, der je nach Wetterlage automatisch den passenden Kaffee verschickt."

👉 **Beschreibe in 3–5 Sätzen deine Idee zu „Kaffeemaschine + Wolke".**

Danach bewerte ich sie nach:

- **Originalität**
- **Machbarkeit**
- **Klarheit**
  und gebe dir **einen Verbesserungstipp**.

Möchtest du, dass ich nach jeder Aufgabe automatisch mit **Tag 2** weitermache, sobald ich deine Antwort bewertet habe?

Kreatives, kritisches und analytisches Denken sind die Werkzeuge, mit denen du komplexe Probleme aus verschiedenen Blickwinkeln beleuchtest. In einer Welt, in der alles mit allem verbunden ist, endet Denken jedoch nicht an der Grenze einzelner Themen.

Die Systemtheoretikerin Donella Meadows – eine der prägendsten Stimmen des systemischen Denkens – hat dieses Prinzip mit einem starken Bild beschrieben: dem Eisberg. Was wir sehen – ein Ereignis, ein Trend, ein sichtbares Ergebnis – ist nur die kleine Spitze über der Wasserlinie. Darunter liegen tiefere Schichten: wiederkehrende Muster, Strukturen und Denkmodelle, die bestimmen, warum Dinge immer wieder auf dieselbe Weise geschehen. Wer lernen will, wirklich systemisch zu denken, muss also unter die Oberfläche tauchen.

Willkommen in der nächsten Denkstufe: Vernetztes Denken. Hier geht's nicht mehr darum, Puzzleteile zu analysieren – sondern das ganze Bild zu sehen. Die Kunst besteht darin, Muster zu erkennen, bevor sie jemand benennt, und zu verstehen, wie alles mit allem zusammenhängt.

Vernetztes Denken – Die großen Zusammenhänge

Stell dir vor, du bist Architekt und entwirfst ein Haus, ohne zu wissen, wie tief das Fundament gelegt werden muss, wo die Stromleitungen verlaufen oder ob die Statik dein Design überhaupt trägt. Du planst eine gläserne Dachterrasse und einen Panorama-Außenaufzug, während die Stadtplanung noch über die Baugenehmigung verhandelt. Klingt absurd, oder? Genau so arbeiten wir oft in Unternehmen: Wir optimieren unseren eigenen Bereich, ohne zu erkennen, wie er mit dem großen Ganzen verzahnt ist.

In der KI-Ära könnte sich diese Tendenz noch verstärken. In einer Welt, in der KI einzelne Probleme blitzschnell lösen kann, ist es leicht, den Blick für das Gesamtsystem zu verlieren. Genau das führt jedoch zu Fehlentscheidungen und genau hier schlägt deine menschliche Stärke zu.

Was vernetztes Denken bedeutet und warum es für beruflichen Erfolg so wichtig ist

Vernetztes Denken ist die Fähigkeit, ein Problem oder eine Aufgabe nicht isoliert zu betrachten, sondern als Teil eines größeren Gefüges, mit allen Wechselwirkungen, Abhängigkeiten und Perspektiven.

Im Alltag heißt das: Du erkennst, wie dein Projekt in Prozesse, Ressourcenketten, Kundenbeziehungen und strategische Ziele eingebettet ist. Du verfügst über Organisationsbewusstsein und verstehst, wie eine Änderung an einer Stelle Auswirkungen auf viele andere hat.

Das bringt dir entscheidende Vorteile:

- ⋆ Bessere Entscheidungen: Du betrachtest ein Problem oder eine Aufgabe nicht isoliert, sondern schätzt die Folgen im Gesamtzusammenhang ein.
- ⋆ Frühwarnsystem im Kopf – Du erkennst Wechselwirkungen, bevor sie eskalieren.
- ⋆ Effektive Priorisierung – Du weißt, welche Stellschrauben den größten Hebel haben, und vermeidest, dich in Nebenschauplätzen zu verlieren.
- ⋆ Bessere Kooperation – Du weißt, wie deine Arbeit auf die Ziele anderer einzahlt, was Reibung reduziert und kooperative Zusammenarbeit stärkt.

Eigentlich scheint KI perfekt dafür geeignet, in großen Zusammenhängen zu denken. KI kann schließlich mehr Kontext aufnehmen als ein Mensch jemals verarbeiten kann. Und tatsächlich: Menschen sind begrenzt in der Menge an Informationen, die sie gleichzeitig im Kopf behalten und verknüpfen können.

KI als Co-Worker: So hilft sie dir beim Satellitenblick fürs Tagesgeschäft

Mit Zugriff auf alle relevanten Projektdatenbanken, Kommunikationsprotokolle, Pläne und historischen Erfahrungen kann KI mehr Variablen gleichzeitig analysieren und Muster finden, die Menschen leicht übersehen.

Unter bestimmten Umständen kann KI dir in abgrenzbaren Projekten deshalb sehr gut helfen, den Überblick zu behalten. Nämlich dann, wenn zumindest:

- ⋆ Die grundlegenden Annahmen über den Projektverlauf stabil bleiben,
- ⋆ die relevanten Daten vollständig, aktuell und digital verfügbar sind,
- ⋆ Prozesse klar beschrieben und Rollen eindeutig zugeordnet sind,
- ⋆ Meilensteine eindeutig definiert und messbar sind,
- ⋆ Abhängigkeiten zwischen Aufgaben dokumentiert sind,

- Entscheidungen überwiegend auf messbaren Kriterien beruhen.

In solchen Projekten könnte KI die Abhängigkeiten und Wechselwirkungen automatisch visualisieren und berücksichtigen, Szenarien simulieren und dir Big-Picture-Dashboards liefern, die du sonst mühsam selbst zusammensuchen müsstest.

Du siehst dich schon wie in den Filmen: Du stehst in einem halbdunklen Raum, umgeben von schwebenden Hologramm-Bildschirmen. Mit einer leichten Bewegung deines Zeigefingers schiebst du Projektpläne, Zeitachsen und Abhängigkeitsdiagramme hin und her, zoomst mühelos vom Detail in die Vogelperspektive und verknüpfst Informationen aus völlig verschiedenen Quellen, alles in Echtzeit, alles im Blick. Mission-Control im Großraumbüro: Du in der Schaltzentrale des Excel-Universums.

Und jetzt wieder aufwachen. Wer jemals einen Fuß in eine größere Organisation gesetzt hat, weiß, dass die Wahrscheinlichkeit dafür verschwindend gering ist. Die Realität sieht oft so aus: Viele Informationen sind nur in Köpfen, in Gesprächsnotizen oder versteckt in unstrukturierten Dokumenten. Prioritäten ändern sich im laufenden Betrieb und ein Großteil des entscheidenden Kontextes ist implizit, also weder dokumentiert noch digital verfügbar. Politische Themen im Unternehmen sind in der Realität oft deutlich entscheidender für den Projekterfolg, als wir das gerne hätten, und solche Faktoren entziehen sich in der Regel der Analyse durch KI.

In diesen Situationen kann KI vor allem bei einzelnen Teilschritten helfen, etwa beim Strukturieren von Gedanken, beim Zusammenfassen von Statusberichten oder beim Durchspielen von Perspektiven. Schau also, wo du Teilschritte findest, die gut digital dokumentiert sind, und lass die KI einzelne Arbeitsschritte übernehmen.

Beispiele:

- In einem internationalen Projekt mit 20 Standorten kann KI automatisch alle Statusberichte zusammenführen, die Ergebnisse mit dem Projektplan abgleichen und dir in Minuten eine Übersicht zusammenstellen inklusive Risiken für die Timeline, etwas, wofür Menschen Stunden bräuchten.
- Sie kann auch „Was-wäre-wenn"-Szenarien simulieren („Was passiert, wenn wir Prozess Y um 20 % beschleunigen: Welche unerwarteten Effekte könnte das haben?") und dir mögliche

Kettenreaktionen aufzeigen, die du anschließend mit deinem Hintergrundwissen prüfst. Oder sie erstellt dir ein Prozess-Chart, das du für die nächste Abstimmungsrunde nutzen kannst.

Die KI liefert dir brillante Details, aber das große Ganze zu erkennen und die richtigen Schlüsse zu ziehen, bleibt deine Aufgabe. Es ist deine Verantwortung, der Pilot im Cockpit der KI zu bleiben. Du gibst das Ziel vor, interpretierst die Daten der Instrumente und behältst die finale Kontrolle.

Skill-Building mit KI: Wie du mit KI-Unterstützung deinen inneren Drohnenflug übst

Häufig geht es ja auch gar nicht darum, dass du ein Großprojekt leitest, sondern darum, zu erkennen, warum ihr euch im Team-Meeting bei einem Thema verbeißt und nicht weiterkommt, was den Kunden noch davon abhält, eure Dienstleistung zu kaufen usw. Auch hier kann dir die KI helfen.

- Tool-Freigabe hängt fest: Du brauchst dringend ein neues Analysetool, aber die Informationssicherheit blockt seit Wochen. Statt nur zu hadern, fragst du dich: Welche Bedenken stecken dahinter? Wer muss überzeugt werden? Welche Prozesse muss das Tool durchlaufen? Du erkennst: Die IT-Security hat keine Ressourcen für die Prüfung und die Genehmigung hängt an einer Person, die gerade in einem anderen Großprojekt steckt. Lösung: Du priorisierst deine Anfragen neu, lieferst gezielt die fehlenden Unterlagen und stellst die Verbindung zu einem internen Fürsprecher her.
- Kunde zögert beim Kauf: Das Angebot ist raus, die Gespräche liefen gut; trotzdem kommt kein Auftrag. Vernetztes Denken heißt hier: Du betrachtest den Kunden nicht als Einzelperson, sondern als Teil seines eigenen Systems. Welche internen Abhängigkeiten, Budgets, Stakeholder spielen mit? Du bekommst mit, dass die Finanzabteilung des Kunden erst auf grünes Licht aus der Konzernzentrale warten muss. Ergebnis: Du passt deine Kommunikation an, lieferst Materialien für den internen Entscheidungsprozess und bleibst proaktiv im Spiel.

* Team-Meeting tritt auf der Stelle: Ihr diskutiert seit 30 Minuten über ein Detail, ohne voranzukommen. Statt dich in der Diskussion zu verlieren, zoomst du heraus: Ist das überhaupt das zentrale Problem? Welche übergeordneten Ziele hat das Meeting? Du erkennst: Ihr habt eine Abzweigung genommen und diskutiert am Ziel vorbei. Mit dieser Erkenntnis lenkst du die Runde auf eine Klärung der Prioritäten, bevor ihr ins Detail geht.

Das „Rauszoomen" aus deiner individuellen Situation ist ein mentaler Muskel, der trainiert werden möchte. Um vernetztes Denken zur Gewohnheit zu machen, lohnt sich ein strukturiertes Denkmodell. Ein besonders intuitives Framework für systemisches Denken ist DSRP von Derek und Laura Cabrera. Es hilft, komplexe Zusammenhänge greifbar zu machen, weil es auf universellen Denkmustern beruht, die sich leicht auf viele Situationen übertragen lassen. Es eignet sich ideal für das Training mit einer KI, weil es einfache Regeln hat, die du leicht anwenden und wiederholen kannst, um deine Fähigkeit zum systemischen Denken nachhaltig zu stärken. Das Framework zerlegt die Komplexität der Welt in vier universelle Muster, die jeder von uns anwenden kann:

* Distinctions (Unterscheidungen)
* Systems (Systeme)
* Relationships (Beziehungen) und
* Perspectives (Perspektiven).

Durch die bewusste Anwendung dieser vier „Denkregeln" gewinnst du eine klare, ganzheitliche sowie fundierte Analyse und das ist die Grundlage für jede gute Entscheidung.

Anwendung in der Praxis: Ein Beispiel aus dem Projektmanagement

Stell dir vor, du bist in der IT-Projektleitung und stellst fest, dass dein Team Schwierigkeiten hat, die Fristen für ein neues Software-Release einzuhalten. Dein erster Impuls wäre, dem Team mehr Druck zu machen. Aber der systemische Denker in dir sagt: Halt. Werfen wir einen Blick auf das ganze System.

* Distinctions (Unterscheidungen): Was ist das Problem? Was ist es nicht? Was gehört dazu, was nicht? Du trennst das Symptom (die Verzögerung) von der eigentlichen Ursache. Das Problem

ist nicht „ein langsames Team“, sondern „die ineffiziente Zusammenarbeit zwischen den Abteilungen“.

- Systems (Systeme): Frage dich: Welche Teile bilden das System? Welches größere System umgibt sie? Du zerlegst das System. Die Verzögerung ist nicht isoliert, sondern ein Teil eines größeren Gefüges. Die Teile sind das Entwicklungsteam, die Qualitätsprüfung (QA), das Marketingteam, die Projekt-Roadmap und die externen Abhängigkeiten (z. B. von Zulieferern).
- Relationships (Beziehungen): Frage dich: Wie beeinflussen sich die Teile gegenseitig? Welche Ursache-Wirkungs-Zusammenhänge gibt es? Du identifizierst die Wechselwirkungen. Wie beeinflusst die späte Einbindung der Qualitätssicherung die Arbeit der Entwickler? Wie wirkt sich die Verzögerung auf die geplante Marketingkampagne aus? Du verstehst, dass es sich um ein Netzwerk von Abhängigkeiten handelt und eine isolierte Lösung nicht ausreicht.
- Perspectives (Perspektiven): Frage dich: Wer sind die verschiedenen Stakeholder? Aus welchem Blickwinkel betrachten sie das Problem? Du betrachtest das Problem aus verschiedenen Blickwinkeln. Was empfindet das Entwicklungsteam? Welche Konsequenzen fürchtet das Marketingteam? Was erwartet die Geschäftsführung? Und welche Prioritäten haben die Kunden?

Nachdem du diese vier Schritte durchlaufen hast, ist das Ergebnis nicht „mehr Druck“, sondern bessere Abstimmungsprozesse, eine angepasste Roadmap und frühere QA-Einbindung. Es ist eine fundierte Strategie, die alle Aspekte berücksichtigt, von der Optimierung der Abstimmungsprozesse bis hin zu einer realistischeren Kommunikation mit den Stakeholdern. Du hast das Problem nicht nur oberflächlich, sondern ganzheitlich gelöst.

KI kann dir dabei helfen, das DSRP-Framework zu verinnerlichen, indem sie dich in simulierten Szenarien durch den Prozess leitet und deine Antworten kritisch würdigt. Hier sind zwei einfache beispielhafte Startprompts nebst Übungsablauf für dich.

Zwei Beispiele aus dem DSRP-Framework

Der DSRP-Coach:

- **Ziel** ist es, die systematische Anwendung des Frameworks zu verinnerlichen.

„Ich möchte die DSRP-Methode üben. Gib mir ein komplexes Szenario aus dem Projektmanagement (z. B. eine unerwartete Verzögerung bei einem Software-Rollout). Ich werde das Problem anhand der DSRP-Regeln analysieren, und du wirst meine Antworten bewerten, ergänzen und kritische Rückfragen stellen."

- **Ablauf:** Die KI liefert dir ein detailliertes Szenario. Du arbeitest dich durch die vier DSRP-Schritte. Die KI agiert als dein Coach, der dich führt, fehlende Informationen abfragt und deine Logik hinterfragt.
- **Trainingseffekt:** Du trainierst, automatisch in Zusammenhängen zu denken und die Komplexität eines Problems in überschaubare Teile zu zerlegen.

Szenarien-Simulation:

- **Ziel:** Diese Übung trainiert die vorausschauende Denkweise, indem du die Auswirkungen von Entscheidungen simulieren lässt.

„Wir sind Projektmanager in einem Unternehmen, das ein neues KI-Tool einführen will. Nimm die Rolle des Teams an und simuliere eine Diskussion über mögliche Risiken. Ich möchte die Auswirkungen einer unzureichenden Mitarbeiterschulung auf das Gesamtsystem analysieren. Bitte beleuchte die potenziellen Folgen für die Produktivität, die Teamdynamik und die Qualität der Arbeitsergebnisse."

- **Ablauf:** Die KI generiert eine Simulation, in der du mit den „Folgen" deiner Entscheidung konfrontiert wirst. Sie zeigt dir mögliche Kettenreaktionen auf und hilft dir, Schwachstellen in deiner Planung zu erkennen.

⋆ **Trainingseffekt:** Du lernst, Risiken proaktiv zu identifizieren und die langfristigen Folgen von Entscheidungen abzuschätzen.

Vernetztes Denken hilft dir, Systeme zu verstehen – ihre Muster, Dynamiken und Zusammenhänge. Doch hinter jedem System stehen Menschen: mit Gefühlen, Bedürfnissen, Motiven und Werten.

Und genau sie entscheiden am Ende, ob eine Veränderung gelingt oder scheitert. Im nächsten Kapitel geht's genau darum: um das Herz der Zukunftsfähigkeit – die Fähigkeit, dich selbst und andere wirklich zu verstehen.

Kapitel 7
Herz – Menschlichkeit für die KI-Ära

”

The mind can be convinced,
but the heart must be won.

Simon Sinek

Kapitel 7: Herz – Menschlichkeit für die KI-Ära

Manchmal sind es die kleinsten Begegnungen, die einem den Tag retten. Die Bedienung an der Frischetheke, die deinem Kind mit einem breiten Grinsen eine Scheibe Lieblingskäse in die Hand drückt. Die Kellnerin beim Lieblingsitaliener, die dir ohne zu fragen den Parmesan reicht, weil sie weiß, dass du immer ein bisschen mehr magst. Oder der Verkäufer im Fahrradladen, der dich nicht mit Upselling-Tipps überschüttet, sondern einfach fragt, wie du mit dem neuen Sattel klarkommst und sich ehrlich über deine Antwort freut.

Doch was passiert, wenn diese kleinen Gesten verschwinden? Wenn die Bedienung an der Frischetheke dein Kind gar nicht anschaut, sondern die Bestellung wortlos über den Tresen schiebt. Wenn der Kellner schweigend das Kartenlesegerät bringt und der Verkäufer im Fahrradladen sich überhaupt nicht mehr an deinen gestrigen Kauf erinnert. Transaktion statt Begegnung. Dann bleibt irgendwann kein Grund mehr wiederzukommen. Dann nimmst du dir deinen verpackten Käse direkt aus dem Kühlregal und gehst zum Self-Checkout, bestellst deine Pizza beim Lieferdienst und deinen Fahrradsattel beim Versandhändler.

Und genau hier liegt die eigentliche Parallele zu unserer Office-Arbeitswelt: Auch im Büro ist die Frage entscheidend, was den Unterschied zwischen Mensch und Maschine ausmacht. Natürlich können KI-Systeme Prozesse automatisieren, Texte verfassen oder Daten auswerten, genauso reibungslos wie die Lieferando-KI deine Pizzabestellung koordiniert oder die Amazon-KI festlegt, welche Produkte dir ganz oben angezeigt werden. Aber das, was echte Zusammenarbeit trägt, sind andere Qualitäten: das aufmerksame Zuhören im Meeting, das Gespür für Zwischentöne im Kundengespräch, das ehrliche „Wie geht's dir?" zwischen Kolleginnen und Kollegen.

Wenn wir diese zwischenmenschliche Ebene vernachlässigen, reduziert sich unsere Arbeit schnell auf reines Abarbeiten von Aufgaben, effizient, aber seelenlos. Und noch etwas geht verloren: das, was uns wirklich unterscheidet. Zwischenmenschliche Beziehungen sind ein enormer Wettbewerbsvorteil, den keine Maschine nachbilden kann. Sie schaffen Vertrauen, Loyalität und Wiedererkennung – bei Kunden, im Team und über Unternehmensgrenzen hinweg. Pflegen wir sie hingegen bewusst, dann machen wir uns unersetzbar: als Partner für Kunden, als Kollegen im Team, als Führungskräfte mit Herz.

In diesem Kapitel geht es darum, genau diese menschliche Dimension zu stärken. Zum Thema Persönlichkeitsentwicklung gibt es unzählige Bücher – viele davon exzellent –, die jedes der folgenden Themen sehr viel tiefer beleuchten. Unser Ziel ist hier – ebenso wie in den Kapiteln zu Bot und Kopf – kein vollständiger Überblick, sondern eine handverlesene Auswahl von Konzepten, die sich in der Praxis als besonders hilfreich erwiesen haben. Der besondere Fokus liegt darauf, wie du diese Fähigkeiten mit Unterstützung von KI umsetzen und trainieren kannst: von der Selbstführung über den Umgang mit anderen bis hin zur Überzeugungskraft. Und wir gehen direkt ins Tun: vom Werte-Kompass und dem Clarity-Bot für klare Selbstführung, über Meeting-Leitfragen und Smalltalk-Simulationen bis hin zu Data-Storytelling für deinen Auftritt vor Entscheidern. Vieles kannst du direkt ausprobieren – und morgen schon den ersten Unterschied merken.

Selbstführung

Bevor ich andere führen kann, muss ich mich selbst führen, oder, schöner ausgedrückt vom großen chinesischen Philosophen Lao Tsu:

> ”
>
> **Mastering others is strength; mastering oneself is true power.**
>
> Lao Tsu

Dass dies nicht nur kernige Worte sind, sondern echte Erfolgsfaktoren, belegen zahlreiche Studien: Sie zeigen, dass gelungene Selbstführung signifikant mit Performance, Erfolg und Zufriedenheit im Job korreliert. [88] Selbstführung ist damit kein „Nice-to-have", sondern Grundlage für nachhaltigen beruflichen Erfolg. Lass uns also in das große Thema Selbstführung einsteigen.

Innere Klarheit

Stell dir vor, du sitzt in einem Projektmeeting. Alles läuft sachlich, bis ein Kollege beiläufig sagt: *„Das hätten wir auch schon letzte Woche klären können."* Ein kleiner Satz, und doch merkst du, wie sich in dir sofort etwas zusammenzieht. Dein Puls steigt, dein Kopf wird warm und innerlich formst du schon eine scharfe Antwort. Genau hier entscheidet sich, ob du dich selbst führst oder dich von deinen Emotionen führen lässt.

Vielleicht atmest du tief durch, machst dir bewusst: *„Okay, das triggert mich gerade, aber es ist nur ein Satz."* Dann fragst du ruhig nach, statt impulsiv zu reagieren. Diese Fähigkeit, die eigenen Auslöser zu kennen und bewusst gegenzusteuern, ist das Fundament von Selbstführung. Und sie wird im KI-Zeitalter wichtiger denn je: Denn wenn alles schneller wird, Algorithmen permanent Input liefern und Entscheidungen in Minuten statt Tagen erwartet werden, ist innere Klarheit dein Anker.

Was genau bedeutet innere Klarheit?

Innere Klarheit beginnt mit dem Blick nach – genau: nach innen. Es ist die Suche nach dem, was Simon Sinek als dein „Warum" (Find Your Why) bezeichnet: der tiefere Sinn, der Zweck oder die Überzeugung, die dich fundamental antreibt.

Wer sich selbst führen will, muss zuerst verstehen, wie er „tickt": Welche Emotionen treiben mich an und welche bringen mich aus dem Gleichgewicht? Welche Auslöser lassen meinen Puls hochschnellen, und wie kann ich lernen, in diesen Momenten ruhig zu bleiben? Was ist mir wirklich wichtig? Welche Situationen geben mir Kraft und Energie – oft, weil sie direkt auf dein „Warum" einzahlen – und wie kann ich sie bewusst öfter in meinen Alltag integrieren?

Selbstwahrnehmung und Selbstkontrolle sind dabei der Schlüssel: Sie helfen, nicht von spontanen Impulsen gesteuert zu werden, sondern bewusst zu handeln. Genauso wichtig ist das Wissen um die eigenen Stärken und Werte: Dein „Warum“ ist der Ursprung deines inneren Werte-Kompasses. Integrität bedeutet, Entscheidungen so zu treffen, dass sie zu deinem inneren Werte-Kompass passen. Daraus erwachsen Selbstmotivation, Wohlbefinden und das Vertrauen in die eigene Handlungsfähigkeit.

KI als Co-Worker: So bekommst du innere Klarheit

So paradox es auf den ersten Blick wirken mag: Gerade eine Maschine kann dir helfen, dich selbst besser zu verstehen. Natürlich ersetzt KI keine echte Selbstreflexion, aber sie kann dir als Spiegel dienen, der deine Gedanken strukturiert, Fragen stellt und dich so zur Auseinandersetzung mit dir selbst anregt.

Beispiel: Journaling

Ein einfaches Beispiel ist das Journaling: Bitte die KI, dir am Ende von jedem Arbeitstag drei kurze Fragen zu stellen, etwa „Was hat dich heute gestresst?“, „Was hat dir Energie gegeben?“ und „Was möchtest du morgen anders machen?“. Schon wenige Minuten dieser Reflexion helfen dir, Muster zu erkennen und bewusster mit deinen Auslösern umzugehen. Und wenn du diese Einträge über einen längeren Zeitraum gesammelt hast, kannst du die KI auch bitten, deine Antworten zu analysieren: Welche Situationen tauchen immer wieder auf? Welche Faktoren scheinen dir Energie zu geben und welche scheinen sie dir zu rauben? Natürlich ersetzt das keine psychologische Analyse – aber es hilft dir, Muster sichtbar zu machen und daraus bewusstere Entscheidungen für deinen Alltag abzuleiten.
Auch im Alltag kann KI wertvolles Feedback geben, etwa zu deiner Kommunikation. Kopiere eine E-Mail oder Präsentationsfolie in den Chat und lass dir beschreiben, wie deine Botschaft wirkt. Klingt das souverän, empathisch, defensiv oder vielleicht sogar härter, als du es beabsichtigt hattest? Dieses Spiegeln kann dir helfen, deine Wirkung zu schärfen und gezielt an deinem Ausdruck zu arbeiten.

Auf diese Weise unterstützt dich KI: Nicht, indem sie fertige Antworten liefert, sondern indem sie dir Fragen stellt und Feedback gibt. Und genau darin liegt der Kern echter Selbstführung: die Fähigkeit, bewusst innezuhalten, zu reflektieren und dann aus Überzeugung zu handeln.

Skill-Building mit KI: So trainierst du deine Fähigkeit, innere Klarheit zu erlangen

Innere Klarheit entsteht nicht im Kopfkino, sondern durch Praxis. Die folgenden kleinen Übungen zeigen dir, wie du KI als Sparringspartner nutzen kannst, um deine Werte zu schärfen und deine Stärken bewusster wahrzunehmen.

Drei Übungen

Werte-Kompass

Die eigenen Werte bewusst zu machen und im Alltag zu verankern, ist ein zentraler Teil von Selbstführung. Bitte die KI, dir eine Liste mit typischen Werten vorzulegen, etwa Ehrlichkeit, Freiheit, Sicherheit, Loyalität, Erfolg oder Sinn. Im ersten Schritt geht es darum, deine wichtigsten Werte zu identifizieren. Im Anschluss lässt du dir von der KI kleine Szenarien entwerfen, in denen diese Werte in Konflikt geraten. Deine Aufgabe ist es, Position zu beziehen und deine Entscheidung zu begründen. So schärfst du dein Bewusstsein für deinen inneren Kompass und übst, auch unter Druck integer zu handeln. Besonders spannend wird es, wenn die KI dir komplexe Werte-Dilemmata präsentiert, zum Beispiel Loyalität gegenüber dem Team versus Integrität gegenüber Regeln. Hier trainierst du nicht nur Klarheit, sondern auch die Fähigkeit, Haltung zu zeigen und dich nicht aus der Ruhe bringen zu lassen.

Hier eine Idee für einen Start-Prompt:

„Ich möchte eine Übung zu meinen persönlichen Werten machen. Bitte verwende eine Liste typischer menschlicher Werte, basierend auf den Modellen von Schwartz, Rokeach und Dolan.
Leite mich durch folgende Schritte:

1. Lege mir die Werte in übersichtlicher Form vor (z. B. nach Themenclustern).
2. Bitte mich, zehn Werte auszuwählen, die mir am wichtigsten sind.
3. Wähle anschließend zwei dieser Werte zufällig aus und beschreibe ein realistisches berufliches Szenario, in dem sie miteinander in Konflikt geraten.
4. Warte auf meine Entscheidung und Begründung.
5. Gib mir danach ein kurzes Feedback, welche inneren Motive oder Prioritäten du aus meiner Antwort erkennst – und was das über meinen persönlichen Werte-Kompass aussagt."

Stärken-Spiegel:

Um innere Klarheit zu gewinnen, ist es wichtig, die eigenen Ressourcen zu kennen und bewusst einzusetzen. Beschreibe der KI in einem gesonderten Chat immer wieder verschiedene Situationen, in denen du erfolgreich warst, sei es eine gelöste Krise, eine gelungene Präsentation oder ein Projekt, das du souverän zum Abschluss gebracht hast. Nachdem du einige dieser Situationen gesammelt hast, bitte sie, Muster deiner Stärken aus diesen Geschichten herauszufiltern. Ergänze ihre Analyse durch deine eigene Sichtweise. Auf diese Weise gewinnst du ein klareres Bild deiner besonderen Stärken und kannst sie gezielt dort einsetzen, wo sie im Job den größten Unterschied machen.

Dein persönliches Why im Sinne von Simon Sinek:

Wir – die Autoren – sind überzeugt davon, dass das Finden deines persönlichen Warums enorm viel Energie und Motivation freisetzen kann. KI kann dir als Sparringspartner im Dialog dabei helfen, deinem persönlichen „Warum mache ich das eigentlich alles?" ein Stück näherzukommen – durch gezielte Reflexionsfragen und Erkennen von Mustern in deinen Antworten. Für solch bekannte Konzepte wie Simon Sineks „Find your Why" gibt es oft bereits vordefinierte Assistenten, die mit spezifischen Prompts bzw. Wissen rund um das Konzept gefüttert sind. Du kannst bei ChatGPT vorkonfigurierte Chatbots testen, die dich beim Finden deines persönlichen Warum unterstützen.

Innere Klarheit ist kein Luxus, sondern die Grundlage für souveränes Handeln im KI-Zeitalter. Wer sich selbst kennt, seine Emotionen steuern, an Werten festhalten und auf Stärken vertrauen kann, bleibt auch in stürmischen Zeiten handlungsfähig. KI kann dich dabei unterstützen, als Spiegel, Sparringspartner und Coach. Wenn du innere Klarheit gewonnen hast, weißt du, was dir wichtig ist. Jetzt geht es darum, diese Klarheit auch im äußeren Chaos zu halten, mit Systemen, die dich stützen, statt zu stressen. Genau das ist das Ziel smarter Organisation.

Smarte Organisation – Struktur & Agilität im Alltag

Wir leben im digitalen Dauerfeuer: E-Mails, Chats, Meeting-Einladungen, Benachrichtigungen. Das KI-Zeitalter gießt Öl in dieses Feuer. Denn plötzlich liefern Tools in Sekunden zehn Analysen, fünf Entwürfe und zwanzig Handlungsempfehlungen. Ohne klare Struktur drohst du, in der Flut der Optionen zu ertrinken. Smarte Organisation ist deshalb mehr als ein Produktivitäts-Hack, sie ist ein Schutzschild gegen digitale Überlastung und gleichzeitig der Schlüssel, um KI sinnvoll zu nutzen.

Dabei geht es nicht darum, den Tag minutiös durchzuplanen und jedes Störfeuer auszublenden. Es geht vielmehr um eine Balance aus klaren Strukturen und mentaler Agilität. Du brauchst Systeme, die dich dabei unterstützen, deine Aufgaben im Griff zu haben, und gleichzeitig die Fähigkeit, Pläne spontan anzupassen, wenn sich Prioritäten verschieben. Im KI-Zeitalter, in dem sich Arbeitsumgebungen permanent verändern, ist diese Kombination aus Planung und Flexibilität der Schlüssel zu Produktivität, ohne auszubrennen.

Smarte Organisation beginnt mit einem klaren Überblick: Welche Aufgaben sind wirklich relevant, welche können warten? Methoden wie die Eisenhower-Matrix (ein vereinfachtes Schema dafür findest du in der Abbildung unten) oder Time-Blocking helfen, Wichtiges vom Dringenden zu trennen und die eigene Energie gezielt einzusetzen.

Gerade im digitalen Dauerfeuer ist es entscheidend, Prioritäten bewusst zu setzen, hier bietet auch die in Management-Kreisen beliebte Pareto-Heuristik (80/20) Orientierung: 20 % der Aufgaben bringen oft 80 % des Ergebnisses. Smarte Organisation hilft dir, aus der Vielzahl von Vorschlägen die wenigen wirklich wirksamen herauszufiltern, sie in einen realistischen Plan zu übersetzen und gleichzeitig flexibel zu bleiben, wenn sich Rahmenbedingungen oder Prioritäten ändern. Und schließlich braucht es Flexibilität: Veränderungen nicht als Störung, sondern als Chance zu begreifen, Szenarien durchzuspielen und alte Pläne loszulassen, wenn neue Informationen auftauchen. Hier helfen agile Methoden wie Kanban oder Elemente aus Scrum: Sie machen Fortschritte sichtbar und bewahren Anpassungsfähigkeit.

KI als Co-Worker für smarte Organisation

KI kann dir helfen, deine Arbeit besser zu strukturieren, indem sie deine Organisation unterstützt. Die Möglichkeiten sind zahlreich, hier einige Beispiele zur Inspiration:

- ⋆ **Tagesplanung optimieren:** Bitte die KI, deine To-do-Liste nach Dringlichkeit und Wichtigkeit zu sortieren und Zeitblöcke vorzuschlagen.
- ⋆ **Projekte strukturieren:** Lass dir Projekte in Meilensteine zerlegen, inklusive Checklisten für die nächsten Schritte.
- ⋆ **Prioritäten reflektieren:** Bitte die KI, dir Rückfragen zu stellen („Welche Aufgabe zahlt am stärksten auf dein Ziel ein?“), um deine Priorisierung zu hinterfragen.

Auch hier holst du das meiste aus dem Chatbot deines Vertrauens raus, wenn du ihm möglichst viel Kontext zur Verfügung stellst – sei es in Form von Beschreibungen im Prompt oder mit Hilfe von angehängten Dateien.

Skill-Building mit KI: So trainierst du deine smarten Organisations-Fähigkeiten

Es gibt unzählige Möglichkeiten, mit KI an deiner Organisations-Fähigkeit zu feilen. Die folgenden Übungen sind zwei Beispiele, die dir zeigen, wie du Struktur und Flexibilität im Alltag trainieren kannst.

Zwei Übungen

Eisenhower-Matrix im Dialog

- ⋆ **Ziel** ist es, die anzutrainierenden Prioritäten bewusst zu hinterfragen, zu setzen und die Fähigkeit zu stärken, Wichtiges von Dringendem zu unterscheiden.

Idee für einen Start-Prompt:

„Ich möchte meine heutigen Aufgaben mit der Eisenhower-Matrix priorisieren. Bitte leite mich Schritt für Schritt an: Frage mich nach meiner Aufgabenliste, lass mich jede Aufgabe selbst einer Kategorie zuordnen und stelle danach kritische Rückfragen zu meinen Einordnungen. Am Ende fasse bitte meine Matrix in einer Übersicht zusammen und gib mir ein kurzes Feedback."

- **Ablauf:** Du gibst der KI zunächst deine Aufgabenliste. Dann ordnest du jede Aufgabe selbst in eine der vier Kategorien ein: wichtig & dringend, wichtig & nicht dringend, dringend & nicht wichtig oder weder noch. Die KI hinterfragt anschließend deine Einordnung, macht dich auf mögliche Fehleinschätzungen aufmerksam und fasst deine Antworten abschließend übersichtlich zusammen.
- **Trainingseffekt:** Du trainierst, deine Aufgaben bewusster zu priorisieren, die Falle des „Alles ist dringend" zu vermeiden und deine Energie konsequent auf die wirklich wichtigen Themen zu lenken.

Improvisations-Drill

- **Ziel** ist es, Spontanität zu trainieren und auch unter unerwartetem Druck handlungsfähig zu bleiben.

Idee für einen Start-Prompt:

„Bitte gib mir eine unerwartete Herausforderung, die auf den ersten Blick absurd oder schwierig wirkt (z. B. ‚Stromausfall im Büro – wie führst du das Online-Meeting trotzdem durch?'). Ich werde in kurzer Zeit eine pragmatische Lösung formulieren. Hinterfrage danach meine Idee kritisch und schlage zusätzliche Optionen vor."

- **Ablauf:** Die KI liefert dir ein ungewöhnliches oder paradox wirkendes Szenario. Du reagierst spontan und entwirfst eine Lösung. Danach stellt dir die KI Rückfragen, prüft die Machbarkeit und ergänzt alternative Lösungsansätze.

⋆ **Trainingseffekt:** Du stärkst deine Fähigkeit, auch in unvorhergesehenen Situationen kreativ, ruhig und lösungsorientiert zu reagieren – ein Kernaspekt von Flexibilität und Agilität im Arbeitsalltag.

Die Balance zwischen Struktur und Agilität

Smarte Organisation ist im KI-Zeitalter mehr als ein Toolset, sie ist die Fähigkeit, Struktur und Flexibilität in Balance zu bringen. Denn KI liefert dir in Sekunden mehr Analysen, Ideen und Optionen, als du jemals umsetzen könntest. Ohne klare Priorisierung droht Überforderung. Mit Struktur kannst du das Wesentliche herausfiltern, mit Agilität flexibel auf Veränderungen reagieren. So wird KI nicht zur Quelle von Stress, sondern zu einem Verstärker deiner Produktivität und du behältst die Kontrolle über deine Energie, deinen Fokus und deine Ziele.

Äußere Stärke – Ziele setzen und durchhalten

Äußere Stärke zeigt sich nicht, wenn alles glatt läuft, sondern wenn Hindernisse auftauchen. Ziele setzen, Entscheidungen treffen, bei Rückschlägen dranbleiben und auch in unsicheren Zeiten handlungsfähig bleiben: Das sind enorm wichtige Qualitäten für das KI-Zeitalter. KI kann dich dabei unterstützen, indem sie deine Pläne strukturiert, Szenarien durchspielt oder dich an Erfolge erinnert. Aber die eigentliche Stärke entsteht in dir: im klaren Bekenntnis zu Verantwortung, Ausdauer und der Bereitschaft, dich weiterzuentwickeln. Gerade im KI-Zeitalter, in dem sich Rahmenbedingungen schneller ändern als je zuvor, ist diese Stärke entscheidend: Die Maschine kann dir Optionen berechnen, aber die Entscheidung, welcher Weg gegangen wird und ob du ihn auch bei Gegenwind durchziehst, bleibt deine.

Was äußere Stärke bedeutet: Zielerreichung und Verantwortungsbewusstsein

Erfolg im Beruf bedeutet, sich nicht nur Ziele zu setzen, sondern auch für den Weg dorthin die Verantwortung zu übernehmen. Ein klar formulierter Plan, der in Etappen zerlegt ist, macht Fortschritte sichtbar und gibt Orientierung. Methoden wie SMART-Ziele oder OKRs (Objectives & Key Results) helfen, Ziele messbar und verbindlich zu machen.[25]

Äußere Stärke zeigt sich besonders in Momenten der Unsicherheit: Statt zu zögern gilt es, Entscheidungen bewusst zu treffen, auch wenn noch nicht alle Informationen vorliegen. In Führungskreisen wird zum Teil mit Faustregeln gearbeitet, etwa: Entscheiden, wenn rund 70 % der entscheidungsrelevanten Informationen vorliegen und ggf. nachjustieren – statt auf vermeintlich „volle" 100 % zu warten. [89]

Ebenso entscheidend ist Durchhaltevermögen [90]: Erfolg ist selten ein Sprint, sondern eher ein Marathon. Routinen, Zwischenziele und kleine Belohnungen helfen, auch in mühsamen Phasen dranzubleiben. Dazu gehört auch der konstruktive Umgang mit Unsicherheit. Wer äußere Stärke entwickelt, akzeptiert, dass die Zukunft nie vollständig vorhersehbar ist und bereitet sich mit Szenarien auf unterschiedliche Möglichkeiten vor. Schließlich bedeutet äußere Stärke, sich nicht auf Erfolgen auszuruhen, sondern kontinuierlich zu lernen. Wer Feedback aktiv sucht, Micro-Learning nutzt oder gezielte Weiterbildungen einbindet, bleibt auch dann stark, wenn sich die Spielregeln verändern.

Ein weiterer Aspekt äußerer Stärke ist Resilienz. Stell dir einen Bambuswald im Sturm vor: Die Stämme biegen sich, manchmal bis fast zum Boden – doch sie brechen nicht. Sobald der Wind nachlässt, richten sie sich wieder auf. Genau das ist Resilienz: die Fähigkeit, Rückschlägen, Stress oder Veränderungen gegenüber standzuhalten und immer wieder aufzustehen.

Was Resilienz möglich macht, ist oft das dahinterliegende Growth Mindset – die innere Überzeugung, dass Fähigkeiten und Intelligenz durch Übung, Feedback und Erfahrung wachsen können. Wer dieses Mindset kultiviert, betrachtet Fehler und Rückschläge nicht als Beweis von Unfähigkeit, sondern als Rohmaterial für Entwicklung. Beides gehört zusammen: Das Growth Mindset liefert den mentalen Antrieb zum Weiterlernen, Resilienz sorgt dafür, dass wir auch unter Druck nicht aufgeben. So bleiben wir im Sturm nicht starr, sondern beweglich.

[25] Ein empfehlenswertes Buch über Sinn und praktische Anwendung von OKRs ist „Measure What Matters: How Google, Bono, and the Gates Foundation Rock the World with OKRs" von John Doerr.

Genau diese Kombination brauchst du in einer Welt, die sich so schnell verändert wie unsere.

KI als Co-Worker für äußere Stärke

KI kann dich dabei unterstützen, Ziele zu setzen, zu verfolgen und dich auf Unsicherheiten vorzubereiten:

- ⋆ **Zielplanung strukturieren:** Bitte die KI, gemeinsam mit dir im Dialog als Sparringspartner aus deinen groben Zielen konkrete SMART-Ziele oder OKRs zu formulieren, mit klaren Meilensteinen und Indikatoren.
- ⋆ **Entscheidungen simulieren:** Lass dir von der KI mögliche Handlungsoptionen mit Pro- und Contra-Listen darstellen. Lass sie dich durch Heuristiken wie die 70 %-Faustregel von oben oder das Pareto-Prinzip führen. Ergänze deine eigene Einschätzung und lass dir so dabei helfen, zu besseren Entscheidungen zu kommen.
- ⋆ **Motivation aufrechterhalten:** Nutze die KI als Accountability-Partner. Sie kann dich wöchentlich nach Fortschritten fragen und Erfolge sichtbar machen, kleine Check-ins, die helfen, dranzubleiben.
- ⋆ **Lernpfade aufbauen:** Was ist dein nächstes abgrenzbares Entwicklungsziel? Lass dir von der KI einen personalisierten Lernplan erstellen, der kleine, machbare Schritte zu deinem nächsten Entwicklungsziel aufzeigt.

Je mehr Kontext du der KI dabei zur Verfügung stellst, umso mehr sind die Übungen auf dich zugeschnitten.

Skill-Building mit KI: Mini-Übungen für deinen Durchhalte-Muskel

Theorie ist gut, aber Stärke wird im Handeln geschmiedet. Es reicht nicht, über Resilienz, Ausdauer und Entscheidungsfreude zu lesen, mentale Muskeln wollen trainiert werden, genau wie im Fitnessstudio.

Betrachte die folgenden Mini-Übungen als dein persönliches Gym für äußere Stärke. Dein Trainingsgerät ist dabei die KI. Sie ist nicht nur eine Wissensdatenbank, sondern dein unermüdlicher Sparringspartner, der dich herausfordert, dir Feedback gibt und deine Fortschritte sichtbar macht. Jede dieser Übungen ist so konzipiert, dass du sie in wenigen Minuten in deinen Alltag integrieren kannst. Bist du bereit für dein erstes Workout?

Übungen

Problemlöser-Coach

- Nimm dir ein Problem, das dich aktuell überwältigt oder das zu groß erscheint (z. B. „Unser Vertriebsprozess ist völlig ineffizient“ oder „Ich muss eine komplexe technische Dokumentation von Grund auf neu schreiben“).

Beispiel-Prompt:

> „Ich stehe vor einem Problem, das sich riesig anfühlt: [Dein Problem]. Übernimm die Rolle eines Coaches, der strikt nach dem Prinzip ‚Jedes Problem ist lösbar, wenn man es in kleine Schritte aufteilt‘ arbeitet. Dein Ziel ist es nicht, mir die Lösung zu geben, sondern mich ausschließlich durch sokratische Fragen anzuleiten, dieses große Problem in mindestens fünf kleine, konkrete Teilschritte zu zerlegen. Beginne mit der Frage: ‚Was ist der allererste, kleinste Schritt, den du jetzt sofort tun könntest, um dieses Problem anzugehen?‘“.

- **Trainingseffekt:** Du lässt dir nicht den fertigen Lösungsplan geben, sondern trainierst aktiv die Fähigkeit, selbst die komplexesten Herausforderungen zu „sezieren“. Du lernst, das Gefühl der Überforderung durch Struktur zu ersetzen und entwickelst die Kernkompetenz, jedes Problem als eine Kette von lösbaren Einzelschritten zu sehen.

Entscheidungs-Challenge

- Bitte die KI, dir eine Entscheidungssituation vorzulegen, z. B. „Du musst dich zwischen folgenden drei Projekten

mit unterschiedlichen Risiken und Nutzen entscheiden." Triff innerhalb von fünf Minuten eine Entscheidung, begründe sie und bitte die KI um kritisches Feedback.
- ⋆ **Trainingseffekt:** Du trainierst, auch unter Unsicherheit zügig handlungsfähig zu bleiben.

Durchhalte-Coach

- ⋆ Setze dir ein konkretes Ziel für eine 30-Tage-Challenge. Bitte die KI, dich jeden Tag nach deinem Fortschritt zu fragen. Lass sie kleine Erfolge dokumentieren und dir am Ende eine Zusammenfassung geben.
- ⋆ **Trainingseffekt:** Du baust Ausdauer auf, indem du Fortschritte sichtbar machst, ein Schlüssel für Durchhaltevermögen. *Hinweis*: Diese Übung funktioniert nicht mit allen Chatbots, da sie eine Erinnerungs- oder Aufgabenfunktion voraussetzt. Moderne Tools bieten diese Funktionalitäten – die Übung lässt sie sich damit problemlos umsetzen, etwa über automatisierte tägliche Check-ins.

Unsicherheits-Simulation

- ⋆ Formuliere eine reale Herausforderung, z. B. ein Projekt, das du gerade bearbeitest. Bitte die KI, dir drei „Störszenarien" zu generieren (Budget halbiert, Teammitglied fällt aus, Priorität verschiebt sich). Überlege, wie du reagieren würdest, und lass dir von der KI alternative Handlungsmöglichkeiten geben.
- ⋆ **Trainingseffekt:** Du lernst, Unsicherheit als Trainingsfeld zu nutzen, statt sie zu fürchten.

Resilienz-Analyst

- ⋆ Nutze die KI, um jeden Abend kurz innezuhalten. Stelle dir gemeinsam mit ihr zwei Fragen: 1. Was war heute mein schwierigster Moment? 2. Wie habe ich darauf reagiert – und was habe ich daraus gelernt? Bitte die KI, dir aus deinen Antworten regelmäßig Muster oder Fortschritte zu spiegeln, etwa wöchentliche Zusammenfassungen oder häufige Stressauslöser.

- ⋆ **Trainingseffekt:** Du stärkst deine Selbstreflexion und erkennst, wie du mit Belastung umgehst – der erste Schritt, um Resilienz gezielt zu trainieren.

Was du in diesen Simulationen trainierst, ist weit mehr als nur der Umgang mit KI. Durch regelmäßiges Üben festigen sich diese mentalen Routinen Schritt für Schritt. Du wirst mit der Zeit gelassener, handlungsfähiger und findest auch in schwierigen Momenten schneller einen Weg nach vorn.

Diese Stabilität bildet eine wertvolle Grundlage für dein Handeln – und sie ist die beste Voraussetzung, um im nächsten Schritt auch im Zusammenspiel mit anderen souverän zu bleiben. Denn Selbstführung ist nie Selbstzweck. Wer sich selbst im Griff hat, kann auch andere klarer wahrnehmen. Im nächsten Abschnitt geht es deshalb um die Kunst, Beziehungen bewusst zu gestalten – mit Empathie, Kommunikation und Vertrauen als Kern menschlicher Zusammenarbeit.

Umgang mit anderen

Stell dir vor, du sitzt in einem hypermodernen Restaurant. Roboterarme servieren dir mit perfekter Präzision ein makelloses Gericht. Dein Wasserglas wird auf den Milliliter genau nachgefüllt, bevor es leer ist. Der Prüfer vom Eichamt hat Tränen in den Augen. Jeder Prozess ist optimiert, reibungslos, fehlerfrei. Doch es fehlt etwas: das herzliche Willkommen des Gastgebers, die leidenschaftliche Empfehlung des Kellners für den Wein, das Augenzwinkern, wenn ein kleiner Fauxpas passiert. Du bist satt, aber nicht beschwingt. Es war eine perfekte Transaktion, aber kein unvergessliches Erlebnis.

Genau diese sterile Effizienz könnte in unserer Arbeitswelt Einzug halten, wenn wir nicht aufpassen. Wir optimieren unsere Prozesse, managen Aufgaben in digitalen Boards und kommunizieren über perfekt zusammengefasste Meeting-Protokolle.

In der KI-Ära bekommt dieser Trend einen Turbo. Die KI ist die perfekte Service-Maschine: Sie liefert scheinbar perfekte Analysen, formuliert die höflichste E-Mail und organisiert das effizienteste Projekt-Setup. Sie verspricht eine Welt der reibungslosen Transaktionen. Doch genau hier entsteht die größte Lücke und genau hier schlägt die Stunde deines menschlichen Herzens. Denn deine Fähigkeit, Vertrauen in der Kundenbeziehung aufzubauen, die unausgesprochene Sorge eines Kollegen zu spüren oder ein Team mit echter Leidenschaft zu inspirieren, ist der Unterschied zwischen einer Gruppe, die nur funktioniert, und einem Team, das zusammenhält und Großes schafft.

Kollaborative Kommunikation

Hast du schon einmal ein Meeting verlassen und gedacht: *Wir haben viel gesagt, aber wenig verstanden?*

Genau hier zeigt sich die Essenz von Kommunikation: Sie ist mehr als Informationsaustausch. Sie ist die Kunst, Bedeutungen zu schaffen, Vertrauen aufzubauen und Zusammenarbeit möglich zu machen.

KI-Tools können inzwischen jedes Wort mitprotokollieren, präzise Zusammenfassungen erstellen und sogar offene Punkte markieren. Doch das, was Vertrauen und Klarheit schafft, passiert zwischen den Zeilen: ein zustimmendes Nicken, eine kluge Rückfrage, ein Moment echten Zuhörens. Genau dort entscheidet sich, ob Kommunikation verbindet oder ob sie nur Daten austauscht.

Bedeutung im KI-Zeitalter

Noch nie zuvor standen uns so viele Kommunikationskanäle und -hilfen zur Verfügung: E-Mails, Messenger, Videocalls, Kollaborations-Plattformen oder KI-Zusammenfassungen. Und doch ist Misskommunikation eines der größten Risiken moderner Arbeit. Informationen fehlen heute selten – Verständnis dagegen oft. Dauerkommunikation ersetzt kein echtes Zuhören, und KI kann zwar Inhalte bündeln, aber kein Vertrauen schaffen. Gerade weil Technologie die „harten Fakten" übernimmt, wird die menschliche Seite von Kommunikation wichtiger denn je: aktives Zuhören, echtes Fragen und präzises Verdichten.

Kernkompetenzen

Kollaborative Kommunikation umfasst mehrere ineinandergreifende Fähigkeiten, die im Zusammenspiel den Unterschied machen. Dazu gehören:

- ⋆ Aktives Zuhören: nicht nur Worte aufnehmen, sondern Stimmungen, Pausen und Zwischentöne wahrnehmen.
- ⋆ Gezieltes Fragen: Neugier zeigen, Unklarheiten aufdecken, Gespräche vertiefen.
- ⋆ Botschaften verdichten: Informationen so auf den Punkt bringen, dass Orientierung entsteht statt weitere Verwirrung.
- ⋆ Digitale Kommunikationskompetenz: Kanäle bewusst auswählen, Dauererreichbarkeit steuern, Tools reflektiert nutzen.

Welche dieser Kompetenzen im Vordergrund steht, hängt von der Situation ab. Im direkten Kundengespräch kann aktives Zuhören entscheidend sein, in hybriden Teams dagegen die bewusste Steuerung digitaler Kanäle. Zusammen bilden sie den Werkzeugkasten, der Zusammenarbeit im KI-Zeitalter tragfähig macht.

Digitale Kommunikation bewusst gestalten

Besonders deutlich zeigt sich die Herausforderung in unserer digitalen Kommunikation. Der Tag ist schnell gefüllt mit E-Mails, Chats und Calls und am Abend bleibt das Gefühl, viel reagiert, aber wenig geschafft zu haben. Wir dachten mal, mehr Kanäle bedeuten bessere Kommunikation. Heute wissen wir: Sie können zu einer Informationsflut führen, die unsere Fokuszeit zerstört. Das Ergebnis? Weniger echte Arbeit, mehr zerstückelte Zeit und ein Kopf, der sich anfühlt wie nach 10 Stunden auf der Autobahn.

Die digitale Kommunikationsfalle schnappt zu, weil wir kollektiv zu oft dem Default-Mode folgen: Wir nutzen Tools, wie es „sich eingebürgert" hat, ohne zu hinterfragen, ob die investierte Aufmerksamkeit, der Return on Attention, wirklich im Verhältnis zum Nutzen steht. Der Preis dafür ist nicht nur der „mentale Overhead" durch ständige Kontextwechsel, es ist der verlorene Fokus, die zerrissene Innovationskraft und eine systematisch reduzierte Entscheidungsqualität. Studien zeigen, dass Arbeitnehmer im Durchschnitt nach jeder Unterbrechung zwischen 11 und 16 Minuten brauchen, um zu ihrer originalen Aufgabe zurückzukehren. Ein Grund dafür: Nachdem eine Benachrichtigung sie aus der Arbeit gerissen hatte, besuchten die Studienteilnehmer weitere Anwendungen, nicht nur die für die Unterbrechung verantwortliche. [91] Kommt dir das bekannt vor?

Das Fatale daran: In den meisten Teams und Organisationen fehlen klare Kommunikations-Governance-Regeln. Es gibt keine klaren Präferenz-Hierarchien: Wann ist E-Mail die richtige Wahl, wann der Messenger, wann muss das Meeting her? Das führt zu Kommunikationsanarchie, doppelten Informationen und dem ständigen Gefühl, etwas zu verpassen (FOMO lässt grüßen). Dieser soziale Druck zur Sofortreaktion ist ein Relikt einer Ära, in der Echtzeit-Antworten mit Effizienz gleichgesetzt wurden. Er ist der Feind von Deep Work und strategischem Denken.

Auch Videocalls sind ein zweischneidiges Schwert: Sie bringen Menschen über Kontinente hinweg zusammen, verleiten aber häufig zu oberflächlicher Aufmerksamkeit. Viele Teilnehmende beantworten nebenher E-Mails, scrollen durch Chats oder arbeiten an anderen Aufgaben. Formal sind sie „anwesend", faktisch aber kaum beteiligt. Das Ergebnis: Nonverbale Signale gehen verloren, Rückfragen bleiben ungestellt, Kommunikation verliert ihre Tiefe.

Digitale Kommunikation funktioniert nur dann gut, wenn wir die erforderlichen Teilnehmer und den passenden Kanal bewusst wählen, statt einfach ins Tool zu greifen, das gerade offen ist. Jeder Kanal hat seine eigene Stärke. Sinnvoll ist, vor jeder Kommunikation kurz abzuwägen, welcher Kanal dich am schnellsten zu deinem Ziel führt.

- E-Mail: Dein Kanal für rechtsverbindliche Kommunikation, asynchrone Dokumentation und komplexe Informationen, die nicht sofortige Reaktion erfordern. Missbrauche sie nicht für Ping-Pong-Diskussionen oder ‚FYI'-Spam. Das überflutet Posteingänge und erzeugt unnötigen mentalen Overhead für alle Empfänger.
- Messenger-Tools (Teams, Slack): Perfekt für synchrone Kurzabstimmungen, schnelle Rückfragen und informellen Austausch. Die goldene Regel: Wenn der Thread länger als fünf Nachrichten wird, ist es Zeit für einen Call oder einen dedizierten Kollaborationsraum. Vermeide es, hier wichtige Entscheidungen oder komplexe Diskussionen zu führen, sie gehen im Strom unter.

- Telefonate & Video-Calls: Dein Go-to für komplexe Problemstellungen, sensible Gespräche, Brainstormings und schnelle Entscheidungsfindung, wo nonverbale Kommunikation entscheidend ist. Die Crux: Jedes Meeting muss eine klare Agenda und ein klar definiertes Ziel haben, sonst ist es ein Zeitfresser für alle Beteiligten. Der „Das hätte eine Mail sein können"-Gedanke deines Gegenübers ist das Scheitern des Termins.
- Kollaborationsplattformen (Confluence, SharePoint, Notion): Eine *Single Source of Truth* für Wissensmanagement, Projektplanung und gemeinsame Dokumentation. Alles, was nachhaltig sein, wiedergefunden werden oder gemeinsam bearbeitet werden soll, gehört hierher, nicht in E-Mail-Anhänge oder unstrukturierte Chat-Verläufe. Sie sind das Gedächtnis deines Teams, das du aktiv pflegen musst.

Der Gamechanger: Initiiere Communication Best Practices in deinem Team mit klaren, schriftlich fixierten Kanal-Regeln. Diese ‚Kommunikations-Charta' ist dein Navigationssystem gegen digitales Chaos und schafft eine Grundlage für effiziente Zusammenarbeit.

So wird Kommunikation nicht nur effizienter, sondern auch menschlicher: Dein Gegenüber spürt, dass es dir nicht um das bloße Abarbeiten von Nachrichten geht, sondern um echtes Verstehen.

Co-Working mit KI: Unterstützung im Alltag

KI kann dir helfen, Ordnung in deine tägliche Kommunikation zu bringen. Die folgenden vier Anwendungsfälle kannst du in wenigen Minuten ausprobieren.

KI in der täglichen Kommunikation

- **Zusammenfassung:** Lade das Transkript deines letzten Meetings (oder deine eigenen Notizen) in die KI und bitte sie:

> „Fasse die fünf wichtigsten Punkte dieses Meetings in klaren Bullet Points zusammen. Markiere offene To-Dos getrennt von reinen Infos."

So erhältst du in Sekunden eine strukturierte Übersicht, die du direkt mit dem Team teilen kannst.

- **E-Mail-Ketten** auf den Punkt bringen: Lade einen langen E-Mail-Thread in die KI oder nutze – falls vorhanden – ein integriertes KI-Tool in deinem Mailprogramm. Prompt-Beispiel:

  > „Bitte fasse den Thread in maximal fünf Sätzen so zusammen, dass klar wird, wer was angefragt hat, welche Entscheidungen getroffen wurden und welche To-Dos und Entscheidungen getrennt von reinen Informationen daraus folgen."

  Damit bekommst du einen schnellen Überblick über potentiellen Handlungsbedarf, ohne dich durch seitenlange Ketten zu scrollen.

- **Meetings vorbereiten:** Nimm dir fünf Minuten vor einem Termin und bitte die KI um Unterstützung. Prompt:

  > „Ich nehme gleich an einem Meeting teil. Kontext: [Thema]. Ziel laut Einladung: [Ziel]. Bitte hilf mir, mich vorzubereiten, indem du mir drei Leitfragen zu meiner Rolle und meinem Beitrag vorschlägst, die ich mir vorab stellen sollte, und zwei mögliche Fragen, die ich im Meeting einbringen kann, um aktiv beizutragen."

  So gehst du mit klarer Erwartungshaltung ins Meeting, weißt, worauf du achten willst, und machst aus der von allen investierten Zeit das Beste.

KI als emotionaler Filter – der Clarity-Bot

Manchmal ist das Problem nicht die Menge an Informationen, sondern die emotionale Ladung. Gerade bei E-Mails von schwierigen Zeitgenossen kann schon ein einziger Satz reichen, um den Puls hochschnellen zu lassen. KI kann hier als emotionaler Schutzfilter dienen: Sie nimmt dir die erste Wucht und hilft dir, sachlich zu bleiben.

- ⋆ So funktioniert der Clarity-Bot:
  - o Du leitest (oder kopierst) eine schwierige E-Mail, die du erhalten hast, in die KI.
  - o Prompt:

    „Bereite mir den Inhalt dieser E-Mail neutral auf, nur Fakten, keine Wertungen. Markiere klar, welche Punkte Handlungsbedarf haben."

  - o Du liest zunächst die neutrale Zusammenfassung.
  - o Erst dann öffnest du die echte Mail noch einmal und entscheidest bewusst, wie du reagieren willst.
- ⋆ Der Effekt:
  - o Emotionale Distanz: Du gehst nicht sofort in den Verteidigungsmodus.
  - o Sachliche Klarheit: Du erkennst die Botschaft hinter provokativen Formulierungen.
  - o Souveräne Reaktion: Du entscheidest bewusst, statt dich von Emotionen treiben zu lassen.

Der Clarity-Bot ersetzt keine Empathie – er schafft nur Raum, damit du selbst empathisch bleiben kannst, ohne dich vom Stil anderer triggern zu lassen.

Skill-Building mit KI: Kommunikationsfähigkeiten trainieren

Ebenso spannend ist KI als Sparringspartner für deine persönliche Weiterentwicklung:

Übungen

Fragen-Drill

Die KI gibt dir einen kurzen Text aus dem Arbeitskontext, zum Beispiel ein Projekt-Update, eine E-Mail oder eine Meetingnotiz mit ein paar Unklarheiten. Deine Aufgabe ist es, fünf Rückfragen dazu zu formulieren. Die KI bewertet deine Fragen anschließend nach Klarheit, Tiefe und Relevanz, zeigt dir Verbesserungspotenzial auf und liefert am Ende eine Beispiel-Frage, die besonders stark ist. Idee für einen Prompt:

„Schreibe einen 400-Wörter-Text aus dem Arbeitsalltag (Projekt-Update oder Meetingnotiz) mit bewusst eingebauten fachlichen und organisatorischen Unklarheiten. Danach warte auf meine 5 Rückfragen. Bewerte meine Fragen nach Klarheit, Tiefe und Relevanz. Zeig mir, wo ich präziser werden kann – und gib mir am Ende eine Beispiel-Frage, die besonders stark ist."

Zusammenfassungs-Duell

Hier übst du, Informationen klar und zielgruppengerecht zu verdichten. Die KI erstellt dir zunächst einen Text aus dem Arbeits- oder dem privaten Kontext, etwa eine Meetingnotiz, ein Projekt-Update oder das Protokoll einer Vereinssitzung. Deine Aufgabe ist es, eine eigene Fünf-Satz-Zusammenfassung für eine bestimmte Zielgruppe zu schreiben. Erst danach erstellt die KI ihre Version, vergleicht beide Zusammenfassungen und gibt dir Feedback, wie du prägnanter und relevanter formulieren kannst. Inspiration für einen Start-Prompt:

„Du bist mein Summary-Coach. Bitte gib mir zuerst einen kurzen Text aus dem Arbeitskontext oder aus dem privaten Kontext (ca. 400 Wörter). Schreibe nur den Text unter der Überschrift ‚Text:' und danach den Hinweis ‚Jetzt bist du dran: Verfasse deine eigene 5-Satz-Zusammenfassung.' Warte dann, bis ich meine Zusammenfassung schicke. Wenn ich dich um einen Vergleich bitte, erstellst du deine eigene Zusammenfassung für dieselbe Zielgruppe, vergleichst meine Version mit deiner anhand von Prägnanz, Relevanz und Klarheit und gibst mir drei konkrete Verbesserungsvorschläge."

Schaffe Klarheit im digitalen Rauschen

Kollaborative Kommunikation ist die Kunst, Informationen in Verstehen zu verwandeln. KI kann uns helfen, das Rauschen zu sortieren und Kanäle zu strukturieren. Doch die Fähigkeit zuzuhören, zu fragen und Klarheit zu schaffen, bleibt zutiefst menschlich. Wer diese Kompetenzen kultiviert, verwandelt digitale Dauererreichbarkeit in gezielte Verständigung und macht Kommunikation wieder zu dem, was sie im Kern ist: Verbindung.

Beziehungsaufbau, Empathie & Emotionale Intelligenz

Kaum ein Begriff löst bei Berufstätigen so gemischte Gefühle aus wie „Netzwerken". Die einen denken an aufgesetzten Smalltalk und endlose LinkedIn-Einladungen. Die anderen an Türen, die sich öffnen, weil jemand zur richtigen Zeit den richtigen Menschen kennt. Beide Bilder haben etwas Wahres und doch greifen sie zu kurz. Denn Netzwerken bedeutet im Kern: echte Beziehungen aufbauen, die durch Vertrauen und Empathie tragen.

Bedeutung im KI-Zeitalter

Je digitaler unsere Arbeitswelt wird, desto klarer zeigt sich: Beziehungen sind der Kitt, der Zusammenarbeit überhaupt erst ermöglicht. Vertrauen und Nähe sind das, was Maschinen nicht erzeugen können und der Kern verlässlicher Partnerschaften. Sie sind weit mehr als eine nette Zugabe: Gute Beziehungen eröffnen dir neue Ideen, bringen andere Perspektiven ins Spiel, liefern dir Inspiration für eigene Lösungen und geben dir Rückhalt, wenn es schwierig wird.

Fachliche Kompetenz ist wichtig, doch ohne Empathie, Vertrauen und soziale Intelligenz bleibt sie oft wirkungslos. Einen besonderen Stellenwert nimmt dabei die emotionale Intelligenz ein, also die Fähigkeit, eigene Gefühle und die von anderen wahrzunehmen, richtig einzuordnen und konstruktiv damit umzugehen. Studien zeigen, dass Menschen mit höherer emotionaler Intelligenz nicht nur erfolgreicher in ihrer Karriere sind, sondern auch zufriedener im Job. [92]

Beziehungen im Job spielen dabei in ganz unterschiedlichen Konstellationen eine Rolle:

- Zu Teammitgliedern im eigenen Bereich: um Vertrauen und Verlässlichkeit im Alltag aufzubauen.

- Zu Führungskräften: um Erwartungen zu klären und Rückhalt zu gewinnen.
- Zu anderen Abteilungen: um Silos zu überwinden und Projekte erfolgreich zu machen.
- Zu Geschäftspartnern oder Kunden: um nachhaltige, vertrauensvolle Zusammenarbeit zu sichern.
- Zum erweiterten Netzwerk: Ob auf Konferenzen, in Projekten oder über Plattformen wie LinkedIn – Kontakte von heute können die Inspiration und Chancen von morgen sein.

Wenn Beziehungen so zentral sind, stellt sich die Frage: Welche Fähigkeiten brauchst du dafür konkret?

Welche Kernkompetenzen brauchst du dafür?

Beziehungsaufbau und Empathie im Berufsalltag sind keine Einzelaktionen, sondern ein Geflecht aus Haltungen und Gewohnheiten. Sie zeigen sich in verschiedenen Dimensionen, die zusammen das Fundament für stabile, vertrauensvolle Zusammenarbeit bilden.

- Beziehungen entwickeln: Wer Kontakte nur im Rahmen aktueller Aufgaben pflegt, bleibt oft an der Oberfläche. Entscheidend ist, auch jenseits des Tagesgeschäfts den Draht zu Kollegen, Geschäftspartnern oder Mentoren lebendig zu halten, durch echtes Interesse und kleine Gesten der Aufmerksamkeit.
- Empathie zeigen: Im Kern bedeutet das, die Stimmungslage anderer wahrzunehmen und angemessen darauf zu reagieren. Manchmal reicht ein kurzer Satz wie „Ich sehe, das stresst dich gerade", solche Momente machen Zusammenarbeit menschlich.
- Vertrauen aufbauen: Verlässlichkeit ist essentiell im Job. Wer Zusagen einhält, transparent kommuniziert und auch Unsicherheiten offenlegt, schafft eine Basis, auf der andere bereit sind, Risiken zu teilen und gemeinsam nach vorne zu gehen.
- Erfolge teilen: Echte Beziehungen entstehen dort, wo Menschen auch zwischen den Zeilen miteinander verbunden sind. Das heißt, den eigenen Anteil nicht überhöhen.
- Netzwerken mit Haltung: Networking ist kein Tauschhandel von Gefälligkeiten. Richtig verstanden geht es darum, Mehrwert zu stiften durch Wissen, Unterstützung oder Verbindungen.

Die stärksten Beziehungen entstehen oft dann, wenn man ohne Erwartungshaltung anderen weiterhilft. Wer so auf andere zugeht, baut Netzwerke, die nicht oberflächlich, sondern langfristig tragfähig sind.

* Gesprächseinstiege und Smalltalk beherrschen: Beziehungen beginnen selten mit einem großen Projekt, meist starten sie mit einem kurzen Gespräch. Wer es schafft, mit einer offenen Frage oder einer persönlichen Bemerkung echtes Interesse am Gegenüber zu zeigen, baut die Grundlage für Vertrauen. Smalltalk ist dabei kein belangloses Geplauder, sondern die Brücke zu echten Gesprächen und langfristigen Verbindungen. Hilfreich ist, Fragen zu stellen, die mehr Tiefe zulassen. Also nicht: „Hast du Kinder?", sondern: „Erzähl mir von deiner Familie." Nicht: „Wo wohnst du?", sondern: „Wo bist du aufgewachsen?" Solche Fragen öffnen Türen und machen aus Pflichtgesprächen echte Begegnungen.

Diese Kernkompetenzen sind die Grundlage, doch wie kannst du sie im Alltag konkret stärken? Hier kommt KI ins Spiel.

Co-Working mit KI: Unterstützung im Alltag

KI kann dich dabei unterstützen, empathischer sowie strukturierter zu kommunizieren und auch beim Networking hilfreiche Impulse geben:

Kulturelle Vorbereitung

Bevor du in einen internationalen Termin gehst, bitte die KI um eine kurze Übersicht zu Kommunikationsstilen der Länder, aus denen deine Gesprächspartner kommen. Das schärft dein Bewusstsein für Nuancen.

Networking-Impulse

Beschreibe den Kontext (z. B. Konferenz oder virtuelles Meeting, Themen, Zielgruppe usw.) und bitte die KI: „Gib mir 3 offene Fragen, die einen guten Gesprächseinstieg ermöglichen und nicht oberflächlich wirken."

Solche Übungen sind hilfreich, aber die eigentliche Wirkung entsteht, wenn du deine Kompetenzen für das echte Leben bewusst trainierst. Genau dafür kannst du KI zur Stärkung deiner persönlichen Fähigkeiten nutzen.

Skill-Building mit KI: Empathie und emotionale Intelligenz trainieren

KI kann dir auch als Übungsumfeld dienen, um Kommunikationssituationen auszuprobieren, die im echten Leben oft schwerfallen. Zwei Übungen sind besonders wirkungsvoll:

Zwei Übungen

Gesprächseinstieg trainieren (Smalltalk-Simulation)

Viele scheuen Smalltalk, weil er ihnen oberflächlich erscheint oder sie schlicht nicht wissen, wie sie ein Gespräch beginnen sollen. KI kann dir helfen, genau diesen Einstieg spielerisch zu üben. Du versetzt dich in wechselnde Situationen, mal eine Konferenzpause, mal die Kaffeeküche im Büro, mal der Einstieg in ein virtuelles Meeting, und die KI übernimmt jeweils eine andere Rolle. Deine Aufgabe: Das Gespräch eröffnen, ohne in Floskeln zu verfallen. Am Ende spiegelt dir die KI, ob dein Einstieg gelungen wirkte und schlägt eine Alternative vor.

> „Simuliere eine realistische Gesprächssituation aus dem Arbeits- oder Privatleben mit folgenden Vorgaben:
>
> * Ort & Kontext: Beschreibe konkret, wo ich die Person treffe (z. B. Konferenz, Kaffeeküche, Aufzug, Online-Meeting, Bäckerei, Zugfahrt).
> * Gib auch an, ob ich die Person schon kenne (und wenn ja: woher) oder ob es das erste Aufeinandertreffen ist.
> * Person: Erfinde eine Figur mit Alter und äußerlich wahrnehmbaren Details (z. B. Kleidung, Namensschild, Gegenstände, sichtbare Gesten). Die Persönlichkeit soll sich ausschließlich durch die Antworten im Dialog zeigen.
>
> Dialog-Ablauf: Du stellst die Szene und Person vor. Ich mache den Gesprächseinstieg.

Du antwortest realistisch in der Rolle der Person, ich reagiere darauf. Danach gibst du mir ehrliches Feedback: Wie wirkte mein Einstieg – natürlich, distanziert, sympathisch? Dann zeig mir eine alternative Variante und starte eine neue Szene mit anderem Kontext."

Hinweis: Diese und weitere Übungen, die reale Gesprächssituationen trainieren, gewinnen an Wirkung, wenn du die Sprachassistenz-Funktion deiner KI nutzt. Durch das Hören der Stimme deines „Gegenübers" wird die Dialog-Situation noch realistischer simuliert.

Perspektivwechsel üben (gegensätzliche Meinung)

Empathie bedeutet auch, sich in Positionen hineinzuversetzen, die man selbst nicht teilt. KI kann dir dafür ein kontroverses Thema mit zwei klar gegensätzlichen Sichtweisen vorschlagen. Deine Aufgabe ist es, die Perspektive einzunehmen, die dir persönlich schwerer fällt – also die Haltung, die du normalerweise nicht vertreten würdest. Dabei geht es nicht darum, die besten Argumente zu liefern oder eine Debatte zu gewinnen, sondern darum, die dahinterliegenden Gefühle, Sorgen und Werte dieser Position spürbar zu machen. Sprich aus der Ich-Perspektive („Ich finde...", „Mich stört...", „Ich habe das Gefühl...") und versuche, dich wirklich in die Denkweise dieser Person hineinzuversetzen.
Die KI übernimmt anschließend die Gegenposition und reagiert leidenschaftlich darauf. Danach erhältst du ein Feedback, wie glaubwürdig du die Perspektive verkörpert hast – gemessen an Klarheit, Empathie und Authentizität und Tipps, wie du sie noch glaubwürdiger gestalten kannst. Prompt-Beispiel:

„Ich möchte eine Übung zum Perspektivwechsel machen. Bitte schlage mir ein kontroverses Thema mit zwei klar gegensätzlichen Sichtweisen vor – zum Beispiel aus Gesellschaft, Technologie, Politik oder Arbeitswelt. Beschreibe beide Positionen kurz und frage mich dann, welche ich persönlich nicht vertrete.

Meine Aufgabe ist es, mich anschließend in genau diese Perspektive hineinzuversetzen und aus ihrer Sicht zu sprechen – nicht mit den besten Argumenten, sondern mit spürbaren Emotionen, Werten und Überzeugungen. Sprich mich danach leidenschaftlich aus der Gegenposition an und reagiere, als würdest du wirklich an deine Sicht glauben. Bewerte anschließend, wie gut es mir gelungen ist, die andere Seite glaubwürdig darzustellen, anhand von Klarheit, Empathie und Authentizität, und gib mir Tipps, wie ich mich beim nächsten Mal noch stärker in die Denkweise dieser Position hineinfühlen kann. Danach schlägst du mir ein neues kontroverses Thema vor, um die Übung fortzusetzen."

Echte Verbindung schaffst nur du

Netzwerken, Empathie und emotionale Intelligenz – all das wird meist unter „Soft Skills" eingeordnet. In Wahrheit sind es die härtesten Währungen im Berufsleben. KI kann dich unterstützen, indem sie dir Feedback gibt, Szenarien simuliert oder dir neue Perspektiven eröffnet. Doch echte Nähe, Vertrauen und Verbindlichkeit entstehen nur durch dich. Wer diese Fähigkeiten kultiviert, wird im digitalen Zeitalter nicht nur gehört, sondern auch gebraucht.

Effektive Teamarbeit

Hast du dich mal gefragt, warum die besten Fußballmannschaften nicht einfach aus den elf teuersten Einzelspielern bestehen? Weil elf Stars noch lange kein Team sind. Der wahre Erfolg entsteht im Zusammenspiel: im blinden Verständnis, im gegenseitigen Absichern, im gemeinsamen Willen, für den anderen extra Meile zu gehen.

Eine KI kann die Laufwege jedes Spielers analysieren und die perfekte Taktik berechnen. Aber sie kann nicht in der Kabine eine mitreißende Rede halten, nach einer bitteren Niederlage einen am Boden zerstörten Kollegen wieder aufbauen oder den intuitiven Funken erzeugen, der zu einem genialen Spielzug führt. Genau das ist effektive Teamarbeit: die Kunst, aus einer Gruppe von Individuen eine Einheit zu schmieden, die mehr ist als die Summe ihrer Teile.

Während es in Kapitel 10 um die große, strategische Herausforderung geht, wie ein ganzes Team die *Einführung von KI* meistert, also um Kultur, Governance und die Überwindung von Widerständen, legen wir hier das Fundament: Es geht um die zutiefst menschlichen Fähigkeiten, die du als Einzelner brauchst, um *überhaupt* effektiv im Team zusammenzuarbeiten, Vertrauen zu schaffen und Konflikte zu lösen.

Bedeutung im KI-Zeitalter

In einer Arbeitswelt, in der KI individuelle Aufgaben übernimmt und Prozesse optimiert, wird die Qualität der menschlichen Zusammenarbeit zu einem entscheidenden Faktor für den Unternehmenserfolg. Ein Algorithmus kann Aufgaben verteilen, aber er kann keine Kultur der psychologischen Sicherheit schaffen, in der sich Menschen trauen, Risiken einzugehen und verrückte Ideen zu äußern. Er kann Effizienz messen, aber nicht das Gefühl von Zugehörigkeit und gemeinsamen Sinn stiften, das Menschen zu Höchstleistungen antreibt.

Wenn Routineaufgaben automatisiert werden, rücken die komplexeren, kreativeren und strategischen Herausforderungen in den Mittelpunkt und diese lassen sich oft am besten im Team lösen. Deine Fähigkeit, Kollaboration zu fördern, Konflikte zu moderieren und die Stärken verschiedener Persönlichkeiten zu einem Ganzen zu vereinen, ist damit der Kern jeder zukunftsfähigen Organisation.

Welche Kernkompetenzen brauchst du dafür?

Effektive Teamarbeit ist ein Mosaik aus verschiedenen, erlernbaren Fähigkeiten, die zusammen ein Umfeld schaffen, in dem Großes entstehen kann. Wichtige Elemente sind:

⋆ Inklusivität fördern: Bewusst dafür sorgen, dass jede Stimme im Team gehört wird, nicht nur die der Lautesten. Es geht darum, aktiv die Perspektiven von introvertierten oder kritischen Teammitgliedern einzuholen.

⋆ Konflikte konstruktiv lösen: Reibung nicht als Störung, sondern als kreativen Motor begreifen. Die Fähigkeit, unterschiedliche Meinungen auf den Tisch zu bringen und gemeinsam nach der besten Lösung zu suchen, anstatt faule Kompromisse zu schließen.

- ⋆ Rollen und Stärken erkennen: Zu verstehen, welche Rolle jedes Teammitglied intuitiv einnimmt (z. B. nach dem Belbin-Modell[26]) und Aufgaben so zu verteilen, dass jeder seine Stärken voll ausspielen kann.
- ⋆ Coaching & Empowerment: Teammitglieder nicht nur anzuweisen, sondern sie zu befähigen. Die Fähigkeit, andere durch gezielte Fragen und Vertrauen zu unterstützen, damit sie über sich hinauswachsen können.
- ⋆ Psychologische Sicherheit schaffen: Ein Umfeld zu schaffen, in dem es ungefährlich ist, Fehler zuzugeben, Fragen zu stellen oder etablierte Prozesse in Frage zu stellen. Das ist das Fundament für echte Innovation.

All diese Fähigkeiten bilden das zwischenmenschliche Fundament für jede Art von Teamarbeit. Sie sind die entscheidende Grundlage, um die spezifischen kulturellen und strategischen Herausforderungen zu bewältigen, die die *Einführung von KI* an das gesamte Team stellt – dem Thema, dem wir uns ausführlich in Kapitel 10 widmen.

Co-Working mit KI: Unterstützung im Alltag

KI kann dir als neutraler Beobachter und intelligenter Assistent dienen, um die Zusammenarbeit in deinem Team zu verbessern:

Kommunikationsmuster analysieren

Bitte die KI, das Transkript eines Meetings zu analysieren:

> „Analysiere dieses Transkript. Wer hat wie oft gesprochen? Welche Themen haben die meiste Redezeit eingenommen? Wurden die Redebeiträge gleichmäßig verteilt?"

Das kann blinde Flecken in der Team-Kommunikation aufdecken.

[26] Das Konzept geht auf den britischen Psychologen und Unternehmensberater R. Meredith Belbin zurück. Belbin vertrat die Auffassung, dass der Schlüssel zum (unternehmerischen) Erfolg darin liegt, unterschiedliche Rollen im Team ausbalanciert zu besetzen. Vgl. u. a. Belbin/Brown (2022): Team Roles at Work.

Onboarding neuer Mitglieder beschleunigen

Lass die KI ein Onboarding-Dokument erstellen:

> „Fasse die wichtigsten Projekte, Ansprechpartner, Tools und ungeschriebenen Regeln unseres Teams für ein neues Mitglied zusammen, basierend auf [internen Dokumenten]."

Skill-Building mit KI: Teamfähigkeiten trainieren

Mit KI als Sparringspartner kannst du die entscheidenden Situationen der Teamarbeit in einem sicheren Raum üben.

Team-Dynamik im Simulator erleben

- **Ziel:** Ein tiefes Verständnis für unterschiedliche Teamrollen entwickeln und die eigene Moderationsfähigkeit schärfen.
- Prompt-Beispiel:

> „Simuliere ein Brainstorming-Meeting mit 5 Personen (A–E) zu einem typischen Arbeitsthema. Jede Person soll eine andere Belbin-Rolle einnehmen (z. B. Erfinder, Macher, Beobachter). Lass sie durcheinander sprechen und Ideen aufgreifen, wie in einem echten Meeting. Fasse am Ende die Ideen NICHT zusammen. Nach dem Dialog frage mich, welche Rolle ich hinter jeder Person vermute. Zeige mir dann eine Übersicht der Belbin-Rollen zur Überprüfung. Bewerte meine Einschätzung. Bitte mich, die Ideen aus dem Meeting zu clustern und die nächsten drei Schritte zu formulieren, und bewerte meine Vorschläge. Gib mir zum Schluss drei konkrete Tipps, wie ich meine Moderation verbessern könnte."

- **Trainingseffekt:** Du lernst, die verborgenen Dynamiken eines Teams zu lesen und aus einem kreativen Chaos klare, handlungsorientierte Ergebnisse zu formen.

Feedback-Gespräche üben

- **Ziel:** Konstruktives, respektvolles Feedback geben, auch in heiklen Situationen.
- Prompt-Beispiel:

> „Übernimm die Rolle eines Kollegen, der wiederholt eine wichtige Deadline verpasst hat und dadurch das Team blockiert. Ich werde dich darauf ansprechen und versuchen, mein Feedback konstruktiv zu formulieren. Antworte bitte realistisch, auch mit möglichen Rechtfertigungen oder Abwehrreaktionen. Bewerte am Ende des Dialogs, ob mein Feedback klar, respektvoll und hilfreich war, und gib mir drei konkrete Verbesserungsvorschläge für meine Gesprächsführung. Danach gib mir eine weitere heikle Situation."

- **Trainingseffekt:** Dies ist dein persönliches Flugsimulator-Training für die Königsdisziplin der Team-Kommunikation. Je mehr Situationen du trainierst, umso mehr steigt deine Sicherheit und Souveränität im nächsten echten Gespräch. Auch hier der Hinweis: Hat dein Chatbot einen Sprachassistenten, nutze diesen für die Übung. So trainierst du noch deutlich näher an der echten Situation.

Dein Beitrag für ein Team, das funktioniert

Effektive Teamarbeit ist der Ort, an dem Magie entsteht. Sie ist das unsichtbare Betriebssystem, das es einer Gruppe von Menschen ermöglicht, gemeinsam Ergebnisse zu erzielen, die für jeden Einzelnen unerreichbar wären. KI kann dabei helfen, Prozesse zu glätten und Daten zu liefern. Aber die Fähigkeit, ein Umfeld von Vertrauen, Respekt und gemeinsamer Leidenschaft zu schaffen, bleibt eine zutiefst menschliche Kunst. Wenn du diese Kunst beherrschst, trägst du aktiv zu einer produktiven und angenehmen Atmosphäre im Team bei – und, wie du gesehen hast, musst du dafür nicht mal Führungskraft sein.

Doch selbst das beste Team braucht Menschen, die Ideen nach außen tragen können – klar, mutig und mitreißend. Darum geht es im nächsten Teil: um Überzeugungskraft. Denn sie ist der Moment, in dem Herz und Kopf gemeinsam wirken – wo eine gute Idee erst durch menschliche Leidenschaft Wirkung entfaltet.

Überzeugungskraft

Stell dir vor, du hast die brillanteste Idee der Welt. Eine Idee, die alles verändern könnte: Ein neues Produkt, einen besseren Prozess, eine revolutionäre Strategie. Aber sie bleibt in deinem Kopf oder in deinen Präsentationsfolien gefangen. Warum? Weil eine gute Idee allein wertlos ist. Sie entfaltet ihre Kraft erst, wenn du andere davon überzeugst, an sie zu glauben – und sie mit dir zum Leben zu bringen. Genau das ist Überzeugungskraft: die Fähigkeit, Menschen zu inspirieren, zu mobilisieren und aus einer „Ich-Idee" eine „Wir-Bewegung" zu machen.

Bedeutung im KI-Zeitalter

In einer Welt, in der KI per Klick Dutzende Ideen, Analysen und Strategieentwürfe generieren kann, wird die Idee selbst zur Handelsware. Die neue Knappheit ist nicht mehr die beste Analyse, sondern die menschliche Überzeugungskraft, die hinter einer Entscheidung steht.

Ein Algorithmus kann dir eine datengestützte Empfehlung geben, aber er kann nicht den Funken der Begeisterung in den Augen deines Teams entzünden. Er kann eine Präsentation mit Fakten füllen, aber er kann nicht die eine Geschichte erzählen, die das Herz deines potentiellen Kunden gewinnt. Wenn Logik und Daten zur Selbstverständlichkeit werden, wird deine Fähigkeit, Vertrauen aufzubauen, Emotionen zu wecken und Menschen zu inspirieren, zu deinem entscheidenden Wettbewerbsvorteil als Treiber für Wandel und Innovation.

Welche Kernkompetenzen brauchst du dafür?

Überzeugungskraft ist ein Set aus handfesten, trainierbaren Fähigkeiten, die dich zum Motor für Wandel und Innovation machen. Dazu gehören:

* **Data Storytelling:** Die Fähigkeit, trockene Daten und Fakten in eine packende, verständliche und überzeugende Geschichte zu verwandeln. Es geht darum, nicht nur zu zeigen, was die Zahlen sagen, sondern zu erzählen, was sie für uns bedeuten.
* **Überzeugende Präsentation:** Die Kunst, Ideen klar, selbstbewusst und mitreißend vor einem Publikum zu vermitteln, egal ob vor zwei oder zweihundert Menschen. Dazu gehören Rhetorik, Körpersprache und der gezielte Einsatz von Humor.
* **Strategische Mobilisierung:** Die Fähigkeit, nicht nur zu überzeugen, sondern Menschen ins Handeln zu bringen. Es geht darum, eine inspirierende Vision zu gestalten, als Vorbild voranzugehen und Win-Win-Situationen zu schaffen, die andere motivieren, mitzuziehen.
* **Mut zum Wandel:** Echter Einfluss entsteht oft dort, wo man bereit ist, etablierte Denkmuster („Orthodoxien") zu durchbrechen und auch bei Widerstand mit Energie, Leidenschaft und Optimismus für eine neue Idee zu kämpfen.

Co-Working mit KI: Unterstützung im Alltag

KI ist der perfekte Sparringspartner, um deine Überzeugungskraft zu schärfen, bevor es ernst wird. Wie immer gilt: Je mehr Kontext, entweder direkt im Prompt oder als beigefügte Datei(en), umso hilfreicher die Ergebnisse.

Argumentations-Check:

Bevor du in eine wichtige Präsentation gehst, gib deine Kernaussagen in die KI ein:

> „Ich möchte meinen Chef von [meine Idee] überzeugen. Das sind meine drei Hauptargumente: [1, 2, 3]. Spiele die Rolle eines sehr kri-

tischen, skeptischen Vorgesetzten und finde die drei größten Schwachstellen in meiner Argumentation."

Daten in eine Geschichte verwandeln

Du bist dabei, die Präsentation aktueller Unternehmenszahlen vorzubereiten? Lass dich vom Chabot deines Vertrauens beim Entwickeln der Storyline unterstützen. Hier Inspiration für einen Start-Prompt:

> „Hilf mir, aus den folgenden Daten eine klare, einprägsame Geschichte für ein Management-Meeting zu formulieren: Hier sind die Zahlen: [z. B. Umsatz +5 %, Kundenzufriedenheit -3 %, Support-Anfragen +15 %, alternativ: Datei einfügen] Hier ist der Kontext: [z. B. Wir haben gerade ein neues Produkt gelauncht und befinden uns in der Markteinführungsphase; alternativ; Datei(en) mit relevanten Fakten einfügen] Führe mich bitte Schritt für Schritt durch den Prozess: Zuerst die zentrale Botschaft herausarbeiten, dann die wahrscheinlichen Ursachen oder Entwicklungen interpretieren und schließlich zeigen, wie man daraus eine emotionale und relevante Storyline aufbauen kann – mit einem klaren Spannungsbogen (Problem → Wendepunkt → Lösung → Ausblick). Am Ende soll eine kurze, überzeugende Mini-Daten-Story entstehen, die sich gut in wenigen Folien oder in einer mündlichen Präsentation erzählen lässt."

Verhandlungsstrategie vorbereiten

Plane eine Verhandlung:

> „Ich verhandle mit Abteilung X über das Budget für Projekt Y. Meine Position ist [...]. Die vermutliche Position von Abteilung X ist [...]. Erstelle mir eine Liste möglicher Win-Win-Lösungen und Kompromisse."

Skill-Building mit KI: Deinen Einfluss trainieren

Nutze die KI als dein persönliches Trainingslager, um deine Überzeugungskraft auf die nächste Stufe zu heben.

Der Elevator-Pitch-Simulator

- **Ziel:** Komplexe Ideen in 60 Sekunden auf den Punkt bringen und überzeugend präsentieren.
- Idee für einen Start-Prompt:

> „Du bist mein Pitch-Coach. Gib mir eine zufällige, komplexe Geschäftsidee (z. B. ‚eine KI-gestützte App zur Optimierung von urbaner Bienenzucht‘). Meine Aufgabe ist es, dir innerhalb von fünf Sätzen einen überzeugenden Elevator-Pitch zu schreiben. Bewerte meinen Pitch anschließend auf einer Skala von 1–10 nach Klarheit, Überzeugungskraft und Originalität und gib mir einen konkreten Vorschlag, wie ich ihn noch wirkungsvoller machen könnte. Danach gibst du mir die nächste, neue Idee."

- **Trainingseffekt:** Du trainierst, schnell zu denken und das Wesentliche einer Idee so zu kommunizieren, dass andere sofort neugierig werden.

Die Verhandlungs-Arena

- **Ziel:** In einer realistischen Simulation eine Verhandlung führen und eine Win-Win-Lösung anstreben.
- Idee für einen Start-Prompt:

> „Wir simulieren eine Verhandlung. Ich bin Gründer eines Startups. Du bist der Einkaufsleiter eines konservativen, mittelständischen Unternehmens. Ich möchte dich davon überzeugen, in mein neues, teures, aber innovatives KI-Tool zu investieren. Deine Rolle: Du bist extrem skeptisch gegenüber neuen Technologien, hast große Sorgen wegen des Budgets und des Integrationsaufwands. Antworte realistisch und stelle kritische Fragen. Nach 5–6 Dialogschritten beenden wir die Simulation, und du gibst mir als KI-Coach Feedback: Wie gut habe ich deine Bedenken verstanden? Welche meiner Argumente waren stark, welche schwach?

Welchen alternativen Ansatz hätte ich wählen können, um eine Win-Win-Lösung zu erreichen? Danach gibst du mir die nächste Verhandlungs-Simulation in ähnlicher Detailtiefe."

⋆ **Trainingseffekt:** Du übst, dich in die Perspektive deines Gegenübers zu versetzen, Einwände zu entkräften und lösungsorientiert zu verhandeln, eine Schlüsselfähigkeit für jeden, der etwas bewegen will.

Mit Kapitel 7 hast du nun die dritte Säule des Herz-Kopf-Bot-Frameworks kennengelernt. Nach Bot (technische Fähigkeiten) und Kopf (kognitive Fähigkeiten) hast du mit Herz die menschliche Dimension erkundet.

Damit hast du jetzt das vollständige Bild: Drei Kompetenzfelder, die zusammen bestimmen, wie fit du für die KI-Ära bist und wo deine größte Hebelwirkung liegt.

Im nächsten Kapitel wirst du aus diesem Gesamtbild deinen persönlichen Standort ableiten. Kapitel 8 führt dich durch eine kompakte Selbsteinschätzung und zeigt dir anschließend einen klaren, machbaren Schritt-für-Schritt-Plan, um genau die Skills auszubauen, die für dich am relevantesten sind.

Kurz: Du kennst jetzt alle Bausteine – als Nächstes sortieren wir sie zu deinem individuellen Entwicklungsplan.

Kapitel 8

So startest du –
Mit der Herz-Kopf-Bot
Skill-Map

”

First we have to define success for ourselves, and then we have to put in the work to maintain it. Take that daily tally. Tend our garden. Keep the things that are important to us in good shape.

Matthew McConaughey

Kapitel 8: So startest du – Mit der Herz-Kopf-Bot Skill-Map

In den letzten Kapiteln hast du den Werkzeugkasten für die Zukunft gefüllt. Du hast verstanden, wie du den Bot steuerst, deinen Kopf schärfst und dein Herz stärkst. Doch in der Fülle der Möglichkeiten stellt sich eine entscheidende Frage: Wo fängst du an?

Dieses Kapitel ist deine persönliche Inventur – und gleichzeitig dein ganz praktischer Einstieg in die Umsetzung. Du kannst hier nicht nur deine aktuelle Standortbestimmung vornehmen, sondern auch einen konkreten Lern- und Entwicklungsplan erstellen. Außerdem findest du Hinweise für deine Übungspraxis mit KI-Tools, damit du das Gelernte sicher und wirksam umsetzen kannst. Es ist der Moment, in dem du vom Wissen zur Selbsterkenntnis und von der Erkenntnis ins Tun kommst. Denn nur wenn du weißt, wo du heute stehst, kannst du morgen gezielt den nächsten Schritt gehen. Wir erstellen gemeinsam deine persönliche Skill-Map, um dir Klarheit für deine nächsten Schritte zu geben.

Das zentrale Werkzeug für deine Standortbestimmung ist deine persönliche Skill-Map, ein sogenanntes Spinnendiagramm. (s. Seite 262)

Sie macht deine Kompetenzen auf einen Blick sichtbar: Welche Bereiche sind schon stark ausgeprägt, und wo siehst du noch Entwicklungspotenzial? Diese visuelle Landkarte bildet die Grundlage für deinen individuellen Lern- und Entwicklungsplan – und zeigt dir, wo du deine Energie in den kommenden Monaten am besten einsetzt.

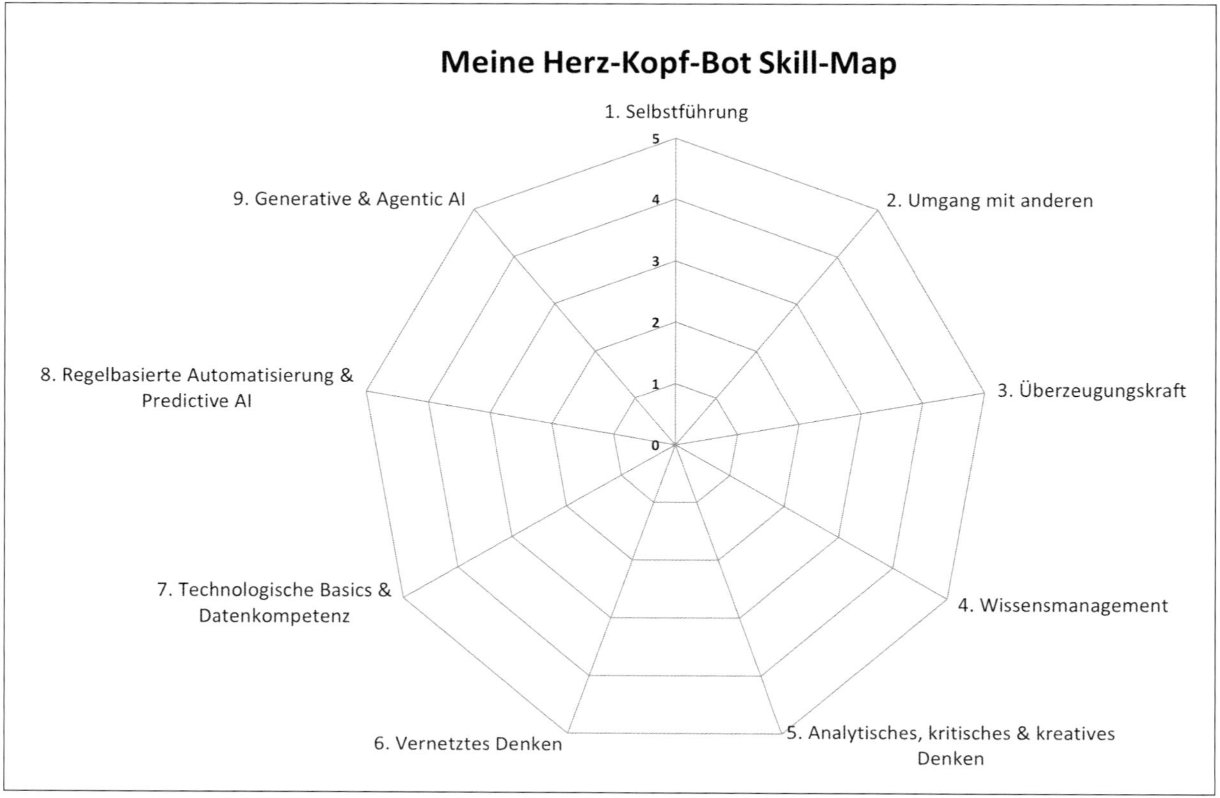
Meine Herz-Kopf-Bot Skill-Map
1. Selbstführung
2. Umgang mit anderen
3. Überzeugungskraft
4. Wissensmanagement
5. Analytisches, kritisches & kreatives Denken
6. Vernetztes Denken
7. Technologische Basics & Datenkompetenz
8. Regelbasierte Automatisierung & Predictive AI
9. Generative & Agentic AI
5
4
3
2
1
0

Dein Self-Assessment: Die 9 Skills im Check

Nimm dir jetzt 30 Minuten ungestörte Zeit und einen Stift. Gehe die folgenden 9 Meta-Skills nacheinander durch. Lies dir die Skalenbeschreibungen durch und nutze die Reflexionsfragen, um eine ehrliche Einschätzung für dich zu finden. Trage dann für jeden Skill einen Punkt auf der Skala von 1 (innen) bis 5 (außen) in deinem Diagramm ein.

Bereich 1: Dein HERZ

1. Selbstführung

- ⋆ 1 (Niedrig): „Mein Arbeitsalltag ist oft reaktiv und von äußerem Druck bestimmt. In Stressphasen fühle ich mich schnell überfordert."
- ⋆ 5 (Hoch): „Auch wenn es hektisch wird, behalte ich einen klaren Kopf und meine Prioritäten im Blick. Ich steuere meine Energie bewusst und sehe Veränderungen als Herausforderung."

Reflexionsfragen:

1. Betrachte deine letzte Arbeitswoche: Wurde deine Zeit hauptsächlich von deinem Kalender und den Anfragen anderer diktiert, oder hast du es geschafft, dir bewusst strategische Freiräume für die wirklich wichtigen, aber nicht dringenden Aufgaben zu schaffen?
2. Denk an den letzten richtigen Rückschlag oder eine unerwartete, große Schwierigkeit. Wie lange hat es gedauert, bis du den ersten Ärger überwunden hattest und wieder voll handlungs- und lösungsfähig warst?
3. Wie bewusst gehst du mit deiner eigenen Energie um? Erkennst du, wann deine Konzentration nachlässt, und machst du aktiv Pausen oder arbeitest du oft bis zur völligen Erschöpfung durch?

2. Umgang mit anderen:

- ⋆ 1 (Niedrig): „Ich konzentriere mich stark auf Fakten und Aufgaben. Die Gefühlslage meines Gegenübers nehme ich oft nur am Rande wahr."
- ⋆ 5 (Hoch): „Ich habe ein feines Gespür für Stimmungen im Team und kann mich gut in die Lage anderer, z. B. meiner Kunden, hineinversetzen, um ihre Bedürfnisse zu verstehen."

Reflexionsfragen:

1. Habe ich in der letzten hitzigen Diskussion versucht, die Position der Gegenseite wirklich zu verstehen, oder wollte ich nur meinen eigenen Standpunkt durchsetzen?
2. Wann habe ich das letzte Mal bemerkt, dass ein Teammitglied gestresst oder unzufrieden wirkte, und habe aktiv und einfühlsam nachgefragt, wie es ihm wirklich geht und ob ich helfen kann?
3. Denk an eine deiner letzten wichtigen Entscheidungen: Wie stark hast du im Vorfeld darüber nachgedacht, welche konkreten Auswirkungen diese Entscheidung auf die einzelnen Mitglieder deines Teams haben wird?

3. Überzeugungskraft:

- ⋆ 1 (Niedrig): „Meine Kommunikation ist primär ein Transfer von Informationen. Ich mache mir wenig Gedanken über die ‚Verpackung' meiner Botschaften."
- ⋆ 5 (Hoch): „Ich sehe Kommunikation als mein wichtigstes Werkzeug, um Klarheit und Motivation zu schaffen. Ich passe meinen Stil bewusst an mein Gegenüber an und kann Menschen für Ideen begeistern."

Reflexionsfragen:

1. Verlassen meine Zuhörer nach wichtigen Gesprächen den Raum mit klarer Orientierung und wissen exakt, was die nächsten Schritte sind, oder gibt es oft Nachfragen und Missverständnisse?
2. Wann ist es mir das letzte Mal gelungen, eine Person oder eine Gruppe von einer Idee zu überzeugen, die anfangs skeptisch oder sogar ablehnend war? Was genau habe ich dafür getan?
3. Wie oft hole ich mir aktiv Feedback zu meiner Kommunikationswirkung ein und wie gehe ich mit kritischem Feedback zu meiner Art zu kommunizieren um?

Bereich 2: Dein KOPF

1. Wissensmanagement

- ⋆ 1 (Niedrig): „Mein Wissen ist verstreut, ich verliere regelmäßig Zeit mit Suchen und habe keinen klaren Plan, wie ich es aktualisiere oder gezielt erweitere."
- ⋆ 5 (Hoch): „Ich pflege ein gut strukturiertes, aktuelles Second Brain, das mir und meinen KI-Assistenten als hochwertige Wissensbasis dient. Ich weiß, welche Themen ich dazulernen möchte, und habe Routinen, mein Wissen kontinuierlich zu aktualisieren."

Reflexionsfragen:

1. Findest du wichtige Informationen in deinem Arbeitsalltag schnell wieder oder verlierst du regelmäßig Zeit mit Suchen in E-Mails, Tabs und Notizen?
2. Hast du eine feste Routine oder einen klaren Plan, wie du dein Wissen aktualisierst und welche neuen Themen du dir erschließen möchtest?
3. Wenn du eine Aufgabe an einen KI-Assistenten übergeben würdest: Würden die von dir dokumentierten Informationen reichen, damit er gute Ergebnisse liefern kann?

2. Analytisches, kritisches und kreatives Denken

- ⋆ 1 (Niedrig): „Ich bleibe bei bekannten Vorgehensweisen und übernehme KI-Vorschläge weitgehend ungeprüft."
- ⋆ 5 (Hoch): „Ich zerlege Probleme systematisch, prüfe Annahmen kritisch und kombiniere das mit mutigen, nützlichen Ideen, oft im Dialog mit KI als Sparringspartner."

Reflexionsfragen:

1. Hinterfragst du regelmäßig Annahmen oder Informationen, um mögliche Verzerrungen (Bias) oder Risiken aufzudecken?
2. Hast du bei einem Problem zuletzt bewusst die Sichtweise einer anderen Rolle oder Person eingenommen, um neue Lösungsansätze zu entwickeln?
3. Wann hast du das letzte Mal bewusst Zeit für ein freies Brainstorming blockiert oder eine komplett neue, vielleicht sogar unkonventionelle Lösung für ein altbekanntes Problem vorgeschlagen?

3. Vernetztes Denken

- ⋆ 1 (Niedrig): „Ich optimiere meinen Teil, beachte aber Abhängigkeiten, Nebenwirkungen und Politik im System kaum."
- ⋆ 5 (Hoch): „Ich denke in Zusammenhängen: erkenne Wechselwirkungen zwischen Teams, Prozessen, Daten und Zielen; simuliere Szenarien und antizipiere Dominoeffekte."

Reflexionsfragen:

1. Als du das letzte Mal einen Vorschlag gemacht hast: Hast du dabei bedacht, welche „Domino-Effekte" diese Entscheidung in anderen Teams oder Abteilungen auslösen könnte?
2. Bei deiner letzten Problemlösung: Hast du nur das sichtbare Symptom behoben oder nach tieferliegenden Ursachen im System gesucht?
3. Hast du im letzten Projekt identifiziert, welche Stellschraube den größten Hebel für den Erfolg hat, und dadurch vermieden, dich in Nebenthemen zu verzetteln?

Bereich 3: Dein BOT

1. Technologische Basics & Datenkompetenz

- ⋆ 1 (Niedrig): „Ich arbeite überwiegend mit Standardfunktionen und mache mir selten Gedanken über Datenquellen oder -qualität."
- ⋆ 5 (Hoch): „Ich verstehe mein digitales Ökosystem (Systeme, Schnittstellen, Datenflüsse), kann mit der IT auf Augenhöhe sprechen und prüfe Daten systematisch auf Quelle und Qualität."

Reflexionsfragen:

1. Hast du ein belastbares Bild deines digitalen Arbeitsplatzes und könntest du einer neuen Kollegin in 5 Minuten erklären, welche Systeme und Schnittstellen zusammenspielen?
2. Wann hast du zuletzt die Herkunft oder Qualität von Daten kritisch geprüft, bevor du sie genutzt hast?
3. Wie bewusst gehst du mit digitalen Tools im Alltag um, nutzt du nur Standardfunktionen oder auch erweiterte Möglichkeiten, z.B. von Plattform-Lösungen?

2. Regelbasierte Automatisierung & Predictive AI

- ⋆ 1 (Niedrig): „Ich nutze die Tools, die mir mein Arbeitgeber vorschreibt. Die Idee, meine eigenen Arbeitsabläufe zu automatisieren, finde ich eher einschüchternd."
- ⋆ 5 (Hoch): „Ich suche in meinem Arbeitsalltag proaktiv nach repetitiven Aufgaben, die ich automatisieren kann, und kombiniere digitale Werkzeuge clever, um effizienter zu werden."

Reflexionsfragen:

1. Welche sich wiederholende, manuelle Aufgabe in deinem Arbeitsalltag hast du zuletzt identifiziert und aktiv nach einer Möglichkeit gesucht, sie zu automatisieren oder zu vereinfachen?
2. Hast du in den letzten Monaten bewusst die fortgeschrittenen Funktionen eines Tools erlernt und genutzt, um ein besseres oder schnelleres Ergebnis zu erzielen?
3. Verstehst du die wichtigsten Schritte deiner Datenflüsse und erkennst du, an welchen Punkten regelbasierte Tools bzw. Predictive AI Mehrwert liefern könnte?

3. Generative & Agentic AI

- ⋆ 1 (Niedrig): „Ich nutze Chatbots wie ein besseres Google für einfache Fragen. Meine Prompts bestehen meist aus einem kurzen Satz."
- ⋆ 5 (Hoch): „Ein Chatbot ist mein täglicher Sparringspartner. Ich gebe ihm Kontext, Beispiele und kuratiertes Wissen und kann ihn durch gezielte Anweisungen zu hochwertigen Ergebnissen führen."

Reflexionsfragen:

1. Wie gehst du vor, wenn ein KI-Ergebnis nicht überzeugt, verbesserst du deinen Prompt systematisch oder gibst du schnell auf?
2. Wofür nutzt du generative KI hauptsächlich? Nur zur reinen Informationssuche oder auch als kreativen Sparringspartner, um komplett neue Ideen zu entwickeln, Inhalte zu erstellen oder komplexe Texte zu optimieren?
3. Wie oft fütterst du einen Chatbot mit deinen eigenen, spezifischen Dokumenten oder Daten, um Antworten zu erhalten, die über sein Allgemeinwissen hinausgehen?

Von der Skill-Map zum individuellen Entwicklungsplan

Verbinde nun die Punkte auf den Achsen. Was du jetzt siehst, ist dein aktuelles Kompetenzprofil, der Herz-, Kopf- und Bot-Skills – der Startpunkt deiner Reise. Im nächsten Schritt geht es darum, dein Ergebnis zu interpretieren – und daraus konkrete Entwicklungsziele abzuleiten:

- Schritt 1 – Dein Profil auf einen Blick: Was siehst du? Schau dir die Form an. Gibt es einen klaren Schwerpunkt in einem der drei Bereiche? Wo sind deine Spitzen (deine Stärken), auf die du bauen kannst? Und wo sind deine Täler, also die Felder mit deinem größten Entwicklungspotential?
- Schritt 2 – Finde deinen Hebel: Wo fängst du an? Wähle einen einzigen Skill als deinen Fokus für die nächsten Wochen. Dafür gibt es zwei bewährte Strategien. Beide Wege sind richtig – wichtig ist, dass du dich entscheidest und startest. Entscheide intuitiv, welche sich für dich jetzt richtiger anfühlt.
  - Strategie A – der schnelle Erfolg: Der größte Hebel liegt oft nicht in deiner größten Schwäche (eine 1), sondern in einem Bereich im Mittelfeld (eine 3), den du mit überschaubarem Aufwand schnell auf die nächste Stufe heben kannst. Das gibt dir Momentum und Selbstvertrauen.
  - Strategie B: Manchmal hält dich ein einziger Skill mit einer 1 oder 2 wie eine angezogene Handbremse zurück. Wenn du spürst, dass ein bestimmtes „Tal“ in deiner Map den größten negativen Domino-Effekt auf deine Stärken hat, dann setze genau dort an.
- Schritt 3 – Wähle deinen Fokus: Entscheide dich für den einen Skill, an dem du in den nächsten 6 bis 8 Wochen arbeiten möchtest.
  - Blockiere dir Zeit: Trage dir jetzt einen festen Termin in deinen Kalender ein, um diesen Skill zu trainieren. Und noch wichtiger: Blockiere dir gleich jetzt einen zweiten Termin in 6 bis 8 Wochen, um dieses Self-Assessment zu wiederholen, deine Fortschritte sichtbar zu machen und

den nächsten Skill auszuwählen. Eine online durchführbare Selbsteinschätzung findest du unter www.herzkopfbot.com Eine druckbare Vorlage für weitere Durchgänge findest du unter www.herzkopfbot.ai

o Nun geht es vom Plan zur Praxis: Such dir im Buch das Kapitel, das zu deinem gewählten Skill passt und beginne mit der ersten Übung, die dich besonders anspricht. Gehe nach und nach die Übungen durch oder entwickle eigene, angelehnt an die Beispiele. Besonders leicht fällt dir das, wenn du dich bereits intensiv mit den Grundlagen zu Generative AI aus Kapitel 5 auseinandergesetzt hast.

Einige elementare Hinweise beim Üben

Bevor du loslegst, ein paar praktische Hinweise, die dir helfen, deine Übungen mit der KI sinnvoll und sicher zu gestalten.

* Zuerst das Wichtigste: Datenschutz geht immer vor. Wie bereits an verschiedenen Stellen erwähnt, gilt eine einfache Faustregel: Vertrauliche Unternehmensdaten – also alles, was Strategien, Kunden, Finanzen, interne Dokumente etc. betrifft, dürfen ausschließlich in den von deiner IT freigegebenen KI-Tools genutzt werden. Wenn du vergleichbare Situationen in einem privaten Chatbot nachspielen möchtest, arbeite unbedingt mit fiktiven Daten. Ändere Namen, Zahlen und Kontexte so, dass kein Rückschluss auf reale Personen oder Projekte möglich ist. Auch bei der privaten Nutzung solltest du bewusst mit deinen eigenen Daten umgehen. Informiere dich über die Datensicherheitseinstellungen deines Tools, prüfe regelmäßig eventuelle Änderungen durch den Anbieter und entscheide im Einzelfall, welche Informationen du wirklich preisgeben willst. Bewusstes Agieren ist hier der beste Schutz – im beruflichen wie im privaten Kontext.
* Bei **Simulationsübungen** kann es vorkommen, dass dein Chatbot immer wieder zu ähnlich aufgebauten Szenarien tendiert. Das ist kein Fehler, sondern Teil seiner Trainingslogik. Um mehr Abwechslung und Tiefe in deine Übungen zu bringen, kannst du gemeinsam mit der KI einen Workaround entwickeln: Bitte

die KI zum Beispiel, zunächst eine Liste mit hundert möglichen Simulationsthemen zu erstellen – also nur *Themenbereiche*, nicht die Szenarien selbst. Wähle dann eines davon aus und bitte um eine maßgeschneiderte Übung dazu. Auf diese Weise trainierst du gezielter und erhältst deutlich vielfältigere Impulse.

- Besonders wirkungsvoll wird das Training von Situationen, die ein Gespräch simulieren, wenn du den Sprachmodus deines Chatbots nutzt. So kannst du Gesprächssituationen laut aussprechen und kommst näher an das Gefühl, wirklich mit einem Menschen zu interagieren. Du reagierst spontaner, übst Körpersprache, Intonation und Timing – und kannst deinem virtuellen Gegenüber jederzeit spontan sagen, wenn du den Übungsmodus anpassen oder wechseln möchtest.
- Achte insgesamt auf eine gesunde Balance zwischen Übungen zur Zusammenarbeit mit der KI (Co-Working) und dem gezielten Aufbau deiner eigenen Fähigkeiten (Skill-Building). Warum das so entscheidend ist und wie du diese Balance in deinem Alltag bewusst steuerst, erfährst du ausführlich in Kapitel 9. So startest du deinen persönlichen AI Co-Growth-Cycle: Du wächst, indem du die Werkzeuge nutzt – und indem du wächst, nutzt du sie besser.
- Und last but not least: Die Reise durch die KI-Ära ist kein Sprint, sondern ein Marathon. Wenn du deine Fortschritte regelmäßig reflektierst, bleibst du motiviert und siehst Schritt für Schritt, wie dein Training Früchte trägt. Lass dich von den Übungen der Kapitel 5 bis 7 inspirieren und entwickle gezielt weitere individuelle Szenarien.

Mit deiner Skill-Map hast du dir ein klares Bild gemacht: Wo du stehst, worauf du bauen kannst und welche Fähigkeiten du gezielt stärken willst. Die Kapitel 5 bis 7 bieten dir einen idealen Startpunkt: Mit zielgerichteten kuratierten Übungen hast du einen konkreten Plan, mit dem du in der KI-Ära wachsen kannst – technologisch, kognitiv und menschlich.

Doch jede Fähigkeit entfaltet ihre Wirkung erst, wenn sie in den Alltag, in Beziehungen und in Verantwortung übersetzt wird. Im nächsten Teil geht es genau darum: Wie du das, was du gelernt hast, zuerst in dir selbst verankerst – und dann in deinem Umfeld lebendig werden lässt.

Teil III

Was wir weitergeben - An uns selbst, an unsere Teams und die nächste Generation

Teil II

Wie wir es schaffen - Mit Herz, Kopf und Bot

Teil I

Wo wir stehen - Der Beginn einer neuen Ära

Teil III

Was wir weitergeben – An uns selbst, an unsere Teams und die nächste Generation

Kapitel 9
Was wir uns selbst schulden

”

Last but not least, I wanna thank me.

Snoop Dogg

Kapitel 9: Was wir uns selbst schulden

Im letzten Teil dieses Buches geht es um das, was bleibt, um das, was wir weitergeben. Doch bevor wir über Teams und die nächste Generation sprechen, geht es um den wichtigsten Menschen in diesem Prozess: dich. Denn was nützt es, die Welt zu gestalten, wenn du dich dabei selbst verlierst?

Dieses Kapitel ist deine Anleitung, um die richtige Balance zu finden. Es zeigt dir, wie du die enorme Kraft der KI als Assistenten oder Sparringspartner nutzt, ohne in die Delegations-Falle zu tappen. Dazu gehört auch, sie gezielt als Personal Trainer einzusetzen, um deine eigenen menschlichen Fähigkeiten auf das nächste Level zu heben.

Co-Working meets Skill-Building

In Teil II hast du neun zentrale Skills für die KI-Ära kennengelernt und zu jedem Skill konkrete Beispiele gesehen, wie du ihn mit KI im Alltag stärken kannst. Um die Balance zu meistern, müssen wir uns die zwei grundlegenden Modi der Zusammenarbeit mit KI immer wieder vor Augen führen:

- **Co-Working** (Die KI als Assistent): In diesem Modus delegierst du Aufgaben an die KI. Sie erledigt die Arbeit für dich, du sparst Zeit und steigerst oft die Qualität. Das ist der Modus, in dem du eine lange E-Mail in Stichpunkte zusammenfassen, deine Argumentation auf Schwachpunkte prüfen, eine Grafik entwerfen oder eine erste Gliederung für einen Bericht erstellen lässt. Oder du nutzt sie für ein schnelles kreatives Brainstorming: „Nenne mir zehn Ideen für eine unterhaltsame Teamaktion." In diesem Modus liefert dir die KI eine Fülle von Vorschlägen und du kannst sie im Dialog mit der KI verfeinern und dir schließlich die besten davon aussuchen.

* **Skill-Building** (Die KI als Trainer): In diesem Modus trainierst du deine eigenen Fähigkeiten mit Hilfe der KI. Hier geht es nicht darum, dass sie dir Arbeit abnimmt, sondern die KI agiert als dein persönlicher Coach. Nehmen wir wieder das Thema Kreativität: Statt dir einfach Ideen servieren zu lassen, lässt du dich von der KI darin trainieren, selbst kreativ zu sein. Du lässt dir beispielsweise kleine Szenarien geben, wie: „Stell dir vor, dein Unternehmen muss ein Sommerfest mit null Budget organisieren". Deine Aufgabe ist es dann, dir selbst originelle Lösungen auszudenken. Die KI kann deine Ideen spiegeln, weiter zuspitzen oder neue Perspektiven aufwerfen. So lieferst du nicht nur kreativere Arbeit ab, sondern trainierst deinen eigenen Kreativ-Muskel.

Die Kunst liegt darin, bewusst und strategisch zwischen diesen beiden Modi zu wechseln.

Risiken beim Co-Working: Wenn die eigenen Fähigkeiten verkümmern

Mit KI wirkt plötzlich alles wie ein Selbstläufer: schneller, einfacher, reibungsloser. Fast zu schön, um wahr zu sein. Und wie wir alle wissen, Dinge, die zu schön sind, haben fast immer einen Preis. KI macht da keine Ausnahme: Auch sie kommt mit Nebenwirkungen, wenn wir es übertreiben.

Co-Working mit KI bringt unbestreitbare Vorteile. Doch: Je mehr du an die KI abgibst, desto weniger trainierst du deine eigenen Fähigkeiten. Erinnerst du dich an Marshall McLuhan, den kanadischen Kommunikationswissenschaftler aus Kapitel 1, der Technologie als eine Erweiterung des Menschen betrachtete? Er warnte gleichzeitig: Jede Erweiterung hat ihren Preis, sie führt immer auch zu einer Art „Amputation". Wenn wir etwas an Technologie auslagern, schwächt das oft einen Teil dessen, was wir selbst einmal konnten.

Diese Gefahr trägt heute den Namen De-Skilling. Gemeint ist der schleichende Verlust von Fähigkeiten, die wie ein Muskel verkümmern, wenn man sie nicht mehr nutzt. Das ist wie beim Autofahren mit

Navi: Du kommst zwar ans Ziel, aber du verlernst, die Strecken zu verinnerlichen. Mit der Zeit verblasst dein inneres Kartenwissen, bis du abhängig bist von einer Stimme, die dir sagt, wo's langgeht. Wie Michael Scott aus der US-Serie „The Office", der sein Auto auf Geheiß seines Navigationsgerätes sehenden Auges in einen See steuert.

Siehe [93]

Frühere Automatisierungswellen zeigen, wie leicht menschliche Kompetenz erodiert, wenn Technik zu zuverlässig wird. Schon in den 1980ern beschrieb Lisanne Bainbridge, wie Menschen durch Automatisierung zu reinen Überwachern werden und verlernen, im Störfall selbst zu handeln. [94] Studien aus der Luftfahrt, Medizin und Produktion belegen seither denselben Effekt: Wer lange nur noch beobachtet, kann im Ernstfall nicht mehr eingreifen.

Die KI-Ära verlagert dieses Muster jetzt in die Wissensarbeit: Vom Cockpit in den Büroalltag. Und auch wenn Generative AI erst seit kurzer Zeit so breit verwendet wird, dass fundierte Untersuchungen möglich sind, zeigt sich bereits: Das wenige, was wir bisher sehen, ist in gewisser Weise besorgniserregend.

- **Kritisches Denken:** Eine Studie aus dem Jahr 2025 von Microsoft Research und der Carnegie Mellon University [95] belegt einen subtilen, aber gefährlichen Effekt: KI tötet unser kritisches Denken nicht, sie stuft es herab. Die Forschung zeigt, dass sich unser Denken bei blindem Vertrauen in die KI von kreativer Ideenarbeit auf oberflächlichere Kontrollaufgaben wie das Prüfen von Fakten oder die Prozessintegration verlagert. Aus strategischen Denkern werden so schlichte Überwacher der Maschine.
- **Kreativität:** Eine Studie aus 2024 zeigte, dass Teilnehmende, die regelmäßig Kreativaufgaben mit KI lösten, in späteren Tests ohne Unterstützung deutlich schlechter abschnitten als die Kontrollgruppe. [96] Die Forschenden führten dies auf einen „Homogenisierungseffekt" zurück: Wiederholter Kontakt mit KI-Vorschlägen prägte die Denkmuster der Probanden, sodass ihre Ideen gleichförmiger und weniger originell wurden.
- **Originalität:** Eine Untersuchung des MIT Media Lab aus 2025 befasst sich mit Schreibprozessen. Probanden verfassten Aufsätze entweder mit Unterstützung durch KI, mit einer Suchmaschine oder komplett eigenständig. Die Ergebnisse waren eindeutig: Texte, die mit KI geschrieben wurden, ähnelten sich in Aufbau, Argumentation und Formulierungen stark. [97] Zudem zeigten EEG-Messungen, dass die neuronale Aktivität der KI-Nutzenden deutlich geringer war, insbesondere in Bereichen, die mit Kreativität, Gedächtnis und tieferer Reflexion verknüpft sind. Viele Teilnehmende gaben außerdem an, sich weniger mit ihren Texten verbunden zu fühlen und Schwierigkeiten zu haben, die Inhalte später zu erinnern. Das Fazit der Forschenden: KI-gestütztes Schreiben spart zwar Aufwand, kann aber kognitive Trägheit fördern.

Das gleiche Phänomen wurde übrigens inzwischen bei Ärzten festgestellt, die routinemäßig auf KI-Unterstützung bei der Durchführung von Koloskopien zurückgriffen: Bereits nach drei Monaten routinemäßiger KI-Nutzung zeigte sich eine niedrigere Entdeckungsrate von Krebsvorstufen als vor Einführung der KI, wenn die Technologie plötzlich nicht mehr zur Verfügung stand. [98] Diese Studie weist auf ein tieferes, gesellschaftliches Risiko hin: die Schaffung „spröder Systeme". Indem wir KI in kritische Infrastrukturen integrieren, erodieren wir gleichzeitig das menschliche Backup-System. Fällt die Technologie aus, ist die verbleibende menschliche Kompetenz geringer als zuvor, was zu einem systemischen Versagen führen kann.

Neben diesen kreativen und kognitiven Risiken gibt es noch ein weiteres Problem: den Verlust der eigenen Selbsteinschätzung.

Illusion of Competence: Wenn du den Blick für deine Fähigkeiten verlierst

Nutzt du KI bereits regelmäßig bei der Arbeit? Dann halte für einen Moment inne und sei ehrlich zu dir selbst: Wo hast du in den letzten Wochen bereits Aufgaben an KI delegiert, die du früher selbst gemacht hast? Wie hat sich das angefühlt? Effizient? Ja, sicher. Aber hast du auch die kleine, leise Stimme bemerkt, die sich fragt, ob du das noch selbst könntest? Die Kunst, einen Text von Grund auf zu strukturieren? Die Geduld, eine komplexe Recherche selbst durchzuführen? Die Bereitschaft, dich durch den Nebel einer unklaren Idee zu kämpfen? Die Zukunft beginnt in diesem Moment der Ehrlichkeit. Erkennst du an, dass die Bequemlichkeit einen Preis hat, bist du bereit, bewusst zu investieren – in dich selbst.

Wie gut du eine Fähigkeit wirklich beherrschst, merkst du normalerweise an den kleinen Stolpersteinen – beim Formulieren eines Textes, beim Strukturieren von Argumenten oder beim Entwickeln einer Idee. Diese Reibungspunkte zeigen dir, wo deine Stärken liegen und wo du noch Luft nach oben hast.

Mit KI verschwinden viele dieser Stolpersteine. Ein Text klingt plötzlich geschliffen, eine Tabelle wirkt aufgeräumt, eine Präsentation professionell. Das Ergebnis vermittelt dir schnell den Eindruck: „Das habe ich richtig gut gemacht." Doch in Wahrheit spiegelt es nicht deine Kompetenz wider, sondern die der KI. Psychologen nennen eine solche Diskrepanz zwischen gefühlten und tatsächlichen Fähigkeiten *Illusion of Competence* [99] – die Illusion der eigenen Kompetenz. Auch in der oben genannten Studie des MIT Media Lab zeigte sich dieser Effekt: Die Testpersonen waren zwar mit der Qualität ihrer KI-generierten Texte sehr zufrieden, schnitten aber bei anschließenden Tests zum Verständnis und zur Erinnerung der Inhalte signifikant schlechter ab. Sie *fühlten* sich kompetent, konnten das Wissen aber nicht abrufen.

Dazu kommt: Indem du die schwierigen Teile an die KI abgibst, fehlen dir wichtige Feedbackschleifen. Du erfährst gar nicht mehr, wo du eigentlich hängen würdest, und verlierst so das Gefühl dafür, welche Skills du besitzt und welche schleichend verkümmern. Manche überschätzen sich dadurch („Ich kann super schreiben"), andere unterschätzen sich („Ohne KI schaffe ich das nie"). Beide Fehleinschätzungen sind gefährlich, weil sie deine Lernmotivation untergraben.

Wer sich im Auto nur noch aufs Navi verlässt, verliert irgendwann das Gefühl für Entfernungen und Orientierung. Ähnlich ist es mit KI: Wenn du sie ständig deine Aufgaben erledigen lässt, verlierst du den inneren Blick für deine tatsächlichen Stärken und Schwächen.

Darum ist es entscheidend, die eigenen Kompetenzen regelmäßig bewusst zu hinterfragen. Nur so stellst du sicher, dass du den Überblick über deine wahren Fähigkeiten behältst und nicht unbemerkt in eine Abhängigkeit von der KI rutschst. Inspiration dafür, wie du die Balance schaffst aus KI-Nutzung und Rückbesinnung auf deine eigenen Stärken, bekommst du im nächsten Abschnitt.

Co-Growth mit Balance: Inspiration für smarte KI-Delegation

Allein wegen des De-Skilling-Phänomens auf die Nutzung des Potenzials von KI als Co-Worker zu verzichten, wäre die falsche Schlussfolgerung. Die Lösung ist nicht Verzicht, sondern Balance – ein bewusstes Wechselspiel zwischen Eigenleistung, Co-Working und Skill-Building.

Strategischer Vordenker im Wechselspiel mit der KI

Du kannst inzwischen mit der KI sprechen wie mit einem guten Kollegen: klar, strukturiert, effizient. Aber jetzt kommt der Knackpunkt: Wie sorgst du dafür, dass du selbst dabei nicht leiser wirst? Dass du weiter denkst, statt nur zu delegieren? Genau darum geht's hier – um Balance im Wechselspiel zwischen dir und dem Chatbot deines Vertrauens.

Wie wir weiter vorn gesehen haben, bringt KI bei komplexeren Aufgaben meist dann die besten Ergebnisse, wenn du sie bewusst führst – also Kontext gibst, strukturierst, hinterfragst. Du übernimmst die strategischen Themen, die KI arbeitet dir zu. So wird sie zu deinem Sparringspartner, nicht zum Ersatz.

Dieser Modus, du im Fahrersitz mit den strategischen Überlegungen, die KI als Assistent und Sparringspartner, der umsetzt und zusätzlich deine Überlegungen hinterfragt, ist nicht nur ein effektiver Weg zum guten Ergebnis, sondern wirkt auch dem De-Skilling entgegen. Denn du bleibst aktiv im Denken, triffst Entscheidungen, steuerst Richtung und Ton. Die KI liefert Impulse, Entwürfe, Varianten, aber du bleibst der Kopf, der den Kurs hält.

So entsteht echtes Co-Working: Die Maschine beschleunigt, du navigierst. Und das ist genau die Art von Zusammenarbeit, bei der Technologie dein Denken erweitert, statt es zu ersetzen.

Co-Working und Skill-Building ausbalancieren

Beim Co-Working übernimmt die KI Aufgaben für dich und verschafft dir Zeit, um dich auf das Wesentliche zu konzentrieren. Das ist wertvoll und effizient, darf aber nicht die einzige Art der Zusammenarbeit sein. Genauso wichtig wie das Delegieren an die KI ist der Skill-Building-Modus: Hier nutzt du KI als Trainer. Sie hilft dir, deine eigenen Fähigkeiten auszubauen: Deine Kreativität zu fördern, deine Kommunikation zu schärfen oder dein analytisches Denken zu vertiefen. Statt Arbeit gänzlich abzugeben, nutzt du KI als Sparringspartner, der dich fordert und wachsen lässt.

Man könnte an dieser Stelle meinen, dass sich der Effekt wieder aufhebt: KI spart zwar Zeit, doch diese Zeit muss man anscheinend wieder investieren, um die eigenen Fähigkeiten zu trainieren. Doch genau das greift zu kurz. KI verschafft dir nicht nur Freiräume, sondern hebt zugleich die Qualität deiner Arbeit an. Als Co-Worker hilft sie dir, schneller Ergebnisse zu liefern, die zugleich präziser, klarer und oft überzeugender sind. Diese Kombination aus Effizienz und Qualität schafft den Spielraum, den du brauchst, um gezielt an deinen Kompetenzen zu arbeiten. Statt deine Energie in mühsame Routinen zu stecken, kannst du sie in höherwertige Übungen investieren – kritisches Denken, Kommunikation, Kreativität. So entsteht keine Nullsumme, sondern eine echte Hebelwirkung: KI steigert die Qualität deiner Arbeit im Hier und Jetzt und eröffnet dir gleichzeitig die Möglichkeit, deine eigenen Fähigkeiten für morgen auszubauen.

Diesen Hebeleffekt spürst du nicht nur bei der Qualität deiner schriftlichen Arbeitsergebnisse. Die wahre Magie entfaltet sich in den unvorhergesehenen Momenten des Alltags, in denen deine eigenen Fähigkeiten im Scheinwerferlicht stehen: Du unterbrichst nicht das Gespräch mit dem zögernden Kunden, um dir von einer KI neue Verkaufsargumente geben zu lassen. Du pausierst nicht das Meeting mit deiner Chefin, um weitere gute Gründe für dein Budget zu brainstormen. Und du zückst nicht im Aufzug dein Handy, um dir Ideen für den Smalltalk mit dem Vorstand zu holen. In genau diesen Ad-hoc-Situationen zahlst sich dein Training aus. Hier glänzt nicht die Maschine, hier glänzt du.

Offline-Modus: Rein ins echte Leben

Training mit KI ist enorm hilfreich, ersetzt aber nicht die Praxis im echten Leben. Spontanität kannst du mit KI üben, aber die entscheidende Erfahrung machst du auf der Bühne. Eine schwierige Verhandlung kannst du simulieren, doch das eigentliche Lernen passiert im Gespräch mit echten Menschen. KI kann dich fit machen, doch Routine, Sicherheit und Intuition entstehen erst in realen Situationen.

Ein virales Video der Comedians Joe Nunnink und Harris Alterman [100] bringt diese Absurdität wunderbar auf den Punkt: Ein Mann betritt einen Laden, der Kassierer lächelt und sagt freundlich: „Hey, wie läuft's?" Der Mann zückt sein Handy, tippt: „Ein Kassierer hat mich gefragt, wie's mir geht – was soll ich antworten?" Der Chatbot antwortet prompt: „Halte es kurz und locker. Sag etwas wie: ‚Gut, und dir?‘“ Der Mann nickt, sagt den Satz, woraufhin der Kassierer seinerseits aufs Handy schaut. Auch er nutzt einen Chatbot und tippt: „Ein Kunde hat gesagt, ihm geht’s gut und hat gefragt, wie es mir geht. Wie soll ich reagieren?“

Und so entspinnt sich ein völlig absurdes Gespräch zwischen zwei Menschen, die sich nur noch über ihre Chatbots unterhalten, beide perfekt formuliert, beide höflich, beide komplett neben der Spur. Als die Situation endgültig kippt, ruft der Mann verunsichert die Polizei. Doch auch dort kann niemand helfen, der Polizist hat gerade das Limit von Anfragen an seinen Chatbot erreicht.

Genau hier liegt der Punkt: Wenn du jedes Wort erst durch eine KI schleifst, verlierst du das Gefühl für eigene Sprache, für Zwischenräume, für Timing. Es ist, als würdest du dein Navi auch für den Weg zum Kühlschrank benutzen – bequem, aber völlig übertrieben.

Schalte das Navi ab. Geh ohne Handy durch ein unbekanntes Stadtviertel. Suche bewusst die ‚soziale Reibung‘: Führe eine Verhandlung, ohne dir vorher 15 Argumente von der KI generieren zu lassen. Halte die Präsentation aus dem Stegreif, statt dich an KI-formulierte Stichpunkte zu klammern. Suche das spontane Gespräch in der Kaffeeküche, statt eine effiziente E-Mail zu senden. Genau dort, wo du dich ein bisschen verläufst, lernst du am meisten.

Dein Co-Growth Check-In: Standortbestimmung für die Balance

Der souveräne Umgang mit KI ist mehr als eine Überlebensstrategie. Es ist ein bewusster Akt der Selbstfürsorge für dein zukünftiges Ich. Jedes Mal, wenn du dich für den Skill-Building-Modus entscheidest, jedes Mal, wenn du bewusst den anstrengenderen Weg des Selbermachens wählst, trainierst du nicht nur einen Skill. Du gibst etwas an dich weiter: die Gewissheit, dass du auch in Zukunft nicht nur Anwender, sondern Schöpfer bleibst.

Nimm dir jetzt einen Moment, um deine eigene Balance zu reflektieren. Die folgenden drei Impulse helfen dir dabei, deinen aktuellen Umgang mit KI ehrlich einzuschätzen und bewusste Entscheidungen für dein zukünftiges Wachstum zu treffen.

Drei Reflexionsimpulse für deine persönliche Balance

Der Beobachter-Modus

Achte in den nächsten Tagen bewusst darauf, wann und wofür du KI nutzt – so konkret wie möglich. Nicht nur „beim Schreiben", sondern zum Beispiel „für die Einleitung einer Kundenmail" oder „für den ersten Entwurf der Struktur einer Präsentation". Überlege anschließend: Entspricht diese Aufteilung zwischen dir und der KI dem, was du willst, oder hat sich manches einfach eingeschlichen?

Der Kompetenz-Kompass

Nimm ein Ergebnis, das du mit KI erstellt hast, und betrachte es mit etwas Abstand. Welche Teile spiegeln dein Denken, deinen Stil, deine Handschrift? Und wo hat die KI dir vielleicht zu sehr die Richtung vorgegeben? Mach dir bewusst, was du selbst eingebracht hast – und wo du künftig vielleicht noch mehr deinen eigenen Stempel hinzufügen möchtest.

Der Growth-Designer

Balance bedeutet nicht, weniger KI zu nutzen, sondern sie bewusster einzusetzen. Wähle in der kommenden Woche eine Situation, in der du die KI sonst hättest einfach machen lassen und drehe den Spieß um: Bitte sie, dir ein kurzes Training zu entwerfen, um dich besser zu machen. Plane diesen kurzen Trainingsmoment bewusst ein – zehn Minuten reichen, wenn du sie mit voller Aufmerksamkeit nutzt.

Mit diesem gestärkten inneren Fundament bist du nun bereit, den Blick nach außen zu richten – und die Haltung, die du für dich entwickelt hast, in die Zusammenarbeit mit anderen zu tragen.

Kapitel 10
Im Team durch
die KI-Ära

”

Without trust we don't truly collaborate; we merely coordinate or, at best, cooperate. It is trust that transforms a group of people into a team.

Stephen R. Covey

Kapitel 10: Im Team durch die KI-Ära

KI wird erst dann stark, wenn Menschen gemeinsam stark sind. Denn selbst die beste persönliche Strategie verpufft, wenn sie im Team auf Widerstand, Unsicherheit oder schlichtes Achselzucken trifft.

Vielleicht kennst du das: In deiner Abteilung gibt es die Kollegin, die schon wieder ein neues KI-Tool testet („dieses Mal aber wirklich das beste ever"). Den Kollegen, der die Augen verdreht und etwas von „Jobkillern" murmelt. Und den Rest, der höflich nickt, aber innerlich schwankt zwischen Neugier, Skepsis und dem Wunsch, einfach ganz normal weiterzuarbeiten. Gleichzeitig wirft die Führungsebene in gefühlt allen Meetings das Wort „Transformation" wie Konfetti herum.

Das Ergebnis: kein Aufbruch, sondern ein Nebel aus vereinzelten Experimenten, stillen Ängsten und höflicher Verwirrung. Genau hier sterben selbst die brillantesten KI-Strategien, nicht an der Technologie, sondern an der Kultur. Denn die unbequeme Wahrheit ist: KI-Adoption ist Teamsport: Du kannst Weltklasse spielen, wenn das Team sich nicht bewegt, verlierst du. Dieses Kapitel zeigt dir, wie du deine Rolle nutzt, um gemeinsam voranzukommen.

Die Kluft zwischen Vision und Wirklichkeit

Bei der KI-Adoption zeigt sich häufig ein ähnliches Bild: Unternehmen starten euphorisch unkoordinierte Pilotprojekte, die dann an mangelnder Integration und fehlender Akzeptanz scheitern. [123] Die Kluft zwischen dem visionären Potenzial und der organisatorischen Realität erscheint oft als eine der größten Hürden für eine erfolgreiche KI-Einführung.

Um diese Kluft zu überwinden, übertragen wir unsere Herz-Kopf-Bot-Formel auf das gesamte Team. Denn ein zukunftsfähiges Team braucht mehr als nur die richtige Software:

Ein starkes Herz:

Eine Kultur der psychologischen Sicherheit, in der man Fehler zugeben und „dumme Fragen“ stellen darf, ohne an den Pranger gestellt zu werden. Ohne ein starkes „Herz“ kann keine der anderen Dimensionen ihr volles Potenzial entfalten. Wie wichtig dieser Aspekt ist, unterstreicht die HBS-Studie „The Cybernetic Teammate“, die als Feldexperiment bei Procter & Gamble durchgeführt wurde. Sie fand heraus, dass Mitarbeiter, die KI nutzten, nicht nur leistungsfähiger waren, sondern auch signifikant positivere Emotionen (wie Begeisterung und Energie) und weniger negative Emotionen (wie Angst oder Frustration) angaben. KI kann also helfen, die im Team grassierenden Ängste („Jobkiller“) zu reduzieren, aber nur in einer Umgebung, die es zulässt. [101]

Einen wachen Kopf:

Den Mut, Wissen zu teilen und voneinander zu lernen, um eine kollektive Intelligenz zu schaffen, die stärker ist als jeder Einzelne. Die o. g. HBS-Studie bei Procter & Gamble liefert hierzu ein starkes Beispiel: Normalerweise schlugen F & E-Experten dort sehr technische Lösungen vor, während Marketing-Kollegen kommerziell orientierte Ideen einbrachten. Fachkräfte, die KI nutzten, erstellten hingegen „ausgewogene“ Lösungen, unabhängig von ihrem fachlichen Hintergrund. Die KI half ihnen, über Abteilungsgrenzen hinweg zu denken, und brach so effektiv funktionale Silos auf. In einer Zeit, in der Fachwissen schnell veraltet, wird die kollektive Intelligenz zum entscheidenden Wettbewerbsvorteil.

Klare Spielregeln für den Bot:

Gemeinsame Leitplanken, die euch die Freiheit geben, sicher zu experimentieren, ohne das ganze System lahmzulegen. Der „Bot“ sorgt dafür, dass die Technologie sicher, verantwortungsvoll und effizient eingesetzt wird.

Fehlt eine dieser Dimensionen, wird es schwierig. Geniale Technik (Bot) ohne Vertrauen (Herz) führt zu Widerstand. Wissensaustausch (Kopf) ohne Sicherheit (Herz) findet nicht statt. Lass uns diese drei Bereiche Schritt für Schritt aufbauen.

Herz - Das Fundament aus Vertrauen und Sicherheit

Die Einführung von KI kann bestehende Unsicherheit im Team verstärken: Die Angst, überflüssig zu werden. Die Sorge, nicht mithalten zu können. Die Scham, etwas nicht zu verstehen. Und doch – wann hast du das letzte Mal jemanden in einem Team-Meeting sagen hören: *„Lasst uns heute mal ehrlich über unsere Ängste reden."* Genau. Noch nie.

Deshalb ist psychologische Sicherheit kein „Soft-Skill" eines Teams, sondern ein enorm wichtiger Faktor für den Erfolg. Eine umfassende Untersuchung hierzu lieferte Googles internes Forschungsprojekt „Project Aristotle", das ab 2012 durchgeführt wurde. Die Forscher analysierten über zwei Jahre hinweg 180 Teams, um die entscheidenden Faktoren für deren Effektivität zu ermitteln. Das Ergebnis: Nicht die Intelligenz der Einzelnen, sondern das Gefühl der Sicherheit im Team ist der entscheidende Prädiktor für Spitzenleistungen. [102] Es ist die Freiheit, verletzlich zu sein, die Teams unbesiegbar macht, wie auch Amy C. Edmondson in ihrer Forschung betont. [103]

Umso wichtiger erscheint dieser Aspekt in der KI-Ära, denn diese bringt völlig neue Dimensionen der Unsicherheit mit sich:

- Kompetenzunsicherheit: Die rasante Entwicklung der KI lässt viele an der eigenen Expertise zweifeln – das kann zu einer Art Transformations-Lähmung führen.
- Vertrauensdilemma: Die Frage, ob man der Empfehlung der KI trauen kann – oder doch lieber dem eigenen Urteil. Vertrauen ist nicht mehr eindeutig: Es muss sich heute zwischen Mensch, Maschine und Organisation verteilen.

Oft liegt das Problem nicht nur in den Teams selbst, sondern in einer grundlegenden Diskrepanz der Wahrnehmung zwischen Führungsebene und Mitarbeitenden. Während Führungskräfte glauben, die Teams seien resistent oder hätten vor allem Angst vor Jobverlust, erleben wir – die Autoren – die eigentlichen Bedenken oft als Kompetenzunsicherheit oder Wunsch nach klaren Leitplanken. Diese Erkenntnis stellt die Rolle der Führung neu in den Fokus.

Du musst keine Führungskraft sein, um Vertrauen zu schaffen. Das Verhalten jedes Einzelnen kann einen Unterschied machen. Die folgenden Impulse lehnen sich an die „Manager Actions" aus Googles

Re:Work-Projekt an, einer von Google ins Leben gerufenen, offenen Wissensplattform zu Teamzusammenarbeit und Organisationskultur. Sie sind praxistauglich für alle Rollen, nicht nur für Führungskräfte.

- Scheitern und Learnings offen kommunizieren: Wenn du ein KI-Experiment oder einfach einen Prompt in den Sand setzt, teile es im Team. Sag: „Ich habe versucht, X zu tun, und das Ergebnis war eine Katastrophe. Aber ich habe Y gelernt." Du gibst damit allen anderen die Erlaubnis, ebenfalls unperfekt zu sein. Stelle die „dumme Frage": Du wirst fast immer feststellen, dass es noch andere gibt, die die gleiche Frage haben.
- Engagiert sein und inklusiv agieren: Sei präsent in Diskussionen, stelle Fragen, die echtes Interesse zeigen, und teile selbst Erkenntnisse. Fasse Gesagtes zusammen, um Missverständnisse auszuräumen. Achte darauf, dass jede Stimme gehört wird, und sorge für eine offene Atmosphäre.
- Zeige Überzeugung, aber bleibe flexibel: Stehe zu deinen Ideen, lade aber auch dazu ein, sie zu hinterfragen.

Du allein wirst die Kultur eines Teams nicht verändern, aber du kannst den ersten Stein ins Wasser werfen, dessen Wellen das ganze Team erreichen.

Kopf – Schwarmintelligenz statt Einzelkämpfertum

Die Halbwertszeit von Wissen erschien noch nie so kurz wie heute. Traditionelle Weiterbildung wird sich da stark verändern müssen. Umso wichtiger wird es in Zukunft sein, schneller voneinander zu lernen. Die Forschung zeigt, dass die Leistungsfähigkeit eines Teams nicht primär von der durchschnittlichen oder maximalen Intelligenz seiner einzelnen Mitglieder abhängt, sondern von einem Faktor für kollektive Intelligenz (sog. „c-Faktor"). Dieser Faktor hängt vor allem mit sozialer Sensitivität und ausgeglichenen Gesprächsanteilen zusammen. [104] Teams scheitern also nicht unbedingt am Mangel an Information, sondern es sind die Austauschprozesse, die einen wesentlichen Beitrag leisten.

Dein Beitrag als Katalysator für den „Kopf“:

> **Wissen ist die einzige Ressource, die sich vermehrt, wenn man sie teilt.**
>
> Marie von Ebner-Eschenbach

Die Worte der österreichischen Schriftstellerin Marie von Ebner-Eschenbach klingen motivierend, aber welchen Beitrag kannst du dazu leisten, eine Kultur des kollektiven Lernens im Unternehmen zu etablieren, wenn es um KI-Themen geht?

- Initiiere eine „Prompt-Bibliothek“: Erstelle einen einfachen, geteilten Ort, an dem jeder seine besten Prompts für wiederkehrende Aufgaben ablegen kann. Idealerweise im KI-Tool, auf das jeder im Team Zugriff hat. Aus einer individuellen „Schatzkiste“ wird so ein gemeinsamer Werkzeugkasten.
- Starte ein „KI-Lunch & Learn“: Lade einmal im Monat interessierte Kollegen zu einem informellen Mittagessen ein (virtuell oder real), bei dem jeder 10 Minuten Zeit hat, ein Tool, einen smarten Prompt oder eine wichtige Erkenntnis zu teilen. Kein Zwang, keine Agenda, nur Neugier.
- „Mini-Debriefs“ nach Experimenten: Nutze Team-Meetings, um deine Erfahrungen mit KI-Experimenten zu teilen: Was hat funktioniert, was nicht?
- Sei der Kurator, nicht der Missionar: Wenn du auf einen Artikel oder einen Social-Media-Beitrag stößt, der dich begeistert: Teile ihn mit dem Team, mit einer kurzen Zusammenfassung und der Frage: „Was haltet ihr davon?“. Das lädt zum Dialog ein, anstatt nur Informationen zu senden.

Bot – Gemeinsame Spielregeln

Ohne klare Leitplanken führt die KI-Einführung zu Chaos und Unsicherheit. Die aktuelle Unternehmenspraxis zeigt diese Lücke deutlich: Laut einer Bitkom-Studie (2025) gehen bereits 4 von 10 Unternehmen davon aus, dass ihre Beschäftigten private KI-Tools für die Arbeit nutzen – eine klassische Schatten-KI. Gleichzeitig hat aber erst knapp ein Viertel (23 %) der Firmen überhaupt Regeln für den KI-Einsatz aufgestellt. [105]

Es braucht ein strategisches Governance-Framework und einen „AI Code of Practice", klare, gemeinsam vereinbarte Spielregeln. Nicht als starres Korsett, sondern als Autobahn-Leitplanken, die sicheres Experimentieren ermöglichen. Gute KI-Governance beginnt mit einer klaren Vision: Warum und wofür setzen wir KI ein – und wofür nicht? Darauf baut die Strategie auf, der gemeinsame Matchplan, der Prioritäten, Rollen und Spielzüge festlegt. Eine Richtlinie übersetzt diese Prinzipien in den Alltag und schafft Sicherheit, ohne Innovation zu bremsen. Dies sind nur ausgewählte Elemente, um die wichtigsten Prinzipien zu verankern, die eine Organisation sich gibt. Dazu gehören häufig:

- **Der Mensch entscheidet** („Human-in-the-Loop"): KI darf unterstützen, aber sie fliegt nicht allein. Human-in-the-Loop heißt: Beim finalen Ergebnis hat immer noch jemand mit Puls und gesundem Menschenverstand das letzte Wort. Das ist nicht nur eine gute Praxis, sondern für bestimmte KI-Anwendungen auch ein ethisches und rechtliches Mandat: Hochrisiko-KI-Systeme dürfen laut EU AI Act nur eingesetzt werden, wenn u. a. eine wirksame menschliche Aufsicht sichergestellt ist. Diese sogenannte Human Oversight verpflichtet Anbieter dazu, KI-Ergebnisse so zu gestalten, dass sie überprüfbar, korrigierbar und bei Bedarf abschaltbar sind. [12]
- **Transparenz und Verantwortung:** KI-Einsatz wird transparent dokumentiert; Verantwortung für Ergebnisse ist eindeutig zugewiesen, über alle Phasen des KI-Lebenszyklus hinweg.
  Was passieren kann, wenn diese Verantwortung unklar bleibt, zeigt ein aktueller Fall in Australien: Dort musste das Wirtschaftsprüfungsunternehmen Deloitte das Honorar für einen Regierungsauftrag teilweise zurückerstatten, nachdem bekannt wurde, dass für die Erstellung eines offiziellen Berichts KI-generierte Inhalte verwendet worden waren, inklusive fehlerhafter Zitate und fiktiver Quellen. Der Vorfall löste nicht nur öffentliche Kritik, sondern auch Diskussionen über die Sorgfaltspflichten beim Einsatz generativer KI in professionellen Dienstleistungen aus. [106]

- **Datenschutz zuerst:** Unternehmens- und Kundendaten haben in öffentlichen KI-Tools nichts zu suchen. Um die oben genannte Schatten-KI zu vermeiden, ist der beste Weg, sichere, unternehmenseigene Alternativen zu nutzen. Sensible Daten gehören nur in sichere, freigegebene Umgebungen, so, wie man vertrauliche Gespräche auch nicht im Großraumbüro oder in der Bahn auf dem Weg von München nach Frankfurt führt. Datenschutz ist kein Bürokratieballast, sondern die Grundlage für Vertrauen.

KI-Governance wird von oben definiert, wirken kann sie nur in der Anwendung. Du gibst den Leitplanken Bedeutung, indem du sie lebst, Lücken benennst und Vorschläge machst, wo Regeln haken.

Dein Beitrag als Mitgestalter des „Bot“:

- Sei ein Vorbild: Halte dich selbst sichtbar an die Regeln. Das schafft mehr Vertrauen als jede offizielle Anweisung.
- Sprich Lücken an: Wenn du merkst, dass Regeln fehlen oder unklar sind, sprich es an. Schlage proaktiv eine Lösung vor. „Mir ist aufgefallen, dass wir keine klare Regelung für X haben. Wie wäre es, wenn wir Y vereinbaren?“

Transformation passiert nicht im Strategiedokument, sondern im Alltag, durch Menschen, die vorangehen. Indem du Herz, Kopf und Bot im Team lebst, wirst du selbst zum Beweis, dass Wandel funktioniert.

Was, wenn mein Team (noch) nicht mitspielt? Dein Einfluss im resistenten Umfeld

Es ist eine frustrierende, aber realistische Situation: Du bist von den Potenzialen der KI überzeugt, aber die Führungsetage oder deine direkten Kollegen zeigen sich zögerlich oder ablehnend. Vielleicht ist in deinem Unternehmen die Nutzung von KI-Tools sogar komplett verboten. In einem solchen Umfeld kann sich Innovation anfühlen, als würde man durch Sand rennen: viel Energie, wenig Bewegung.

Doch auch in einem solchen Umfeld bist du nicht machtlos. Deine Rolle verändert sich, vom Anwender zum stillen Pionier. Du bist derjenige, der den Boden bereitet, ohne Regeln zu brechen. Unternehmensrichtlinien sind keine Naturgesetze. Ein Verbot heute kann morgen Geschichte sein, spätestens dann, wenn sichere, interne Lösungen verfügbar werden. Und genau dann schlägt deine Stunde: Du bist vorbereitet, souverän im Umgang mit der Technologie und kannst andere unterstützen und anleiten, wenn die ersten Pilotprojekte starten.

Wie du dich auch ohne Unternehmenstool vorbereiten kannst?

- ⋆ Privates Trainingslager: Wenn du im Unternehmen nicht üben darfst, dann trainiere privat. Nutze öffentliche KI-Tools auf deinen eigenen Geräten für private Projekte: prompten, experimentieren, Agenten bauen (Anregungen findest du in Kapitel 5). So baust du eine persönliche Kompetenz auf, die dir niemand nehmen kann. Und klar: Unternehmensdaten oder vertrauliche Informationen bleiben außen vor.
- ⋆ KI-Kurator: Bildung statt Forderung. Wenn du die Tools nicht zeigen darfst, dann sprich über die Konzepte. Deine Rolle wandelt sich vom Anwender zur internen Go-To-Person für das Thema KI.
    - o Teile relevante, öffentliche Informationen: Leite interessante Studien, seriöse Nachrichtenartikel oder Berichte über die Chancen und Risiken von KI ins Team. Konzentriere dich auf hochwertige Quellen, meide Hype-Artikel.
    - o Fokussiere auf die Konkurrenz: Ein starkes Argument ist immer der Blick nach außen. Du kannst beispielsweise präsentieren, was Wettbewerber im Bereich KI tun, wo sie KI bereits erfolgreich anwenden, welche Technologie-Partnerschaften sie eingehen. Das schafft ein Bewusstsein für die Dringlichkeit, ohne dass du intern Regeln brichst. Besonders wirkungsvoll sind Cases, die eurer Situation ähneln, so entsteht greifbare Inspiration statt abstrakter Vision. Damit erreichst du auch Führungskräfte: nicht durch Druck, sondern durch den Beweis, dass sich Beschäftigung mit KI lohnt.
    - o Sprich über die Risiken und die Lösungen: Zeige, dass du die Bedenken deines Unternehmens ernst nimmst. Sprich über Datenschutz, die Gefahr von De-Skilling und die Wich-

tigkeit von Governance. Das positioniert dich als verantwortungsbewussten Mitdenker, nicht als naiven Technik-Enthusiasten.

* Skill-Building: Erstelle dir einen KI-Trainer für systemisches Denken oder Kreativität in deinem privaten Tool. Lerne dadurch, KI optimal zum Skill-Building einzusetzen.

Transformation ist Teamsport, aber Vorbereitung ist Einzeldisziplin. Selbst wenn dein Team noch zögert, kannst du deine eigene KI-Fitness trainieren. So stehst du an der Startlinie bereit, wenn der Anpfiff kommt und kannst direkt loslaufen.

Was ist mit den Berufseinsteigern?

Eine der drängendsten Fragen, die oft übersehen wird, betrifft die nächste Generation in unseren Teams: Was passiert mit den Berufseinsteigern, wenn KI viele Einsteigeraufgaben übernimmt? Traditionell war der Berufseinstieg eine Art „Lehrzeit durch Zuarbeit". Das Erstellen von Präsentationen, das Recherchieren von Daten oder das Zusammenfassen von Meetings war oft mühsam, aber es war die wichtigste Lernschleife überhaupt. Man lernte „per Osmose", wie erfahrene Kollegen denken.

In der KI-Ära könnte diese Form des impliziten Lernens wegbrechen. Die Automatisierung dieser Aufgaben führt zum „Problem der fehlenden Einstiegsjahre". Die unterste Stufe der Karriereleiter, auf der man bisher Laufen lernte, könnte verschwinden. Das strategische Risiko dabei ist der Verlust von genau jener Intuition, jenem Urteilsvermögen und jenem Kontextverständnis, das man in keinem Handbuch und in keiner KI-Trainingsdatenbank findet.

Wenn dieses Fundament fehlt, könnten Einsteiger in Zukunft eine Art „kognitive Verschuldung" entwickeln: Sie können mit KI zwar beeindruckend schnell Ergebnisse liefern, aber nicht erklären, warum diese Ergebnisse richtig sind. Dies verschiebt die Dynamik im gesamten Team. Die neue Einstiegsaufgabe ist nicht mehr die Erstellung eines Entwurfs, sondern die kritische Validierung des KI-Outputs. Paradoxerweise ist diese neue Aufgabe kognitiv viel anspruchsvoller als die alte.

Das stellt erfahrene Kollegen vor eine neue Verantwortung. Ihre Rolle wandelt sich vom Delegierer zum aktiven „Coach“. Lernen kann nicht mehr implizit geschehen; es muss explizit gemacht werden – im Dialog, in der gemeinsamen Überprüfung von KI-Ergebnissen und durch aktives Mentoring.

Zusammenfassung & Ausblick: Von der Vision zur Wirkung

Die zentrale Botschaft ist klar: Im KI-Zeitalter gewinnt nicht der Solist, sondern das Team. Die Zukunft gehört den Organisationen, die KI als verbindendes Element verstehen, und den Menschen, die in diesen Organisationen arbeiten. Denn dies sind Orte, die Menschen befähigen, ihre Kompetenzen zu erweitern, um sich auf das zu konzentrieren, was Menschen in der KI-Ära einzigartig macht.

Wir – die Autoren – sind davon überzeugt: Der Erfolg einer Organisation im KI-Zeitalter hängt ganz stark davon ab, ob die menschliche, kognitive und technologische Ebene als ein zusammenhängendes, synergetisches System integriert wird. Das Herz schafft das Fundament aus Vertrauen und psychologischer Sicherheit. Der Kopf verwandelt individuelles Wissen in eine starke, kollektive Intelligenz. Der Bot schließlich ermöglicht Geschwindigkeit und Sicherheit durch klare, faire Leitplanken. Und: Transformation ist ein fortlaufender Prozess, kein einmaliges Projekt. Erfolgreiche Organisationen werden diejenigen sein, die agil bleiben, aus Erfahrungen lernen und ihre Strategien ständig weiterentwickeln.

Wenn jeder Einzelne von uns diese Verantwortung in seiner Organisation ernst nimmt, gestalten wir eine bessere Arbeitswelt für uns und unsere Teams. Doch unser Einfluss endet nicht beim Schließen des Laptops. Die Haltung, die wir im Beruf entwickeln, unser Umgang mit Technologie, unsere Fähigkeit, kritisch zu denken und menschlich zu bleiben, strahlt unweigerlich auf unser Privatleben aus.

Damit stehen wir vor einer unserer vielleicht wichtigsten Aufgaben überhaupt, einer, die weit über Quartalsziele und Marktanteile hinausgeht. Es ist die Verantwortung, die wir für die nächste Generation tragen, als Eltern oder andere wichtige Bezugspersonen, als

Mentoren und Vorbilder. Denn die Kinder von heute wachsen in eine Welt hinein, in der die ständige Interaktion mit KI so selbstverständlich sein wird wie für uns heute das Internet. Die entscheidenden Weichen für ihren souveränen Umgang damit stellen nicht die Schulen oder die Politik allein. Wir stellen sie, jeden Tag, durch das, was wir ihnen vorleben.

Die Frage verlagert sich also von uns selbst und unseren Teams zu der Frage: Was müssen wir der nächsten Generation mit auf den Weg geben, damit sie in dieser neuen Ära nicht nur besteht, sondern mit Verantwortungsbewusstsein und Menschlichkeit gestalten kann?

Dein Team-Radar: Standortbestimmung für den gemeinsamen Weg

Transformation ist Teamsport, aber jede Veränderung beginnt mit dem Bewusstsein des Einzelnen. Du hast jetzt gesehen, wie wichtig die Teamkultur – das Zusammenspiel von Herz, Kopf und Bot – für die erfolgreiche KI-Adoption ist und welche Rolle du dabei spielen kannst, auch wenn nicht alle sofort mitziehen.

Nimm dir jetzt einen Moment, um mit deinem „Team-Radar" die aktuelle Situation einzuschätzen und deinen nächsten Schritt zu planen.

Dein Team-Radar

Der Kultur-Scan: Wo steht dein Team wirklich?

Denke an die letzten Wochen in deinem Team. Wie war die Stimmung rund um das Thema KI? Erinnere dich an konkrete Situationen.

- Herz-Check: Wie offen wird über Unsicherheiten oder Fehler im Umgang mit KI gesprochen? Herrscht eher Neugier oder Skepsis vor? Auf einer Skala von 1 (Angst/Vermeidung) bis 10 (offenes Experimentieren), wo würdest du dein Team einordnen?
- Kopf-Check: Findet echter Wissensaustausch statt? Werden gute Prompts oder Tool-Erfahrungen geteilt, oder werkelt jeder für sich? Gibt es gemeinsame Lernforma-

te wie z. B. „KI-Lunch & Learn"? Oder bleibt Wissen in Silos?

- ⋆ Bot-Check: Sind die Regeln für den KI-Einsatz klar und werden sie gelebt? Oder herrschen eher Wildwuchs und Unsicherheit (Schatten-KI)?
- ⋆ Deine Erkenntnis: Was ist die eine größte Hürde (Herz, Kopf oder Bot), die dein Team aktuell davon abhält, gemeinsam stärker mit KI zu werden?

Dein Solo-Beitrag: Welchen Stein wirfst du ins Wasser?

Du allein wirst die Kultur nicht über Nacht ändern, aber du kannst Impulse setzen. Reflektiere deine eigene Rolle und deine Möglichkeiten.

- ⋆ Deine Rolle: Bist du eher der KI-Enthusiast, der Skeptiker, der stille Beobachter oder der Brückenbauer im Team? Wie beeinflusst diese Rolle deine Interaktionen zum Thema KI?
- ⋆ Dein nächster Schritt: Unabhängig davon, ob dein Team offen oder resistent ist: Was ist eine konkrete, kleine Aktion, die du nächste Woche umsetzen kannst, um entweder das „Herz" (z. B. eine persönliche Lernerfahrung teilen), den „Kopf" (z. B. einen interessanten Artikel kuratieren) oder den „Bot" (z. B. eine Unklarheit bei den Regeln ansprechen) im Team zu stärken? Wähle etwas, das sich für dich machbar anfühlt.
- ⋆ KI als Sparringspartner: Wenn du unsicher bist, wie du starten sollst: Nutze KI für Inspiration. Prompt:

> „Ich möchte in meinem Team [Ziel, z. B. den Wissensaustausch über KI fördern]. Die aktuelle Situation ist [kurze Beschreibung]. Gib mir 3 konkrete, niederschwellige Ideen, was ich als einzelner Mitarbeiter tun kann."

Die Zukunfts-Brücke: Wissen weitergeben

Denke an die Berufseinsteiger und die Verantwortung für die nächste Generation (im Team oder darüber hinaus).

- ⋆ Der Mentoring-Moment: Wann hast du das letzte Mal bewusst einem jüngeren Kollegen oder einer Kollegin gezeigt, wie du ein KI-Tool nutzt und worauf du bei den Ergebnissen achtest (statt nur das Ergebnis zu teilen)? Waren die Ergebnisse der jüngeren Kollegin vielleicht sogar besser?
- ⋆ Das explizite Wissen: Welches „stillschweigende Wissen" (Erfahrung, Urteilsvermögen) in deinem Fachbereich wird durch KI-Automatisierung unsichtbar? Was ist eine Sache, die du nächste Woche explizit machen und weitergeben könntest (z. B. als Wissensnugget im Team-Chat oder in Form eines Mini-Workshops für interessierte Kollegen)?
- ⋆ Deine Haltung: Wie lebst du selbst den kritischen, aber offenen Umgang mit KI vor – im Beruf und vielleicht auch privat? Was sehen Jüngere, wenn sie dich beobachten?

Mit diesem geschärften Blick auf dein Team und deine Rolle darin bist du bereit, nicht nur deine eigene Zukunft, sondern auch die deines Umfelds aktiv mitzugestalten.

Kapitel 11

Unser Vermächtnis für die kommenden Generationen

”

Die beste Art, die Zukunft vorherzusagen, ist, sie selbst zu kreieren.

Peter Drucker

Kapitel 11: Unser Vermächtnis für die kommenden Generationen

Das neue Koordinatensystem: Eine Welt, die sie nie ohne KI kennen werden

Die heutigen Kinder werden nie wissen, wie sich eine Welt ohne KI anfühlt. Für sie ist KI kein Zukunftsversprechen, sondern Alltag, so selbstverständlich wie für uns Strom aus der Steckdose oder WLAN im Café. Und genau darin liegt unsere enorme Verantwortung als Eltern, als Bezugspersonen, Mentoren und Vorbilder: Wir prägen heute, was die künftige Generation morgen für selbstverständlich halten wird. Welche Kompetenzen brauchen sie, um in einer Welt zu bestehen, die sich gerade erst formt? Und vielleicht noch wichtiger: Welche Haltung lernen sie, durch das, was wir ihnen vorleben?

Kaum jemand bringt die Tragweite dieser Verantwortung so auf den Punkt wie Sam Altman, der CEO von OpenAI – einer der zentralen Architekten der KI-Revolution. In einem Moment unerwarteter Offenheit sagte er in einem Podcast-Segment [107] einen Satz, der uns mitten ins Herz trifft:

> **My kids will never be smarter than AI.**
>
> Sam Altman

Ein Satz, der zunächst wie eine Kapitulation klingt. Doch im selben Atemzug beschrieb er damit keinen Untergang, sondern argumentierte, dass gerade diese Realität den Wert des Menschlichen völlig neu definiert. Sein überraschendster Ratschlag angesichts dieser von KI geprägten Zukunft zielt daher auch genau in diese Richtung: Statt mehr Programmieren und Datenanalyse empfiehlt Sam Altman eine Rückbesinnung auf das, was uns menschlich macht. Diese Verschiebung des Fokus, weg von reiner Rechenleistung hin zu menschlicher Fähigkeit, ist tiefgreifender als die Einführung des Internets. Altman benennt präzise, worauf es aus seiner Sicht nun ankommt: Er glaube, dass sich Kompetenzen wie Resilienz, Anpassungsfähigkeit, Kreativität und die Fähigkeit herauszufinden, was andere Menschen wollen, in den nächsten Jahrzehnten enorm auszahlen werden.

Das ist kein Widerspruch, sondern eine zentrale Erkenntnis für das 21. Jahrhundert: Technologie hat Grenzen. Je mehr die KI rohe Intelligenz zu einer billigen Ressource macht, desto wertvoller wird das, was unersetzlich bleibt: unsere Fähigkeit zur emotionalen Verbindung, unser moralisches Urteilsvermögen und unser kreativer Antrieb.

Grundlage von allem: Die unersetzliche analoge Prägung

Die höchste Priorität für die Vorbereitung auf eine KI-dominierte Zukunft liegt daher in einer Strategie, die zunächst kontraintuitiv wirkt: Verlangsamung und die bewusste Rückkehr zu unserem analogen Fundament. Unsere analoge Prägung, die wir in Kapitel 3 beschrieben haben, ist kein Rückschritt, sondern ein Kraftwerk. Sie trainierte genau die Muskeln, die uns heute stabil halten: Konzentration, Geduld, Urteilskraft.

Technologische Fähigkeiten veralten schnell. Doch Metaskills wie Resilienz, Fokus und Empathie sind wie tief verwurzelte Bäume: Sie geben Halt, wenn der digitale Wind stärker weht. Nicht umsonst wuchsen die Kinder von Tech-Visionären wie Steve Jobs und Bill Gates mit streng limitiertem Zugang zu Technologie auf. [108]

Die Ökonomin Yasmin Weiß bringt es auf den Punkt: „Grundsätzlich gilt: Je technologisierter die Welt um uns herum, desto menschlicher müssen wir selbst werden.“ [109] Diese Aussage ist keine romantische Verklärung, sondern eine wissenschaftlich fundierte Notwendigkeit.

Das Gehirn lernt durch den Körper und die Interaktion mit der physischen Umgebung.

- Verkörperte Kognition: Wenn ein Kind Bauklötze stapelt, lernt es intuitiv die Gesetze der Schwerkraft und Statik. Physisches Spielen, so die American Academy of Pediatrics, baut die Gehirnstruktur auf und entwickelt exekutive Funktionen wie Selbstregulation – eine neuronale Architektur, die kein Bildschirm ersetzen kann. [110]
- Die Neurowissenschaft der Langeweile: In unserer hyper-stimulierten Welt gilt Langeweile als Defizit. Ein fataler Irrtum. Studien belegen, dass Langeweile ein notwendiger Nährboden für Kreativität und Selbstfindung ist, weil das Gehirn beginnt, nach innen zu schauen und neue Verbindungen zu knüpfen. [111; 112]
- Biophilie und Aufmerksamkeitserholung: Die „Attention Restoration Theory“ [113] erklärt den heilsamen Effekt der Natur auf unser Gehirn. Während digitale Umgebungen unsere anstrengende, „gerichtete Aufmerksamkeit“ aufbrauchen, ermöglicht die Natur eine mühelose „weiche Faszination“. Diese erlaubt unserem überlasteten Gehirn, sich auszuruhen und zu regenerieren. [114]

Doch was passiert, wenn ein Gehirn, das sich noch in der Entwicklung befindet, auf die enorme Kraft der KI trifft? Um diese Dringlichkeit zu verdeutlichen, muss man die düstere Alternative betrachten, vor der Vordenker schon *vor* dem Aufstieg von Generative AI warnten.

Der Neurowissenschaftler Manfred Spitzer nannte dies „digitale Demenz“: Er beschreibt damit die aus seiner Sicht drohende Abnahme kognitiver Fähigkeiten, weil Kinder geistige Funktionen zunehmend an digitale Geräte auslagern. [115] Der Tech-Ethiker Tristan Harris kritisiert die systemischen Mechanismen der „Aufmerksamkeitsökonomie“ [116] – ein Geschäftsmodell, das uns mit psychologischen Tricks bewusst süchtig macht. Wir kennen es nur zu gut aus unseren Social-Media-Feeds oder Streaming-Apps. KI optimiert dieses Geschäftsmodell nun zur Perfektion, indem sie für jedes Kind eine maßgeschneiderte, süchtig machende digitale Umgebung schaffen kann.

Die analoge Prägung ist dabei nicht nur Gegenmittel, sie wird zur essenziellen Grundlage. Sie ist das Trainingsgelände, auf dem Kinder die mentalen und emotionalen Fähigkeiten entwickeln, um in einer von KI geprägten Welt nicht nur zu überleben, sondern selbstbestimmt zu handeln.

Herz-Kopf-Bot für die nächste Generation

Wie also rüsten wir die nächste Generation für eine Zukunft, in der KI allgegenwärtig ist? Aus unserer Sicht ist die Antwort nicht *entweder* analog *oder* digital. Die Antwort lautet für uns, die Autoren: Zuerst das Fundament, dann das Werkzeug.

„Müssen die denn nicht lernen, mit dem Smartphone umzugehen?" Selbstverständlich. Aber ein Werkzeug ohne das Verständnis für seine Anwendung und seine Gefahren zu übergeben, ist fahrlässig. Wir setzen ein Kind ja auch nicht aufs Fahrrad, ohne ihm vorher die Bremse zu zeigen.

Das „Herz-Kopf-Bot"-Framework ist für uns genau dieser Bauplan: Es stärkt zuerst das menschliche Fundament (Herz und Kopf), damit die nächste Generation die Technologie (Bot) souverän, kritisch und ethisch gestalten kann, anstatt von ihr gestaltet zu werden.

Herz: Einen Schutzraum für die Menschlichkeit schaffen

Wenn wir unseren Kindern im KI-Zeitalter eine gute Portion analoger Prägung mitgeben wollen, dann ist unsere wichtigste Aufgabe, genau jene Fähigkeiten zu stärken, die den Kern unserer Menschlichkeit ausmachen und zugleich am stärksten unter technologischen Druck geraten: Empathie, Resilienz und echte menschliche Verbindung.

Der Angriff auf die Empathie ist real. Forscherinnen wie die US-amerikanische Soziologin Sherry Turkle warnen seit Jahren, dass Technologie die Empathie „erodiert", weil wir die verletzliche Echtheit eines Gesprächs gegen die saubere Distanz einer Textnachricht tauschen. [117] Der Historiker Harari beschreibt eine neue, alarmierende Frontlinie: Das Schlachtfeld der KI ist nicht mehr nur die Aufmerksamkeit, sondern die menschliche Intimität. Er warnt, dass Algorithmen darauf trainiert werden, Freundschaft zu simulieren, um die tiefsten Gefühle – insbesondere die unserer Kinder – zu manipulieren. Dies geschieht vor dem Hintergrund von Social Media, wo Cybermobbing und ein künstlich befeuerter Perfektionsdruck die Psyche junger Menschen bereits heute einem evolutionär unnatürlichen Stress aussetzen. [118]

Wir, die Autoren, sehen unsere Aufgabe als Erwachsene daher darin, hier ein Gegengewicht zu schaffen:

- Wir müssen ihnen den Wert echter, unvollkommener menschlicher Verbindungen vorleben.
- Wir müssen ihnen beibringen, zwischen authentischen Gefühlen und cleveren Simulationen zu unterscheiden.
- Wir müssen eine Fehlerkultur etablieren, die Scheitern als Lernchance begreift und ihnen die Resilienz gibt, dem psychologischen Druck der digitalen Arena standzuhalten.

Im KI-Zeitalter können wir unseren Kindern kein besseres Geschenk machen.

Kopf: Den kritischen Geist für die Informationsflut schärfen

Wenn eine KI scheinbar überzeugend klingenden Inhalt auf Knopfdruck liefert, wird die Fähigkeit, dieses Wissen zu hinterfragen, zur entscheidenden Kompetenz eines souveränen KI-Anwenders.

Die Verbreitung von KI-generierten Deepfakes und täuschend echten Texten macht kritisches Denken zur letzten echten Firewall gegen Manipulation. Unsere Aufgabe als Erwachsene in der postfaktischen Welt sehen wir daher darin, der nächsten Generation konkrete Werkzeuge des Denkens an die Hand zu geben:

- Wir müssen ihnen Techniken wie das „laterale Lesen" beibringen: die Praxis, Behauptungen nicht innerhalb einer Quelle zu glauben, sondern das Browserfenster zu verlassen und über mehrere Quellen hinweg zu verifizieren, wer wirklich hinter einer Information steckt.
- Wir müssen ihnen den Wert des menschlichen kreativen Prozesses vermitteln. Die Freude, die Frustration und der Durchbruch beim Malen eines Bildes oder Schreiben einer Geschichte sind tiefgreifende Erfahrungen, die weit über das perfekte, KI-generierte Ergebnis hinausgehen.
- Wir müssen KI aber auch als revolutionären Lernpartner begreifen. Anstatt sie zu verbieten, sollten wir das „Co-Learning" för-

dern, bei dem wir gemeinsam mit Kindern die KI als Werkzeug nutzen, um die Welt neugierig zu erforschen und eigene Ideen zu entwickeln.

Kritisches Denken ist der Muskel, der im Zeitalter der KI nicht verkümmern darf. Denn nur wer kritisch denken kann, bleibt auch in einer KI-Welt frei im Kopf und kann selbst entscheiden, was wahr, wichtig und richtig ist.

Bot: Die Spielregeln der digitalen Welt lehren

Natürlich muss die nächste Generation lernen, mit der Technologie umzugehen. Aber nicht als passive Konsumenten, sondern als souveräne Gestalter. Unsere Aufgabe ist es, ihnen zunächst die ethischen Leitplanken und das Wissen über die Funktionsweise der Systeme zu vermitteln.

Zukünftige Generationen wachsen in eine Welt der „Ambient Intelligence" hinein, in der KI unsichtbar in die Umgebung eingebettet ist, in unseren Wohnungen, Autos, Städten und permanent Daten erfasst. [119] Eine Welt, in der Technologie nicht mehr sichtbar ist, aber allgegenwärtig. Wenn die Technologie unsichtbar wird, werden ihre Kontrollfunktionen noch undurchsichtiger.

Unsere Aufgabe als Erwachsene ist es, diese unsichtbare Welt für die Kinder sichtbar zu machen:

- Wir müssen unseren Kindern Datensouveränität als ein Menschenrecht erklären. Sie müssen verstehen, dass die Kontrolle über ihre Daten die Kontrolle über ihre Privatsphäre und ihre persönliche Autonomie bedeutet.
- Dazu müssen wir Datensouveränität auf die Ebene universeller Werte heben, wie sie die Europäische Union in ihrem KI-Gesetz (EU AI Act) verankert. Damit diese Systeme im Einklang mit fundamentalen Werten stehen, betont die EU insbesondere die Wahrung der Grundrechte, Transparenz und menschliche Aufsicht. [12] So werden Kinder zu digitalen Bürgern, die verstehen, dass der Mensch in der „Steuerungshoheit" bleiben muss.
- Und vor allem müssen wir bei uns selbst anfangen: Bereits am Anfang ihres Lebens treffen wir unwiederbringliche Entscheidungen über die Datensouveränität der uns anvertrauten Kinder. Wir

sollten uns sehr genau überlegen, welche Bilder unserer Kinder wir über welche Kanäle mit anderen teilen.

Der Herz-Kopf-Bot als innere Haltung

Das Herz-Kopf-Bot-Framework ist für uns, die Autoren, mehr als ein Konzept, es ist eine Haltung. Wir nutzen sie nicht nur im Berufsleben, sondern auch als Orientierung, wenn es darum geht, unsere Kinder auf die Zukunft vorzubereiten.

- Das Herz steht für die Fähigkeit, menschlich zu bleiben, für Empathie, Mitgefühl, emotionale Stärke und die Motivation und den Wert echter menschlicher Verbindung.
- Der Kopf steht für Klarheit im Denken, für kritische Urteilsfähigkeit, geistige Beweglichkeit und die Fähigkeit, Wahrheit von Täuschung zu unterscheiden.
- Und der Bot steht für das Wissen um die Funktionsweise der Technologie, für das Verständnis, wie Daten, Systeme und Algorithmen wirken, und wie wir uns als Menschen von ihnen abgrenzen.

Gemeinsam schaffen sie ein Gleichgewicht, das die nächste Generation stärkt, nicht nur fachlich, sondern auch innerlich. Sie geben Kindern das Rüstzeug, sich in einer Welt zu behaupten, in der Menschlichkeit und Maschinen untrennbar miteinander verwoben sind. Wenn wir ihnen dieses Fundament mitgeben, kann sich die Hoffnung von Sam Altman erfüllen: Dass unsere Kinder in der Lage sein werden, Dinge zu tun, die wir uns heute nicht ansatzweise vorstellen können.

Globale gesellschaftliche Verantwortung: Mehr als nur Individuen

Die im Herz-Kopf-Bot-Framework skizzierten Kompetenzen sind nicht nur für die Entwicklung jedes Einzelnen von entscheidender Bedeutung; sie sind die Grundvoraussetzung für die Zukunftsfähigkeit unserer gesamten Gesellschaft. Indem wir die nächste Generation mit Empathie, kritischem Denkvermögen und Verantwortungsbewusstsein ausstatten, legen wir das Fundament für unser künftiges Zusammenleben.

Gleichzeitig ermöglichen wir einen kollektiven Erkenntnisgewinn, um die gewaltigen globalen Herausforderungen unserer Zeit zu bewältigen. Die Erziehung der nächsten Generation ist somit untrennbar mit der Gestaltung einer lebenswerten globalen Zukunft verbunden.

Die Herausforderungen der Zukunft meistern

Die Verbindung ist direkt: Eine Generation, die in der Lage ist, komplexe Probleme kreativ zu lösen, die über die Resilienz verfügt, Rückschläge zu überwinden, und die durch Empathie zur Zusammenarbeit motiviert ist, schafft die Basis für mehr Innovation und nachhaltiges Wachstum. Diese gestärkte gesellschaftliche Kapazität kann die Ressourcen freisetzen, die wir dringend benötigen, um existenzielle Bedrohungen wie den Klimawandel, zukünftige Pandemien oder wachsende soziale Ungleichheit anzugehen.

Die Ökonomin und Zukunftsforscherin Yasmin Weiß liefert das wirtschaftliche Fundament für diese These. Sie argumentiert, dass exzellente Bildung und eine flächendeckende digitale Mündigkeit die entscheidenden Voraussetzungen für zukünftigen Wohlstand sind. [120] Die Befähigung der nächsten Generation ist somit keine rein pädagogische Notwendigkeit: Meistern wir diese Aufgabe nicht, wird die Lösung aller weiteren Probleme noch schwieriger. Unser Wohlstand, unsere Lebensweise, kurz: alles, was uns lieb und teuer ist, steht auf dem Spiel.

Die demokratische Zerreißprobe

Eine der dringendsten Herausforderungen im Zeitalter der KI ist die Verteidigung unserer demokratischen Strukturen. Die gleichen Technologien, die Bildung und Teilhabe fördern könnten, können auch zu mächtigen Waffen der Desinformation werden. Der Historiker Yuval Harari warnt eindringlich, dass KI „das Ende der Demokratie" bedeuten könnte. Seine Sorge gilt der Fähigkeit von KI, maßgeschneiderte „kulturelle Kokons" aus Illusionen zu schaffen. Wenn Bürger keine gemeinsame Faktenbasis mehr teilen und ihre Emotionen von Algorithmen geformt werden, die auf Spaltung optimiert sind, erodiert die Grundlage für den demokratischen Diskurs. [118]

Hier wird die direkte Verbindung zur Erziehung im Kleinen offensichtlich: Der Kampf um die Zukunft der Demokratie beginnt nicht im Parlament, sondern am Familientisch und im Klassenzimmer.

- Eine Gesellschaft, deren Bürger mit den Fähigkeiten des „Kopfes" ausgestattet sind – also gelernt haben, Informationen kritisch zu hinterfragen –, ist widerstandsfähiger gegen Desinformationskampagnen.
- Eine Gesellschaft, die auf den Werten des „Herzens" fußt und Empathie für unterschiedliche Perspektiven kultiviert, ist weniger anfällig für algorithmisch angeheizte Polarisierung.
- Und eine Gesellschaft, die die Prinzipien des „Bots" verinnerlicht hat – also Transparenz und menschliche Aufsicht von technologischen Systemen fordert –, ist in der Lage, robuste demokratische Institutionen zu schaffen und zu bewahren.

Doch diese Verantwortung endet nicht an nationalen Grenzen. Die globalen Machtzentren der KI-Entwicklung – allen voran die USA und China – spiegeln unterschiedliche Werte und Governance-Modelle wider. Je stärker unsere Abhängigkeit von den digitalen Infrastrukturen anderer Regionen wächst, desto wichtiger wird es, die eigenen Prinzipien klar zu definieren und zu verteidigen. Der EU AI Act ist Europas prominentester Versuch, genau dies zu tun: Einen eigenen, wertebasierten „dritten Weg" der KI-Regulierung zu etablieren, der sich bewusst vom stärker marktgetriebenen Ansatz der USA und dem staatlich kontrollierten Modell Chinas abgrenzt. [12]

Die Bewahrung unserer grundlegenden Werte ist eine aktive Gestaltungsaufgabe. Die Summe der individuellen Kompetenzen, die wir der nächsten Generation mitgeben, entscheidet über die kollektive Weisheit – und die Widerstandsfähigkeit – unserer Gesellschaft in der KI-Ära.

Bezugspersonen als Leuchttürme: Die Macht von Vorbildern

Die Prinzipien in diesem Buch sind für uns auch ein Aufruf zum Handeln, der bei dir beginnt. Denn die wirkungsvollste Methode, um Werte wie Empathie, kritisches Denken und digitale Mündigkeit an die nächste Generation weiterzugeben, ist nicht das Predigen, sondern das Vorleben. Kinder lernen weniger durch das, was wir sagen, als durch das, was wir tun.[27] Unsere eigene Beziehung zur Technologie, unsere Kommunikationsgewohnheiten und unsere Fähigkeit, präsent zu sein, bilden das eigentliche Curriculum, das wir täglich vermitteln. In diesem Sinne sind wir keine Prediger, sondern Leuchttürme, die durch ihr eigenes Licht den Weg weisen.

Unser Bauchgefühl sagt es, die Forschung bestätigt es: Das Verhalten von Erwachsenen prägt die Online-Gewohnheiten von Kindern massiv. [121; 122] Wenn wir beim Abendessen aufs Smartphone schauen, untergräbt das jede Regel zu bildschirmfreien Mahlzeiten. Entscheidend ist die Konsistenz zwischen dem, was wir sagen, und dem, was wir tun. Sie ist der Schlüssel zu einem sicheren und souveränen Umgang mit digitalen Technologien.

Unsere Rolle verändert sich damit grundlegend: vom Kontrolleur zum Begleiter, vielleicht sogar zum Mitlernenden. Es geht nicht darum, jede App zu kennen oder alle Trends zu verstehen, sondern darum, eine Haltung vorzuleben, geprägt von Neugier, Achtsamkeit und echtem Interesse an der digitalen Welt unserer Kinder. Wir – die Autoren – glauben, Kinder brauchen keine fehlerlosen Vorbilder, sondern Erwachsene, die bereit sind, Fragen zu stellen, zu zweifeln und gemeinsam zu lernen.

Eine solche Haltung zeigt sich im Alltag nicht in großen Erziehungsakten, sondern in vielen kleinen, stillen Entscheidungen. Wenn Familien gemeinsam festlegen, welche Rolle Technologie im Leben spielen soll. Wenn bestimmte Räume oder Zeiten konsequent bildschirmfrei bleiben – etwa beim Essen oder vor dem Schlafengehen –, um echten Begegnungen Vorrang zu geben. Oder wenn Kinder über unangenehme Online-Erfahrungen sprechen und wir zunächst zuhören, statt sofort zu reagieren. Manchmal ist ein einfaches „Danke, dass du mir das erzählst" der Beginn eines echten Vertrauensgesprächs.

Bei jüngeren Kindern geht es vor allem darum, Medien gemeinsam zu erleben: Geschichten zusammen anzuschauen, über Gefühle zu

[27] Diese Erkenntnis lässt sich zurückführen auf die sozialkognitive Lerntheorie des kanadischen Psychologen Albert Bandura und wurde in zahlreichen Studien bestätigt.

sprechen und unstrukturiertem, körperlichem Spiel Vorrang zu geben.[28] Im Grundschulalter kommt das Reflektieren hinzu, das Nachfragen, wie Freundschaften online und offline funktionieren, das Sprechen über Cybermobbing oder das Überprüfen von Online-Informationen („Wie könnten wir herausfinden, ob das stimmt?“). Und in der Pubertät schließlich rückt die Verantwortung in den Vordergrund: der kritische Blick auf Algorithmen, Selbstdarstellung und Plattformmechanismen sowie die Frage, wie sich digitale Freiheit und persönliche Integrität vereinbaren lassen.

All das ist kein Regelwerk, sondern ein Entwicklungsprozess, für Kinder ebenso wie für Erwachsene. Wer bereit ist, nicht nur zu lehren, sondern selbst zu lernen, stärkt die Verbindung, die jede Technologie überdauert: echte Beziehung. Denn am Ende leuchten wir nicht, weil wir perfekt sind, sondern weil wir sichtbar machen, was uns wichtig ist – und dadurch Orientierung geben in einer Welt, die sich jeden Tag neu erfindet.

Abschluss: Die Zukunft ist in unseren Händen – jetzt und für immer

Wir stehen an einem Wendepunkt der Geschichte. Die Entscheidungen, die wir heute in Bezug auf KI treffen, in unseren Familien, unseren Schulen und unserer Gesellschaft, sind nicht nur flüchtige Anpassungen an eine neue Technologie. Sie sind die Saat, die wir für eine Zukunft säen, die wir selbst vielleicht nicht in ihrer vollen Blüte erleben werden, für die wir aber die uneingeschränkte Verantwortung tragen. Jedes Gespräch, das wir führen, jede Grenze, die wir setzen, jede analoge Erfahrung, die wir ermöglichen, ist ein Beitrag zu dem Fundament, auf dem die nächste Generation ihre Welt errichten wird.

Die Aufgabe mag gewaltig erscheinen, und die Geschwindigkeit des Wandels kann überwältigend sein. Doch die Botschaft dieses Kapitels ist eine der Ermächtigung, nicht der Angst. Die wirkungsvollsten Werkzeuge, die wir unseren Kindern mitgeben können, sind nicht die neuesten Gadgets oder die fortschrittlichsten Programmiersprachen.

[28] Hier interessant zu wissen: Das Bundesministerium für Familie, Senioren, Frauen und Jugend (BMFSFJ) empfiehlt für Kinder bis drei Jahre gar keine Bildschirmzeit.

Es sind die zeitlosen menschlichen Qualitäten: die Fähigkeit zu lieben und geliebt zu werden, die Neugier, die Welt zu erforschen, die Resilienz, nach einem Sturz wieder aufzustehen, und der moralische Kompass, das Richtige zu tun, auch wenn es schwierig ist.

In einer Welt, in der Intelligenz zur Ware wird, wird unsere Menschlichkeit zu unserem wertvollsten Gut. Die Zukunft gehört nicht denen, die versuchen, mit Maschinen zu konkurrieren. Sie gehört denen, die verstehen, was es bedeutet, Mensch zu sein, und die Technologie als Werkzeug nutzen, um diese Menschlichkeit zu erweitern, nicht um sie zu ersetzen.

Das Erbe, das wir hinterlassen, wird nicht in den Algorithmen gemessen, die wir schreiben, sondern in der Stärke des Charakters der Kinder, die wir großziehen. Es liegt in unserer Hand, ob sie zu passiven Konsumenten einer von Maschinen gestalteten Realität werden oder zu aktiven, mitfühlenden und weisen Architekten einer besseren Zukunft. Die Zukunft ist kein unabwendbares Schicksal; sie ist eine Entscheidung, die wir jeden Tag aufs Neue treffen. Sie liegt in unseren Händen.

Dein Vermächtnis-Check: Was gibst du weiter?

Dieses Kapitel hat die enorme Verantwortung beleuchtet, die wir als Vorbilder für die nächste Generation tragen, in einer Welt, die sie nie ohne KI kennen werden.

Nimm dir jetzt einen Moment Zeit, um zu reflektieren, welches Fundament du legst und welche Weichen du stellst.

Dein Vermächtnis-Check

Der Analog-Scan: Wie stark ist euer Fundament?

Die analoge Prägung ist das Kraftwerk für Resilienz und Fokus. Wie präsent ist sie in deinem Leben und dem der Kinder, die du begleitest?

- Deine Offline-Oasen: Denke an deinen typischen Tagesablauf und den deiner Familie (oder der Kinder in deinem Umfeld). Welche Momente sind bewusst bildschirmfrei (Mahlzeiten, Schlafenszeit, Autofahrten)? Wo gibt es Raum für unstrukturierte Zeit, Langeweile oder Naturerlebnisse?

- Der Vorbild-Check: Wie oft greifst du selbst in Gegenwart von Kindern zum Smartphone – aus Gewohnheit, nicht aus Notwendigkeit? Welche nonverbale Botschaft sendest du damit über die Wichtigkeit von digitaler vs. analoger Präsenz?
- Deine Erkenntnis: Was ist eine kleine, konkrete Veränderung, die du diese Woche einführen könntest, um das analoge Fundament zu stärken – für dich und für die Kinder um dich herum? (z. B. Handy beim Essen in ein anderes Zimmer legen, einen Spaziergang ohne Gerät machen)

Der Herz-Kopf-Bot-Kompass für Kinder

Wir wollen Kinder auf die KI-Zukunft vorbereiten. Aber wie sieht die Balance aktuell aus?

- Herz-Check: Wie viel Raum gibst du Gesprächen über Gefühle, Empathie und den Umgang mit Fehlern und Rückschlägen? Wie lebst du selbst emotionale Intelligenz im Umgang mit Technologie vor?
- Kopf-Check: Wie förderst du kritisches Denken gegenüber digitalen Inhalten? Stellt ihr gemeinsam Fragen wie „Woher kommt diese Information?" oder „Könnte das auch anders sein?" Wie ermutigst du kreative Prozesse, die nicht auf Knopfdruck Ergebnisse liefern?
- Bot-Check: Sprichst du mit Kindern altersgerecht über Datensicherheit, Privatsphäre und die Mechanismen hinter Algorithmen (z. B. „Warum zeigt dir YouTube immer ähnliche Videos?")? Kennst du die Tools, die sie nutzen, und hast du klare (gemeinsame) Regeln aufgestellt?
- Deine Erkenntnis: In welcher der drei Dimensionen (Herz, Kopf, Bot) siehst du für die Kinder in deinem Leben aktuell

den größten Entwicklungsbedarf – und wo kannst du als Vorbild den stärksten Impuls setzen?

Der Leuchtturm-Moment: Deine Haltung zählt

Kinder lernen durch Beobachtung. Deine Haltung zur Technologie prägt ihre mehr als jede Regel.

- ⋆ Deine Beziehung zur Technik: Siehst du KI primär als Bedrohung, als unvermeidbares Übel oder als Werkzeug, das man bewusst gestalten kann? Welche dieser Haltungen spüren die Kinder um dich herum?
- ⋆ Der Dialog: Bist du bereit, mit Kindern offen über die Chancen und Risiken von KI zu sprechen, auch wenn du selbst nicht alle Antworten kennst? Oder vermeidest du das Thema eher?
- ⋆ Deine Kernbotschaft: Wenn du nur eine Botschaft über den Umgang mit Technologie an die nächste Generation weitergeben könntest, welche wäre das? Und wie könntest du diese Botschaft diese Woche weitergeben?

Kapitel 12
One Shot,
One Opportunity

Look, if you had one shot or one opportunity to seize everything you ever wanted in one moment. Would you capture it or just let it slip?

Eminem

Kapitel 12: One Shot, One Opportunity

Liebe Leserin, lieber Leser,

wenn du diese Zeilen liest, hast du dich intensiv mit den Chancen und Herausforderungen einer Welt auseinandergesetzt, die sich schneller wandelt, als wir es uns je hätten vorstellen können. Zuerst einmal: Danke. Danke für deine Zeit, für deine Offenheit und für deine Bereitschaft, dich mit den oft komplexen und manchmal auch beängstigenden Aspekten der Künstlichen Intelligenz auseinanderzusetzen. Vielleicht hast du dir Notizen gemacht, Übungen ausprobiert oder einfach nur nachgedacht. Was auch immer deine Herangehensweise war, das Wichtigste ist, dass du dich auf den Weg gemacht hast.

Wenn du dieses Buch jetzt zuklappst, nimm eine Erkenntnis mit: Die Zukunft ist keine technologische Prophezeiung, der wir hilflos ausgeliefert sind. Sie ist auch ein zutiefst menschlicher Gestaltungsakt, bei dem jeder von uns eine entscheidende Rolle spielen kann. Du musst nicht morgen zum KI-Experten werden. Es reicht, wenn du heute ein bisschen neugieriger, ein bisschen reflektierter und ein bisschen mutiger bist als gestern. Es geht nicht um Perfektion, sondern um den aktiven Umgang mit der Entwicklung. Um den ersten Impuls, der zu vielen weiteren führt.

Die größte Transformation ist nicht die Technologie selbst, sondern unsere Fähigkeit, mit ihr zu wachsen und sie zu formen. Genau dafür haben wir dir die Herz-Kopf-Bot-Formel als Denkmodell und den AI Co-Growth-Cycle als konkreten Handlungsrahmen an die Hand gegeben. Dieser Zyklus ist mehr als ein Plan, er ist ein selbstverstärkender Kreislauf. Du nutzt die KI als Assistenten und Sparringspartner (Co-Working) und gewinnst dadurch Freiraum. Diesen Freiraum nutzt du, um die KI als Trainer einzusetzen (Skill-Building) und deine neun entscheidenden Skills gezielt zu schärfen. Mit diesen geschärften Skills wird dein nächster Einsatz der KI noch präziser und wertvoller. Es ist ein Werkzeug zur Selbstreflexion und eine Einladung, aktiv ins Tun zu kommen – damit dein Herz offen, dein Kopf klar und dein Bot smart bleibt.

Die Gestaltung der KI-Ära ist kein Solo-Projekt, sie ist Teamsport. Ein Teamsport, der in unseren Büros beginnt, jedoch draußen, außerhalb des Office, seine wahre Bedeutung entfaltet. Denn unsere größte Verantwortung ist nicht die Optimierung von Prozessen, sondern der Fußabdruck, den wir in unserer Gesellschaft hinterlassen.Es ist die Verantwortung, der nächsten Generation eine starke, analoge Seele mit auf den Weg zu geben, ein Fundament aus Empathie, Resilienz und kritischem Geist, das sie befähigt, in einer Welt voller intelligenter Maschinen souveräne, mitfühlende und weise Menschen zu werden und zu bleiben.

Der Weg ins KI-Zeitalter ist kein fester Pfad. Er ist ein offenes Feld voller Möglichkeiten, das du spätestens jetzt betreten hast. Um es mit den Worten eines großen Poeten unserer Zeit zu sagen:

„You only get one shot... This opportunity comes once in a lifetime.“

Dies ist dein Moment – mit dir beginnt die Gestaltung. Wir sind fest davon überzeugt, dass du mit den passenden Werkzeugen und der richtigen Haltung diese Zukunft nicht nur meistern, sondern aktiv mitprägen wirst.

Am Ende aller Debatten über Superintelligenz und exponentielles Wachstum bleibt eine einfache, fast schon archaische Wahrheit. Wie Simon Sinek es auf den Punkt bringt:

> **100% der Angestellten sind Menschen. 100% der Kunden sind Menschen. 100% der Investoren sind Menschen. Wenn du Menschen nicht verstehst, verstehst du kein Geschäft**
>
> Simon Sinek

Wir wollen von Menschen geführt, von Menschen verstanden und von Menschen inspiriert werden. Eine unserer größten Stärken in dieser maschinengetriebenen Ära ist unsere Menschlichkeit. Wir tun gut daran, sie zu schützen und zu bewahren, denn sie ist – und bleibt – das, was uns einzigartig macht.

Wir würden uns freuen, wenn der Austausch hier nicht endet. Nimm Kontakt mit uns auf – über Social Media oder www.herzkopfbot.com –, teile deine Erfahrungen und Fragen. Lass uns gemeinsam wachsen.

Mit besten Wünschen und voller Zuversicht,

Jenny & Michel

Anhang

Glossar

Dieses Glossar bündelt zentrale Begriffe unseres Buches. Allgemein etablierte Begriffe erklären wir in ihrem üblichen Sinn; von uns geprägte Begriffe definieren wir so, wie wir sie im Buch verwenden.

Alle Erklärungen sind **bewusst verkürzt, vereinfacht und in verständlicher Sprache** formuliert – damit du die wichtigsten Konzepte schnell einordnen und im Kontext des Buches direkt anwenden kannst.

AGI (Artificial General Intelligence) – Auch „starke KI" genannt; beschreibt eine hypothetische Form der KI, die jede intellektuelle Aufgabe bewältigen könnte – auch solche, die sie noch nie zuvor gesehen hat. Eine solche KI existiert bislang nicht.

Agentic AI – Ein Konzept oder Paradigma der KI, bei dem Systeme zielorientiert agieren, eigenständig Aufgaben über mehrere Schritte planen, Werkzeuge nutzen und Entscheidungen treffen, statt nur auf Anweisungen zu reagieren. Benötigt klare Leitplanken und menschliche Aufsicht.

AI Agent (KI-Agent) – Die konkrete Umsetzung des Agentic AI-Konzepts; ein (teil-)autonomes KI-System, das Ziele verfolgt, plant, Entscheidungen trifft und Werkzeuge (Tools) nutzt, um diese Ziele zu erreichen.

AI Co-Growth-Cycle – Ein selbstverstärkender Entwicklungsprozess, bei dem die Stärkung einer der drei Dimensionen – Herz, Kopf und Bot – auch die anderen beiden stärkt. Diese Dynamik aus menschlichen Fähigkeiten und Technologie führt zu einem kontinuierlichen Wachstum. Der Zyklus entfaltet sich durch die regelmäßige Zusammenarbeit mit KI (Co-Working) und gezieltes Training mit KI (Skill-Building).

AI Effect – Tendenz, dass Leistungen von KI nach ihrer Etablierung nicht mehr als „echte KI" gelten („Wenn es funktioniert, ist es keine KI mehr") – wodurch der Fortschritt durch KI oft unterschätzt wird.

Ambient Intelligence – Beschreibt Umgebungen, in denen KI unauffällig im Hintergrund wirkt, Daten erfasst und sich automatisch an menschliche Bedürfnisse anpasst. Technologie ist überall – aber kaum noch sichtbar.

Analoge Prägung – Die Lebenserfahrung, die in einer Welt ohne die allgegenwärtige Begleitung durch Künstliche Intelligenz gesammelt wurde. Sie beschreibt die prägenden Jahre ohne ständige digitale Assistenz, in denen Fähigkeiten wie Geduld, Aufmerksamkeit, Empathie und kritisches Denken trainiert wurden.

API (Application Programming Interface) – Eine Programmierschnittstelle, die es verschiedenen Software-Anwendungen ermöglicht, miteinander zu kommunizieren und Daten auszutauschen. APIs sind die Grundlage für die Automatisierung von app-übergreifenden Prozessen.

Artikulierbares implizites Wissen – Praktisches Erfahrungswissen aus dem Arbeitsalltag, das meist nicht niedergeschrieben ist, aber prinzipiell beschrieben werden kann. Dieses Wissen wird für KI nutzbar, sobald es dokumentiert wird.

Attention Restoration Theory – Eine psychologische Theorie, die erklärt, warum der Aufenthalt in der Natur die kognitive Leistungsfähigkeit wiederherstellt.

Aufmerksamkeitsökonomie – Ein Geschäftsmodell, das darauf ausgelegt ist, die Aufmerksamkeit von Nutzern durch psychologische Anreize so lange wie möglich zu binden, um Werbeeinnahmen oder Engagement zu maximieren.

Bias (Allgemein) – Systematische Verzerrungen in Daten, Algorithmen oder menschlichen Interpretationen, die zu unfairen, ungenauen oder einseitigen Ergebnissen führen können. Im KI-Kontext oft durch unausgewogene Trainingsdaten verursacht.

Bot – Eine der drei Kerndimensionen der „Herz-Kopf-Bot-Formel", die für die technologischen Fähigkeiten in der KI-Ära steht. Dies umfasst das grundlegende Technologie- und Datenverständnis, die Prozessautomatisierung sowie die Kompetenz im Umgang mit Predictive, Generative und Agentic AI.

Business Intelligence (BI)-Tools – Software-Anwendungen wie Power BI oder Tableau, die Unternehmensdaten aus verschiedenen Quellen zusammenführen, analysieren und in interaktiven Dashboards visualisieren, um geschäftliche Erkenntnisse zu gewinnen.

Citizen Developer – Anwender ohne formale Programmierkenntnisse, die mithilfe von No-Code- oder Low-Code-Plattformen eigene kleine Anwendungen und Automatisierungen für ihren Arbeitsalltag erstellen.

Co-Working (KI als Assistent) – Modus, in dem KI Arbeitsschritte übernimmt oder beschleunigt, während der Mensch die Richtung und Qualität vorgibt.

CRISP-DM-Modell – Ein etablierter methodischer Rahmen (Cross-Industry Standard Process for Data Mining), der den Ablauf von Predictive-AI-Projekten in sechs Phasen strukturiert: von der Problemstellung (Business Understanding) bis zur Implementierung (Deployment).

Data Drift – Die Veränderung von Datenmustern über die Zeit, die dazu führt, dass ein trainiertes Predictive-AI-Modell an Relevanz und Genauigkeit verliert, weil seine Trainingsdaten nicht mehr die aktuelle Realität widerspiegeln.

Datenkompetenz – Die Fähigkeit, Daten zu lesen, kritisch zu bewerten (Herkunft, Qualität, Kontext), zu interpretieren und als Grundlage für fundierte Entscheidungen zu nutzen.

Datensouveränität – Die Fähigkeit und das Recht von Individuen oder Organisationen, die Kontrolle über ihre eigenen Daten auszuüben. Umfasst den selbstbestimmten und transparenten Umgang mit Daten, um Privatsphäre und Autonomie zu schützen.

Delegations-Falle – Risiko, zu viel an KI abzugeben und dadurch die eigenen Fähigkeiten zu wenig zu trainieren.

De-Skilling – Der schleichende Verlust von kognitiven oder praktischen Fähigkeiten, weil diese durch den übermäßigen Einsatz von Technologie (insbesondere KI) nicht mehr regelmäßig angewendet und trainiert werden.

Digitales Ökosystem – Die Gesamtheit der technologischen Bausteine eines Arbeitsplatzes, einschließlich Hardware, Software, Netzwerke, Speicherorte (Cloud/On-Premises) und Schnittstellen (APIs). Ein Verständnis dieses Ökosystems bildet die Basis für technologische Souveränität.

Digitale Mündigkeit – Die Fähigkeit, digitale Technologien und insbesondere KI souverän, kritisch, selbstbestimmt und verantwortungsvoll zu nutzen. Gilt als entscheidende Voraussetzung für die Zukunftsfähigkeit von Individuen und Gesellschaften.

ELIZA-Effekt – Die Tendenz von Menschen, Maschinen oder Computerprogrammen unbewusst menschliche Eigenschaften und Gefühle wie Verständnis oder Empathie zuzuschreiben, obwohl diese nur simuliert werden.

ETL (Extract, Transform, Load) – Ein Prozess in der Datenverarbeitung, bei dem Daten aus verschiedenen Quellen extrahiert (Extract), in ein einheitliches Format umgewandelt (Transform) und in ein Zielsystem geladen (Load) werden.

EU AI Act – Eine Verordnung der Europäischen Union, die einen risikobasierten Regulierungsansatz für KI verfolgt: Je höher das potenzielle Risiko einer KI-Anwendung, desto strengere Vorgaben gelten in Bezug auf Sicherheit, Transparenz und menschliche Aufsicht.

Extended-Mind-Theorie – Eine Theorie, die besagt, dass menschliches Denken nicht auf das Gehirn beschränkt ist, sondern sich durch externe Werkzeuge wie Notizen, Computer und KI-Systeme erweitern wird.

Fine-Tuning – Bezeichnet den Prozess, bei dem ein bereits vortrainiertes Foundation Model für einen spezifischen Zweck nachtrainiert wird, indem seine internen Parameter angepasst werden. Im Gegensatz zum Grounding/RAG wird das Modell selbst verändert.

FOBO (Fear of Becoming Obsolete) – Die Angst, durch neue Technologien überflüssig zu werden.

Foundation Model – Bezeichnet ein großes, vortrainiertes KI-Modell, das auf riesigen Datenmengen basiert und anschließend für viele verschiedene Aufgaben weiterverwendet oder angepasst werden kann. Foundation Models bilden die Grundlage für Systeme wie ChatGPT, Copilot oder Claude und ermöglichen vielseitige Anwendungen

Future Readiness – Zukunftsfähigkeit, die entsteht, wenn menschliche Fähigkeiten mit Technologie wirksam verbunden werden.

Future Skills – Bezeichnung für zahlreiche Fähigkeiten, die in der KI-Ära als entscheidend gelten. Das Buch ordnet diese den drei Dimensionen Herz, Kopf und Bot zu.

Gedächtnis (Memory) – Die Fähigkeit von Chatbots oder KI-Agenten, Informationen aus Interaktionen zu speichern und später wieder zu nutzen. Unterschieden wird zwischen Kurzzeitgedächtnis (Kontext der aktuellen Aufgabe) und einem optionalen Langzeitgedächtnis, das dauerhaft Informationen wie Nutzerpräferenzen oder frühere Ergebnisse speichert.

Generative AI – Eine Form der KI, die auf Basis von Nutzereingaben (Prompts) neue Inhalte wie Texte, Bilder oder Audio erzeugen kann. Durch ihre intuitive, chatbasierte Oberfläche wurde KI für eine breite Masse zugänglich. Die Systeme basieren häufig auf großen Sprachmodellen (Large Language Models), die auf der Berechnung von statistischen Wahrscheinlichkeiten von Wortfolgen beruhen.

General Purpose Technology (GPT) – Eine revolutionäre Technologie wie die Dampfmaschine oder das Internet, die unzählige Bereiche von Wirtschaft und Gesellschaft grundlegend umkrempelt, statt nur eine kleine Nische zu transformieren. KI wird als eine solche Technologie angesehen.

Grounding – Bezeichnet den Prozess, bei dem ein Foundation Model mit externen, überprüfbaren Informationen „geerdet" wird, um Halluzinationen zu minimieren und kontextspezifische Antworten zu geben. Erfolgt oft mittels RAG, wobei das Modell selbst unverändert bleibt.

Growth Mindset – Die Überzeugung, dass Fähigkeiten und Intelligenz nicht starr sind, sondern durch Anstrengung, Lernen und Übung entwickelt werden können, und dass Fehler und Herausforderungen als Chancen zum Lernen gesehen werden.

Guardrails (Leitplanken) – Definierte Grenzen, Regeln oder Sicherheitsmechanismen, die das Verhalten eines KI-Agenten einschränken, um unerwünschte Aktionen oder Risiken zu verhindern.

Halluzinieren – Die Eigenschaft von generativen Sprachmodellen, Antworten zu geben, die überzeugend klingen, aber sachlich falsch sind. Dies geschieht, weil das Modell darauf ausgelegt ist, immer etwas sprachlich Wahrscheinliches zu sagen, und „Wissenslücken" füllt, anstatt sie zu erkennen.

Herz – Eine der drei Kerndimensionen der „Herz-Kopf-Bot-Formel", die für die zwischenmenschlichen und persönlichen Kompetenzen steht. Sie umfasst Fähigkeiten im Umgang mit sich selbst, mit anderen und Überzeugungskraft.

Herz-Kopf-Bot als Haltung – Verständnis, Entscheidungen so zu treffen, dass Herz, Kopf und Bot bewusst zusammenspielen; ein praktischer Kompass im Alltag.

Herz-Kopf-Bot-Formel – Eine von den Autoren entwickelte Formel, die das Zusammenspiel der Zukunfts-Skills darstellt: **(Herz + Kopf) × Bot = Future Readiness**. Sie besagt, dass menschliche und kognitive Fähigkeiten (Herz und Kopf) die Basis bilden und durch technologische Kompetenz (Bot) als Multiplikator verstärkt werden.

Herz-Kopf-Bot-Skill-Map – Persönliche Standortbestimmung als Spinnendiagramm über Herz, Kopf und Bot; macht Stärken und Entwicklungsfelder sichtbar.

Homogenisierungseffekt – Im Zusammenhang mit KI: Bezeichnet das Phänomen, dass der wiederholte, häufige Kontakt mit KI-generierten Vorschlägen die menschlichen Denkmuster so prägen kann, dass eigene Ideen gleichförmiger und weniger originell werden.

Human-in-the-Loop – Das Prinzip, dass bei KI-gestützten Prozessen an kritischen Stellen eine menschliche Überprüfung und Freigabe stattfindet. Der Mensch behält die finale Entscheidungsgewalt und Verantwortung.

Human Oversight (Menschliche Aufsicht) – Ein zentrales Prinzip des EU AI Acts, das für Hochrisiko-KI-Systeme eine wirksame menschliche Überwachung vorschreibt. Die Ergebnisse der KI müssen für den Menschen überprüfbar, korrigierbar und das System bei Bedarf abschaltbar sein.

Illusion of Competence – Im Zusammenhang mit KI: Ein psychologisches Phänomen, bei dem man die qualitativ hochwertigen Ergebnisse einer KI fälschlicherweise der eigenen Kompetenz zuschreibt und dadurch den Blick für die tatsächlichen eigenen Fähigkeiten verliert.

Intuitives implizites Wissen – Tief verinnerlichtes Erfahrungs- und Urteilswissen, das sich kaum in Worte fassen lässt. Dazu gehören das Gespür für Situationen und Menschen (Intuition), das grundlegend menschlich bleibt.

KI-Ära – Die gegenwärtige und zukünftige Epoche, die maßgeblich durch die Entwicklung und Integration von Künstlicher Intelligenz in alle Lebens- und Arbeitsbereiche geprägt ist.

KI-Governance – Ein strategischer Rahmen, bestehend u. a. aus Vision, Strategie und Richtlinien, der den verantwortungsvollen und sicheren Einsatz von KI in einer Organisation regelt.

Kodifiziertes Wissen – Wissen, das dokumentiert, strukturiert und maschinenlesbar vorliegt, wie Fachtexte, Richtlinien oder Regelwerke. Diese Form von explizitem Wissen ist für KI-Systeme direkt verwendbar.

Kognitive Dissonanz – Ein Gefühl des Unbehagens, das durch widersprüchliche Wahrnehmungen entsteht, z. B. zwischen dem Hype um die Möglichkeiten der KI und der Realität im eigenen Arbeitsalltag.

Kollektive Intelligenz („c-Faktor") – Die emergente Intelligenz einer Gruppe, die stärker von sozialer Sensibilität und ausgeglichenen Gesprächsanteilen abhängt als von der Intelligenz einzelner Mitglieder. Sie gilt als wichtiger Faktor für die Leistungsfähigkeit von Teams.

Komplexitätsprämie – Die beobachtbare Tendenz, dass Rollen, die ein breites Set komplexer menschlicher Fähigkeiten wie Empathie, Urteilsvermögen, Kreativität oder Kontextwissen erfordern, im KI-Zeitalter als weniger automatisierbar gelten – und dadurch tendenziell stabiler und oft auch besser vergütet sind.

Kontextfenster (Context Window) – Die Menge an Information (gemessen in Tokens), die ein Sprachmodell (LLM) gleichzeitig berücksichtigen kann, wenn es eine Antwort generiert. Ein größeres Kontextfenster erlaubt die Verarbeitung längerer Texte oder komplexerer Dialoge.

Kopf – Eine der drei Kerndimensionen der „Herz-Kopf-Bot-Formel", die für die intellektuellen und kognitiven Fähigkeiten steht. Dies umfasst Wissensmanagement, analytisches, kritisches & kreatives Denken sowie vernetztes Denken.

Large Language Model (LLM) – Ein großes Sprachmodell, das auf Basis von riesigen Textmengen trainiert wurde, um menschliche Sprache zu verstehen und zu erzeugen. LLMs sind die technologische Grundlage für viele generative KI-Anwendungen wie ChatGPT.

Laterales Lesen – Eine Technik der Medienkompetenz, bei der Informationen nicht innerhalb einer einzigen Quelle überprüft werden, sondern indem man die Quelle verlässt und die Behauptungen über mehrere, unabhängige Quellen hinweg verifiziert.

Low-Code/No-Code – Plattformen, die es Nutzern ermöglichen, Anwendungen und Automatisierungen mit geringen oder gar keinen Programmierkenntnissen zu erstellen, oft über eine grafische Benutzeroberfläche. Sie machen Fachanwender zu *Citizen Developern*, die eigenständig digitale Lösungen bauen.

Multimodalität – Die Fähigkeit von KI-Modellen, nicht nur Text, sondern auch andere Arten von Daten wie Bilder, Audio oder Videos zu verarbeiten und zu generieren.

Neuronale Netze (Künstliche Neuronale Netze, KNN) – Von der Struktur des menschlichen Gehirns inspirierten Modelle der KI. Sie bestehen aus vielen miteinander verbundenen künstlichen Neuronen, die in Schichten organisiert sind und durch Training lernen, Muster in Daten zu erkennen. Tiefe neuronale Netze (Deep Neural Networks) mit vielen Schichten bilden die Grundlage moderner KI-Systeme – darunter auch Large Language Models (LLMs).

One-Person-Unicorn – Ein Ein-Personen-Unternehmen, das es – nur mit Unterstützung von KI – zu einer Milliardenbewertung schafft.

Predictive AI – Eine Form der KI, die auf Basis von Datenmustern aus der Vergangenheit Vorhersagen trifft. Sie arbeitet meist unsichtbar im Hintergrund, beispielsweise bei der Betrugserkennung von Banken, der Optimierung von Lieferketten oder bei personalisierten Produktvorschlägen.

Prompt – Eine Anweisung, die an eine Generative AI gegeben wird. Die Qualität der Eingabe ist ein entscheidender Faktor für die Qualität des Outputs.

Prompt-Bibliothek – Eine geteilte Sammlung von bewährten Prompts für wiederkehrende Aufgaben, die es Teams ermöglicht, Wissen zu teilen und die KI-Nutzung zu standardisieren.

Prozess-Automatisierung – Regeln und Workflows, die wiederkehrende Aufgaben systematisch von Software ausführen lassen; kann durch KI erweitert werden.

Psychologische Sicherheit – Ein Arbeitsklima, in dem es als sicher empfunden wird, zwischenmenschliche Risiken einzugehen, wie z. B. Fehler zuzugeben, Fragen zu stellen oder neue Ideen vorzuschlagen, ohne negative Konsequenzen zu fürchten. Gilt als wichtige Grundlage für Teamleistung und Innovation.

RAG (Retrieval-Augmented Generation) – Eine Technik, bei der ein Sprachmodell auf externe, aktuelle Wissensquellen zugreift, bevor es eine Antwort generiert. Dies hilft, Halluzinationen zu reduzieren und ermöglicht Antworten, die auf spezifischen, vom Nutzer bereitgestellten Dokumenten basieren, oft inklusive Quellenangaben.

ReAct (Reasoning and Action) – Ein verbreitetes Framework für die Funktionsweise von KI-Agenten, das einen zyklischen Prozess aus Wahrnehmung der Umgebung, Überlegung/Planung (Reasoning) und Ausführung von Aktionen (Action) beschreibt, gefolgt von einer Beobachtung des Ergebnisses zur Anpassung.

Reasoning-Modelle – Fortgeschrittene Sprachmodelle, die darauf ausgelegt sind, mehrstufig und logisch zu denken, komplexe Aufgaben zu strukturieren und Zwischenschritte nachzuvollziehen.

Resilienz – Die Fähigkeit, nach Rückschlägen, Stress oder Veränderungen nicht nur standzuhalten, sondern sich wieder aufzurichten und gestärkt daraus hervorzugehen.

Schatten-KI (Shadow AI) – Die Nutzung von nicht offiziell vom Unternehmen freigegebenen, oft privaten oder öffentlichen KI-Tools durch Mitarbeitende für berufliche Zwecke. Birgt erhebliche Risiken bezüglich Datenschutz, Sicherheit und Compliance.

Second Brain – Ein von Tiago Forte popularisiertes Konzept für ein systematisches persönliches Wissensmanagement zum Sammeln, Organisieren und Wiederfinden von Informationen. In der KI-Ära dient es als kuratierte Wissensbasis für den Nutzer und seine KI-Assistenten.

Single Source of Truth – Ein Prinzip der Datenverwaltung, bei dem eine bestimmte Datenquelle als die eine, verlässliche und maßgebliche Version der Wahrheit gilt, um Inkonsistenzen zu vermeiden.

Skill-Building (KI als Trainer) – Ein Modus der Zusammenarbeit, bei dem die KI als persönlicher Trainer genutzt wird, um die eigenen Fähigkeiten gezielt zu stärken. Die KI gibt dabei keine fertigen Lösungen, sondern agiert als Coach, der durch Übungen und Simulationen das Training unterstützt.

Token – Die kleinste Einheit, in die Text für die Verarbeitung durch ein Sprachmodell (LLM) zerlegt wird. Ein Token kann ein ganzes Wort, ein Wortteil oder auch nur ein einzelnes Zeichen sein. Die Anzahl der Tokens in einem Text bestimmt, wie viel „Kontext" ein Modell verarbeiten kann und beeinflusst oft die Kosten der Nutzung.

Transformer-Technologie – Eine spezielle Architektur für neuronale Netze, die es Sprachmodellen ermöglicht, lange Textzusammenhänge zu verstehen, indem sie die Beziehungen zwischen allen Wörtern in einem Text gleichzeitig analysiert. Sie ist die Grundlage für moderne LLMs.

Trolley-Dilemma – Ein Gedankenexperiment, das ein moralisches Dilemma beschreibt und im Buch als Beispiel für die Komplexität dient, KI-Systemen moralische Urteilsfähigkeit beizubringen.

Verkörperte Kognition (Embodied Cognition) – Ein Ansatz der Kognitionswissenschaft, der betont, dass Denken nicht nur im Gehirn stattfindet, sondern durch den Körper und die Interaktion mit der realen Welt geprägt wird. Physisches Erleben ist demnach eine unersetzliche Grundlage für die kognitive Entwicklung.

VPN (Virtual Private Network) – Ein verschlüsselter Tunnel, der eine sichere Verbindung zwischen einem Gerät und einem (Firmen-)Netzwerk (oder zwischen zwei Netzwerken) herstellt, um sensible Daten bei der Arbeit aus der Ferne zu schützen.

WEIRD Psychology – Ein Akronym für Western, Educated, Industrialized, Rich, Democratic. Beschreibt das Phänomen, dass psychologische Forschung und auch die Trainingsdaten von KI-Modellen überproportional von Menschen aus diesen westlichen Gesellschaften geprägt sind. Da diese Gruppen global gesehen eine psychologische Minderheit darstellen, führt dies zu einer Verzerrung (Bias) in den Modellen, die dann oft unbewusst westliche Werte, Denkstile und Normen widerspiegeln.

Wissensarbeit – Berufliche Tätigkeiten, deren Schwerpunkt auf dem Umgang mit Informationen, Entscheidungen und Kommunikation liegt. Diese Art der Arbeit ist in besonderem Maße von der KI-Transformation betroffen.

Workslop – Bezeichnet die wachsende Menge an scheinbar produktiver, aber tatsächlich wertloser oder qualitativ minderwertiger Arbeit, die durch unkritischen und unreflektierten KI-Einsatz entsteht.

XAI (Explainable AI/Erklärbare KI) – Ein Bereich der KI-Forschung und -Praxis, der sich mit Methoden beschäftigt, die Entscheidungen und Funktionsweisen von KI-Systemen (insbesondere komplexen „Blackbox"-Modellen) für Menschen nachvollziehbar und verständlich zu machen. Ziel ist es, Vertrauen, Transparenz und Überprüfbarkeit zu erhöhen.

Literaturverzeichnis

1. P Clark, Can we just have one day when no one mentions AI, *Financial Times,* 10 August 2025.
2. YN Harari, Yuval Noah Harari argues that AI has hacked the operating system of human civilisation, *The Economist,* 23 April 2023.
3. M McLuhan, Understanding Media – The extension of man, 1964.
4. W Bridges, Managing Transitions, 1991.
5. F Dell Acqua, S Rajendran, E McFowland III, L Krayer, E Mollick, F Candelon, H Lifshitz-Assaf, KR Lakhani & KC Kellog, Navigating the Jagged Technological Frontier: Field Experimental Evidence of the Effects of AI on Knowledge Worker Productivity and Quality, 22 September 2023. [Online]. Available: https://www.hbs.edu/ris/Publication%20Files/24-013_d9b45b68-9e74-42d6-a1dc6-c72fb70c7282.pdf [Zugriff am 27.10.2025].
6. M Call, Why AI Will Widen the Gap Between Superstars and Everybody Else, 12 Oktober 2025. [Online]. Available: https://www.wsj.com/lifestyle/workplace/ai-workplace-tensions-what-to-do-c45f6b51?msockid=35e72f3d3a9a6a31165139303b306bae [Zugriff am 26 Oktober 2025].
7. McKinsey & Company, The economic potential of generative AI – The next productivity frontier, 2023.
8. World Bank, World Development Indicators database, Gross domestic product 2024, 27 Oktober 2025. [Online]. Available: https://datacatalogfiles.worldbank.org/ddh-published/0038130/DR0046441/GDP.pdf [Zugriff am 27.10.2025].
9. J Ding, Technology and the Rise of Great Powers: How Diffusion Shapes Economic Competition, 2024.
10. M Suleyman, The Coming Wave, 2023.
11. EY Ireland, „Global Venture Capital investment in Generative AI surges to $49.2 billion in first half of 2025," 05 August 2025. [Online]. Available: https://www.ey.com/en_ie/newsroom/2025/06/generative-ai-vc-funding-49-2b-h1-2025-ey-report [Zugriff am 27 Oktober 2025].
12. EU AI Act, 13 Juni 2024. [Online]. Available: https://eur-lex.europa.eu/legal-content/EN/TXT/?uri=CELEX%3A32024R1689 [Zugriff am 27.10.2025].
13. G Kasneci, U Gasser, TF Hofmann, G Kramer, G Müller & C Peus, Europe's AI Imperative – A Pragmatic Blueprint for Global Tech Leadership, https://www.arxiv.org/abs/2502.08781 2025.
14. EU-Initiative „InvestAI" zur Mobilisierung von Investitionen in künstliche Intelligenz in Höhe von 200 Mrd. EUR, 11 Februar 2025. [Online]. Available: https://ec.europa.eu/commission/presscorner/detail/de/ip_25_467
15. B Fuest, H Zschäpitz, D Zwick, T Kaiser und K Seibel, Souveränitäts-Washing? Europas gefährliche KI-Abhängigkeit von Amerika, *Welt,* 29 September 2025.
16. China Daily, 03 April 2025. [Online]. Available: https://www.chinadaily.com.cn/a/202504/03/WS67edcb0ca3104d9fd381d5f5.html [Zugriff am 27 Okober 2025].
17. P Confino, Fortune, 04 Februar 2024. [Online]. Available: https://fortune.com/2024/02/04/sam-altman-one-person-unicorn-silicon-valley-founder-myth [Zugriff am 27.10.2025].
18. M Minevich, Forbes, 20 August 2025. [Online]. Available: https://www.forbes.com/sites/markminevich/2025/08/20/the-billion-dollar-company-of-one-is-coming-faster-than-you-think [Zugriff am 27.10.2025].
19. M Lu, Visual Capitalist, 24 Juli 2025. [Online]. Available: https://www.visualcapitalist.com/mapped-every-robotaxi-service-operating-in-2025 [Zugriff am 27.10.2025].
20. J Nosta, Paradox of Progress: The Divergent Paths of Humanity and AI, 10 Dezember 2023. [Online]. Available: https://www.psychologytoday.com/us/blog/the-digital-self/202312/paradox-of-progress-the-divergent-paths-of-humanity-and-ai [Zugriff am 27.10.2025].
21. T Urban, Wait But Why, 22 Januar 2015. [Online]. Available: https://waitbutwhy.com/2015/01/artificial-intelligence-revolution-1.html [Zugriff am 27.10.2025].
22. R Harding, Super al dente : The Will Smith eating spaghetti meme gets a high-resolution upgrade with Google's Veo 3. But why is it crunchy?, 27 Mai 2025. [Online]. Available: https://www.dailydot.com/news/will-smith-ai-spaghetti-google-veo/ [Zugriff am 27.10.2025].
23. Stanford University, Defining AI – One Hundred Year Study on Artificial Intelligence (AI100), 2016.
24. *EU AI Act, Artikel 3 Nr.1,* 2025.

25. AR Chow, Time, 08 Februar 2023. [Online]. Available: https://time.com/6253615/chatgpt-fastest-growing [Zugriff am 27.10.2025].
26. M Bohannon, Forbes, 08 Juni 2023. [Online]. Available: https://www.forbes.com/sites/mollybohannon/2023/06/08/lawyer-used-chatgpt-in-court-and-cited-fake-cases-a-judge-is-considering-sanctions
27. OpenAI, „In ChatGPT einkaufen: Instant Checkout und das Agentic Commerce Protocol," 29 September 2025. [Online]. Available: https://openai.com/de-DE/index/buy-it-in-chatgpt/ [Zugriff am 27.10.2025].
28. M Chui, E Hazan, R Roberts, A Singla, K Smaje, A Sukharevsky, L Yee & R Zemmel, The economic potential of generative AI – The next productivity frontier, McKinsey&Company, 2023.
29. PF Drucker, Management Challenges for the 21st Century, Wright, 1999.
30. TM Davenport, Thinking for a Living: How to Get Better Performances And Results from Knowledge Workers, Harvard Business Review Press, 2005.
31. PF Drucker, The Essential Drucker: The Best of Sixty Years of Peter Drucker's Essential Writings on Management, HarperCollins, 2001.
32. N Maslej, L Fattorini, R Perrault, Y Gil, V Parli, N Kariuki, E Capstick, A Reuel, E Brynjolfsson, J Etchemendy, K Ligett, T Lyons, J Manyika, JC Niebles, Y Shoham, R Wald, T Walsh, A Hamrah, L Santarlasci, JB Lotufo, A Rome, A Shi & S Oak, The AI Index 2025 Annual Report, AI Index Steering Committee, Institute for Human-Centered AI, Stanford University, Stanford, CA, April 2025 Online: https://hai.stanford.edu/assets/files/hai_ai_index_report_2025.pdf [Zugriff am 3. November 2025]
33. ISO [Online]. Available: https://www.iso.org/artificial-intelligence/what-is-ai [Zugriff am 27. Oktober 2025].
34. L Steinacker & M Meckel, Alles überall auf einmal, Rowohlt, 2025, S. 319.
35. B Tarnoff, Weizenbaum's nightmares: how the inventor of the first chatbot turned against AI, *The Guardian*, 25 Juli 2019.
36. D Chen, K Chauhan, R Parsa, ZA Liu, F-F Liu, E Mak, L Eng, BL Hannon, J Croke, A Hope, N Fallah-Rad, P Wong & S Raman, Patient perceptions of empathy in physician and artificial intelligence chatbot responses to patient questions about cancer, npj Digital Medicine, 2025.
37. K Darling, Wired, 08 Januar 2024. [Online]. Available: https://www.wired.com/story/its-no-wonder-people-are-getting-emotionally-attached-to-chatbots/ [Zugriff am 27.10.2025].
38. OpenAI, Expanding on what we missed with sycophancy, 02 Mai 2025. [Online]. Available: https://openai.com/index/expanding-on-sycophancy/ [Zugriff am 27.10.2025].
39. B Christian, The Alignment Problem, W. W. Norton & Company, 2021.
40. M Atari, MJ Xue, PS Park, DE Blasi & J Henrich, Which Humans?, 09. September 2023. [Online]. Available: https://scholar.harvard.edu/sites/scholar.harvard.edu/files/henrich/files/which_humans_09222023.pdf [Zugriff am 27.10.2025].
41. A Altchek, Business Insider, 03 Juni 2025. [Online]. Available: https://www.businessinsider.com/ai-deceptive-behavior-risks-safety-cards-shut-down-instructions-2025-5? [Zugriff am 27.10.2025].
42. World Health Organization, From loneliness to social connection – charting a path to healthier societies: report of the WHO Commission on Social Connection, 30 Juni 2025. [Online]. Available: https://www.who.int/publications/i/item/978240112360 [Zugriff am 25.10.2025].
43. A Waytz, The Power of Human: How Our Shared Humanity Can Help Us Create a Better World, W. W. Norton & Company, 2019.
44. W Henshall, Time | When Might AI Outsmart Us? It Depends Who You Ask, 19 Januar 2024. [Online]. Available: https://time.com/6556168/when-ai-outsmart-humans/ [Zugriff am 27.10.2025].
45. M Webb, The Impact of Artificial Intelligence on the Labor Market, 15 November 2019. [Online]. Available: https://papers.ssrn.com/sol3/papers.cfm?abstract_id=3482150 [Zugriff am 27.10.2025].
46. EW Felten, M Raj & R Seamans, Occupational Heterogeneity in Exposure to Generative AI, 19 April 2023. [Online]. Available: https://papers.ssrn.com/sol3/papers.cfm?abstract_id=4414065 [Zugriff am 27.10.2025].
47. K Tomlinson, S Jaffee, W Wang, S Counts & S Suri, Working with AI: Measuring the Applicability of Generative AI to Occupations, Juli 2025. [Online]. Available: https://www.microsoft.com/en-u

s/research/publication/working-with-ai-measuring-the-occupational-implications-of-generative-ai [Zugriff am 27.10.2025].
48. S Altman, The Gentle Singularity, 10 Juni 2025. [Online]. Available: https://blog.samaltman.com/the-gentle-singularity [Zugriff am 27.10.2025].
49. GO SMART 2012 – Studie zur Smartphonenutzung 2012, 2012. [Online]. Available: https://de.slideshare.net/slideshow/go-smart-2012-studie-zur-smartphonenutzung-2012/5701678#1 [Zugriff am 27.10.2025].
50. YT Uhls, M Michikyan, J Morris, D Garcia, GW Small, E Zgourou & PM Greenfield, Five days at outdoor education camp without screens improves preteen skills with nonverbal emotion cues, *Computers in Human Behavior*, https://www.sciencedirect.com/science/article/pii/S0747563214003227 pp. 387–392, 2014.
51. A Webb, Childhood Screen Time and Child Development, *Family Perspectives: Vol 5,* https://scholarsarchive.byu.edu/cgi/viewcontent.cgi?article=1111&context=familyperspectives 2023.
52. CT Tanil & MH Yong, Mobile phones: The effect of its presence on learning and memory, *PLoS One,* https://pmc.ncbi.nlm.nih.gov/articles/PMC7425970/?utm_source=chatgpt.com#pone.0219233.ref011 2020.
53. RMS Santos, CG Mendes, DM Miranda & MA Romano-Silva, The Association between Screen Time and Attention in Children: A Systematic Review, *Dev Neuropsychol,* https://pubmed.ncbi.nlm.nih.gov/35430923/ 2022.
54. H Cheraghian, K Moradian & T Nouri, Structural model of resilience based on parental support: the mediating role of hope and active coping, 17 April 2023. [Online]. Available: https://bmcpsychiatry.biomedcentral.com/articles/10.1186/s12888-023-04678-z [Zugriff am 27.10.2025].
55. Av Steinkeller, Children are more social when playing analog games together than digital games, 2022.
56. D Vaughan, NASA, [Online]. Available: https://www.nasa.gov/people/dorothy-vaughan/ [Zugriff am 27.10.2025].
57. McKinsey Global Institute, A new future of work: The race to deploy AI and raise skills in Europe and beyond, https://www.mckinsey.com/mgi/our-research/a-new-future-of-work-the-race-to-deploy-ai-and-raise-skills-in-europe-and-beyond 2024.
58. ifo Institut, Ein Viertel der Unternehmen rechnet mit Stellenabbau durch Künstliche Intelligenz, https://www.ifo.de/fakten/2025-06-05/ein-viertel-der-unternehmen-rechnet-mit-stellenabbau-durch-kuenstliche 2025.
59. D Alich & C Wesp, EY European AI Barometer 2025, 2025.
60. F Stephany & O Teutloff, What is the Price of a Skill? The Value of Complementarity, 04 Oktober 2022. [Online]. Available: https://arxiv.org/abs/2210.01535 [Zugriff am 27.10.2025].
61. M Gibbs & S Bazylik, How is new technology changing job design?, 2022. [Online]. Available: https://wol.iza.org/articles/how-is-new-technology-changing-job-design/long [Zugriff am 27.10.2025].
62. T McMillan, The Debrief, 15 Juli 2025. [Online]. Available: https://thedebrief.org/think-your-student-can-pass-an-ai-literacy-test-a-concerning-new-study-says-otherwise/ [Zugriff am 27.10.2025].
63. World Economic Forum, Future of Jobs Report 2025, 07 Januar 2025. [Online]. Available: https://www.weforum.org/publications/the-future-of-jobs-report-2025/in-full/ [Zugriff am 27.10.2025].
64. M Dondi, J Klier, F Panier & J Schubert, Defining the skills citizens will need in the future world of work, 25 Juni 2021. [Online]. Available: https://www.mckinsey.com/industries/public-sector/our-insights/defining-the-skills-citizens-will-need-in-the-future-world-of-work [Zugriff am 27.10.2025].
65. GDPR, REGULATION (EU) 2016/679 OF THE EUROPEAN PARLIAMENT AND OF THE COUNCIL, 27 April 2016. [Online]. Available: https://eur-lex.europa.eu/eli/reg/2016/679/oj/eng [Zugriff am 27.10.2025].
66. Clarifying Lawful Overseas Use of Data Ac – Cloud Act, 21 03 2018. [Online]. Available: https://www.justice.gov/d9/pages/attachments/2019/04/09/cloud_act.pdf
67. Gaia-X. [Online]. Available: https://gaia-x.eu/ [Zugriff am 27.10.2025].

68. CBS News, 26 August 2024. [Online]. Available: https://www.cbsnews.com/news/uber-netherlands-fine-dutch-data-protection-agency-gdpr-driver-personal-details/ [Zugriff am 27.10.2025].
69. H Schmidt, House of Cards: Der programmierte Hit, 01 Januar 2014. [Online]. Available: https://www.netzoekonom.de/2014/01/01/der-programmierte-hit/ [Zugriff am 27.10.2025].
70. N Parikh, Understanding Bias In AI-Enabled Hiring, 21 April 2022. [Online]. Available: https://www.forbes.com/councils/forbeshumanresourcescouncil/2021/10/14/understanding-bias-in-ai-enabled-hiring/ [Zugriff am 27.10.2025].
71. A Vaswani, N Shazeer, N Parmar, J Uszkoreit, L Jones, AN Gomez, L Kaiser & I Polosukhin, Attention Is All You Need, 12 Juni 2017. [Online]. Available: https://arxiv.org/abs/1706.03762 [Zugriff am 27.10.2025].
72. Google Learn Your Way, [Online]. Available: https://learnyourway.withgoogle.com/ [Zugriff am 27.10.2025].
73. P Lewis, E Perez, A Piktus, F Petroni, V Karpukhin, N Goyal, H Küttler, M Lewis, WT Yih, T Rocktäschel, S Riedel & D Kiela, Retrieval-Augmented Generation for Knowledge-Intensive NLP Tasks, 22 Mai 2020. [Online]. Available: https://arxiv.org/abs/2005.11401 [Zugriff am 27.10.2025].
74. D Bergmann, IBM [Online]. Available: https://www.ibm.com/think/topics/mixture-of-experts [Zugriff am 27.10.2025].
75. KPMG, Generative KI in der deutschen Wirtschaft 2025, 2025.
76. J Fridman. [Online]. Available: https://www.jamesfridman.com/edits [Zugriff am 27.10.2025].
77. Fraunhofer IAIS, Vertrauenswürdige KI-Anwendungen mit Foundation-Modellen entwickeln, 2024.
78. Y Wu, V Schlegel & R Batista-Navarro, Natural Context Drift Undermines the Natural Language Understanding of Large Language Models, 1 September 2025. [Online]. Available: https://arxiv.org/abs/2509.01093 [Zugriff am 27.10.2025].
79. T Olavsrud, 11 famous AI disasters, 07 August 2025. [Online]. Available: https://www.cio.com/article/190888/5-famous-analytics-and-ai-disasters.html
80. K Nordenbrock, t3n – digital pioneers, 08 April 2023. [Online]. Available: https://t3n.de/news/samsung-semiconductor-daten-chatgpt-datenleck-1545913/ [Zugriff am 27.10.2025].
81. K Niederhoffer, GR Kellerman, A Lee, A Liebscher, K Rapuano & JT Hancock, AI-Generated „Workslop" Is Destroying Productivity, 22 September 2025. [Online]. Available: https://hbr.org/2025/09/ai-generated-workslop-is-destroying-productivity [Zugriff am 27.10.2025].
82. A Zewe, MIT News, 17 Januar 2025. [Online]. Available: https://news.mit.edu/2025/explained-generative-ai-environmental-impact-0117
83. RD Caballar & C Stryker, IBM, [Online]. Available: https://www.ibm.com/think/topics/ai-agent-development#1083937704 [Zugriff am 27.10.2025].
84. R Cowan, PA David & D Foray, The explicit economics of knowledge codification and tacitness, *Industrial and Corporate Change*, pp. 211–253, 2000.
85. T. Forte, Building a Second Brain: A Proven Method to Organize Your Digital Life and Unlock Your Creative Potential, 2022.
86. JR Fernández-Díaz, M Gutiérrez-Ortega & F Llamas-Salguero, Creativity and Resilience as Predictors of Career Success, *sustainability*, 2021.
87. Y Fu, H Bin, T Zhou, M Wang, Y Chen, Z Gomes Da Costa Lai, JO Wobbrock & A Hiniker, Creativity in the Age of AI: Evaluating the Impact of Generative AI on Design Outputs and Designers' Creative Thinking, 31 Oktober 2024. [Online]. Available: https://arxiv.org/abs/2411.00168 [Zugriff am 25.10.2025].
88. GL Stewart, SH Courtright & CC Manz, (2010). Self-Leadership: A Multilevel Review. Journal of Management, 37(1), 185–222. https://doi.org/10.1177/0149206310383911 (Original work published 2011)
89. R Charan, chiefexecutive.net, 01 November 2019. [Online]. Available: https://chiefexecutive.net/how-amazon-does-it-decision-making-inside-the-worlds-most-daring-digital-company/ [Zugriff am 25.10.2025].
90. CH van Iddekinge, JD Arnold, H Aguinis, JWB Lang & F Lievens, Work Effort: A Conceptual and Meta-Analytic Review, *Journal of Management*, p. 125–157, 2023.
91. ST Iqbal & E Horvitz, Disruption and Recovery of Computing Tasks: Field Study, Analysis, and Directions, 2007.

92. I Urquijo, N Extremera & G Azanza, The Contribution of Emotional Intelligence to Career Success: Beyond Personality Traits, *International Journal of Environmental Research and Public Health*, 2019.
93. Blog Greatest.Idea.Ever, [Online]. Available: https://greatestideaever.wordpress.com/2020/09/18/1938-space-week-magnetic-field-gps/ [Zugriff am 27.10.2025].
94. L Bainbridge, Ironies of automation, *Automatica*, Nr. 19, pp. 775–779, 1983.
95. H-P (Hank) Lee, A Sarkar, L Tankelevitch, I Drosos, S Rintel, R Banks & N Wilson, ACN, 25 April 2025. [Online]. Available: https://dl.acm.org/doi/full/10.1145/3706598.3713778 [Zugriff am 27.10.2025].
96. BR Anderson, JH Shah & M Kreminski, Homogenization Effects of Large Language Models, 02 Februar 2024. [Online]. Available: https://arxiv.org/abs/2402.01536 [Zugriff am 27.10.2025].
97. N Kosmyna, E Hauptmann, YT Yuan, J Situ, X-H Liao, AV Beresnitzky, I Braunstein & P Maes, Your Brain on ChatGPT: Accumulation of Cognitive Debt when Using an AI Assistant for Essay Writing Task, 10 Juni 2025. [Online]. Available: https://arxiv.org/abs/2506.08872 [Zugriff am 27.10.2025].
98. K Budzyń, M Romańczyk, D Kitala, P Kołodziej, M Bugajski, HO Adami, J Blom, M Buszkiewicz, N Halvorsen, C Hassan, T Romańczyk, Ø Holme, K Jarus, S Fielding & M Kunar, Endoscopist deskilling risk after exposure to artificial intelligence in colonoscopy: a multicentre, observational study, *The Lancet*, 2025.
99. A Koriat & R Bjork, Illusions of Competence in Monitoring One's Knowledge During Study, *Journal of Experimental Psychology: Learning, Memory, and Cognition*, pp. 187–194, 2005.
100. H Alterman, Linked.in Post, https://www.linkedin.com/posts/harrisalterman_when-you-use-chatgpt-for-everything-activity-7381508583047479296-71l9/
101. HB School, The Cybernetic Teammate: A Field Experiment on Generative AI Reshaping Teamwork and Expertise, HBS, Working Paper, No. 25–043, March 2025.
102. C Duhigg, What Google Learned From Its Quest to Build the Perfect Team, 28 Februar 2016. [Online]. Available: https://www.nytimes.com/2016/02/28/magazine/what-google-learned-from-its-quest-to-build-the-perfect-team.html [Zugriff am 27.10.2025].
103. AC Edmonson, The Fearless Organization: Creating Psychological Safety in the Workplace for Learning, Innovation, and Growth, 2018.
104. AW Woolley, CF Chabris, A Pentland, N Hashmi & TW Malone, Evidence for a Collective Intelligence Factor in the Performance of Human Groups, *Science*, pp. 686–688, 2010.
105. Bitkom Pressemitteilung Schatten KI, 21 Oktober 2025. [Online]. Available: https://www.bitkom.org/Presse/Presseinformation/Beschaeftigte-nutzen-Schatten-KI [Zugriff am 25.10.2025].
106. C Hale, Deloitte forced to refund Aussie government after admitting it used AI to produce error-strewn report, 07 Oktober 2025. [Online]. Available: https://www.techradar.com/pro/deloitte-forced-to-refund-aussie-government-after-admitting-it-used-ai-to-produce-error-strewn-report [Zugriff am 27.10.2025].
107. OpenAI, *Sam Altman on AGI, GPT-5, and what's next – the OpenAI Podcast Ep. 1,* https://www.youtube.com/watch?v=DB9mjd-65gw 2025.
108. C Weller, Why did Bill Gates and Steve Jobs guard their kids from tech?, https://www.weforum.org/stories/2017/10/why-gates-and-jobs-shielded-their-kids-from-tech/ 2017.
109. YM-Y Weiß & A Boße, Digital-Work-Expertin Prof. Dr. Yasmin Mei-Yee Weiß im Interview, https://www.karrierefuehrer.de/digital/digital-work-expertin-prof-dr-yasmin-mei-yee-weiss-im-interview.html
110. M Yogman, A Garner, J Hutchinson, K Hirsh-Pasek & RM Golinkoff, The Power of Play: A Pediatric Role in Enhancing Development in Young Children, *Pediatrics,* https://publications.aap.org/pediatrics/article/142/3/e20182058/38649/The-Power-of-Play-A-Pediatric-Role-in-Enhancing?autologincheck=redirected 2018.
111. RE Beaty, M Benedek, RW Wilkins, E Jauk, A Fink, PJ Silvia, DA Hodges, K Koschutnig & AC Neubauer, Creativity and the default network: A functional connectivity analysis of the creative brain at rest, *Neuropsychologia,* https://pmc.ncbi.nlm.nih.gov/articles/PMC4410786/ pp. 92–98, 2014.
112. S Mann & R Cadman, Does Being Bored Make Us More Creative?, https://clok.uclan.ac.uk/id/eprint/22263/1/22263%20Does%2520being%2520bored%2520make%2520us%2520more%2520creativeV2.pdf 2014.

113. R Kaplan & S Kaplan, The experience of nature : a psychological perspective, Cambridge University Press, 1989.
114. H Ohly, MP White, BW Wheeler, A Bethel, OC Ukoumunne, V Nikolaou & RG Garside, Attention Restoration Theory: A systematic review of the attention restoration potential of exposure to natural environments, https://doi.org/10.1080/10937404.2016.1196155 2016.
115. M Spitzer, Digitale Demenz: Wie wir uns und unsere Kinder um den Verstand bringen, 2014.
116. T Harris, How to Unhijack Your Mind from Your Phone, https://medium.com/thrive-global/distracted-in-2016-reboot-your-phone-with-mindfulness-9f4c8ad46538 2016.
117. S Turkle, Alone Together: Why We Expect More from Technology and Less from Each Other, 2017.
118. YN Harari, *AI And The Future Of Humanity*, https://singjupost.com/transcript-ai-and-the-future-of-humanity-yuval-noah-harari/ 2023.
119. ISTAG – Scenarios for ambient intelligence in 2010, Publications Office, 2001.
120. Y Weiß, Weltbeste Bildung, 2022.
121. WSF Goncalves, R Byrne, MT Viana & SG Trost, Parental influences on screen time and weight status among preschool children from Brazil: a cross-sectional study, *International Journal of Behavioral Nutrition and Physical Activity*, 2019.
122. A Morawska, AE Mitchell & LR Tooth, Managing Screen Use in the Under-Fives: Recommendations for Parenting Intervention Development, *Clin Child Fam Psychol Rev*, 2023.
123. B Sternfels & Y Atsmon, The learning organization: How to accelerate AI adoption, https://www.mckinsey.com/capabilities/strategy-and-corporate-finance/our-insights/the-learning-organization-how-to-accelerate-ai-adoption 2025.
124. CP Society, Screen time and young children: Promoting health and development in a digital world, *Paediatr Child Health*, pp. 461–477, 2017.
125. J Šefer, Symbolic Play and Analogy: A Way to Foster Children's Creativity, https://cdn.aaai.org/ocs/5796/5796-24500-1-PB.pdf 2013.
126. C Parson, IE Foundation, 16 September 2024. [Online]. Available: https://www.ie.foundation/en/blog/ki-wettlauf-dann-hat-europa-eine-chance-wieder-oben-mitzuspielen
127. A Meinke, B Schoen, J Scheurer, M Balesni, R Shah & M Hobbhahn, Frontier Models are Capable of In-context Scheming, 2024.
128. A McAfee, Generally Faster – The Economic Impact of Generative AI, 2024.
129. G Mark, Attention Span: A Groundbreaking Way to Restore Balance, Happiness and Productivity, 2023.
130. OECD Artificial Intelligence Papers, Is Generative AI a General-Purpose-Technology?, 2025.
131. T Harris, How Technology is Hijacking Your Mind — from a Magician and Google Design Ethicist, https://medium.com/thrive-global/how-technology-hijacks-peoples-minds-from-a-magician-and-google-s-design-ethicist-56d62ef5edf3 2016.
132. CH Van Iddekinge, JD Arnold, H Aguinis, JWB Lang & F Lievens, (2022). Work Effort: A Conceptual and Meta-Analytic Review. Journal of Management, 49(1), 125–157. https://doi.org/10.1177/01492063221087641 (Original work published 2023)
133. M Atari, MJ Xue, PS Park, DE Blasi & J Henrich, „Which Humans?", Department of Human Evolutionary Biology, Harvard University, 2023.
134. F Calvino, D Haerle & S Liu (2025), Is generative AI a General Purpose Technology? Implications for productivity and policy, *OECD Artificial Intelligence Papers*, No. 40, OECD Publishing, Paris, https://doi.org/10.1787/704e2d12-en
135. The Telegraph, 12.10.2025, Matt Oliver: Western Executives who visit China are coming back terrified
136. https://arxiv.org/pdf/2501.17894v1
137. K Gray (2012), The Power of Good Intentions: Perceived Benevolence Soothes Pain, Increases Pleasure, and Improves Taste, *SPPS – Social Psychological and Personality Science* pp. 639–645
138. UN Sio & H Lortie-Forgues (2024), The impact of creativity training on creative performance: A meta-analytic review and critical evaluation of five decades of creativity training studies. Psychological Bulletin, 150(5), 554–585. https://doi.org/10.1037/bul0000432

Danksagung

Ein Buch wie dieses entsteht nicht im stillen Kämmerlein. Es atmet die Luft unserer täglichen Praxis: die unzähligen Gespräche, die Diskussionen und gemeinsamen Projekte. Die Seiten dieses Buches sind gefüllt mit den Lektionen, die wir nur durch diese Interaktionen lernen durften.

Auch wenn das Manuskript selbst Momente der Distanz und Reflexion erforderte, ist es in Wahrheit ein Gemeinschaftswerk. Es ist Zeit, denjenigen zu danken, die diese Praxis und diese Reflexion erst ermöglichen:

- ⋆ Unseren großartigen Kolleginnen und Kollegen bei WTS: Danke für den unermüdlichen Support, das Mitdenken, das kritische Hinterfragen und die tägliche Inspiration. Ihr schafft das intellektuelle Umfeld, in dem solche Ideen erst reifen können.
- ⋆ Den ersten Reviewern dieses Manuskripts: Euer ehrliches, ungeschöntes und oft begeistertes Feedback war Gold wert. Ihr habt uns geholfen, blinde Flecken zu erkennen und diesem Buch den entscheidenden Schliff zu geben.
- ⋆ Unseren Mandanten und Kunden: Danke für Ihr Vertrauen und die realen Herausforderungen, die uns täglich antreiben. Sie sind der Praxistest für jede These in diesem Buch.
- ⋆ Früheren Kollegen und langjährigen Wegbegleitern: Ihr habt unseren Weg geprägt, uns inspiriert und oft erst auf die Ideen gebracht, die heute in diesem Buch stehen.
- ⋆ Ein besonderer Dank gilt auch dem Team von Lehmanns Media – insbesondere Christoph Bertling, Volker Thurner und Jasmin Plawicki. Danke, dass ihr dieses Buch möglich gemacht habt und uns mit so viel Vertrauen, Sorgfalt und echter Hingabe begleitet habt. Eure Unterstützung hat diesem Projekt nicht nur Struktur gegeben, sondern Herz.

Das Manuskript ist nun fertig – und gleichzeitig erst der Anfang. Wir hoffen, dieses Buch gibt Euch – und Ihnen – Inspiration und viele Impulse, um die Zukunft gemeinsam weiterzugestalten.

Jenny

Manchmal ist das größte Geschenk einfach Zeit. Mein tiefster Dank gilt deshalb meinem Mann, der mir die Zeit geschenkt hat, die es brauchte, um dieses Buch zu schreiben. Danke, für deine unermüdliche Unterstützung, die motivierenden Worte am späten Abend – und dass du selbst im Endspurt die Stimmung zu Hause immer hochgehalten hast. Ohne dich wäre dieses Buch nicht möglich gewesen.

Ein riesiger Dank auch an meine Kinder für euer Verständnis und eure bemerkenswerte Fähigkeit, mich selbst an anstrengenden Tagen immer wieder zum Lachen zu bringen.

An meine Familie & Freunde: Danke für den stetigen Rückenwind, eure lieben Worte und vor allem eure Geduld mit mir, besonders in den letzten intensiven Wochen. Auch wenn es zwischenzeitlich den Eindruck erweckt haben mag: Ich hatte mein Handy nicht verlegt und meine Reaktionszeit wird sich jetzt wieder erheblich verkürzen.

Ein großer Dank auch dir Michel – vor allem dafür, dass es bei der täglichen „Arbeit nach der Arbeit" selbst kurz vor Abgabe nie an guter Stimmung gemangelt hat (Chuck Norris formatiert alle Quellen einheitlich). Ein Riesendank natürlich auch deiner Familie, vor allem deiner Frau, für ihr unermüdliches Mit-Denken.

Ein ganz besonderer Dank gilt meinen Eltern. Gerade beim Schreiben zur analogen Prägung und dem, was wir der nächsten Generation mitgeben wollen, wurde mir einmal mehr bewusst, welches Geschenk viele Teile meiner Kindheit waren. Danke für eure unermüdliche Unterstützung, eure Neugier, für das was ich tue – auch wenn es gefühlt von Jahr zu Jahr komplexer wird – und natürlich auch dafür, dass ihr den ganzen Text mit so viel Sorgfalt gelesen und mit euren Hinweisen bereichert habt (nicht jeder hat Eltern, die wissen wie man Snoop Dogg korrekt schreibt ;)).

Michel

Ein Buch schreibt man angeblich nie allein. Nach dieser Erfahrung kann ich sagen: Das stimmt – und die Liste derer, die es mit mir ausgehalten haben, ist länger als erwartet. Mein größter Dank gilt meiner Frau und meiner Tochter. Eure Fähigkeit, meine Abwesenheit (selbst wenn ich physisch anwesend war) und mein monothematisches „Wie findest du diesen einen Satz?"-Gebrabbel mit einer Engelsgeduld zu ertragen, ist bewundernswert. Danke, dass ihr mir den Rücken freigehalten habt, auch wenn ich gedanklich oft auf Seiten im Buch feststeckte. Ohne euch wäre dieses Buch nicht nur unfertig, sondern ich wäre es auch.

Ein riesiges Dankeschön an Jenny und ihren Mann. Es ist ein unschätzbares Geschenk, diesen Weg nicht allein zu gehen. Danke für die geteilten Zweifel, die gemeinsamen Lacher und das Wissen, dass irgendwo jemand parallel genauso viel Kaffee oder Tee konsumiert wie ich.

Meinen Eltern danke ich von Herzen dafür, dass sie mir die Möglichkeit gegeben haben, einen „Wissensberuf" zu ergreifen. Ohne diese Grundlage gäbe es diese Zeilen nicht – und ich müsste vermutlich etwas Anständiges mit meinen Händen arbeiten (wahrscheinlich irgendwas mit Steinen).

Danke an meine Schwester und ihre Familie für den unerschütterlichen Support und das stetige Anfeuern von der Seitenlinie.

Und zu guter Letzt, wie es der große Philosoph Snoop Dogg einst formulierte: *I wanna thank me.*

Das Autoren-Team

Dr. Jenny Köppe ist Direktorin für Innovation & AI der WTS Group und versteht es, komplexe Technologie in echten Nutzen zu übersetzen. Als promovierte Wirtschaftswissenschaftlerin und Certified Practitioner Data Science (SHB) verbindet sie strategischen Überblick mit technologischem Verständnis. Innovation ist für sie kein Buzzword, sondern Handwerk: Bereits während ihrer sieben Jahre bei KPMG entwickelte und verantwortete sie Tech-Lösungen für den Einsatz in der Praxis. Heute gestaltet sie die KI-Transformation bei der WTS Group. Als Mutter zweier Kinder ist ihr eine klare Haltung beim Umgang mit Technologie ein persönliches Anliegen.

Michel Braun ist Steuerberater, Chief AI Officer (CAIO) der WTS Group und Co-Founder eines KI-Start-ups – eine Expertise, für die ihn das Magazin Capital als einen der führenden „AI Leader" Deutschlands listete.

Seine Kompetenz fußt auf tiefer Erfahrung: Zuvor war er 15 Jahre bei der KPMG tätig, wo er internationale Großprojekte leitete und früh die strategische Verbindung von Prozessen, Daten und KI vorantrieb. Als Mitinhaber eines US-Patents für Künstliche Intelligenz beweist er technologischen Weitblick. Besonders wichtig ist ihm als Familienvater, den Wandel so zu gestalten, dass er dem Menschen dient.

Gemeinsame Mission Beide Autoren stehen für eine Generation, die analog aufgewachsen und digital erwachsen geworden ist. In der WTS Group verantworten sie die KI-Transformation und bringen KI im hochregulierten Steuerumfeld täglich in die Praxis. Diese Erfahrung geben sie weiter: Sie begleiten Mandanten durch ihre eigene Transformation – von ersten Pilotideen bis zur Umsetzung im Arbeitsalltag. Als Dozenten, Speaker und Autoren zahlreicher Fachbeiträge vermitteln sie eine entscheidende Erkenntnis: Am Ende geht es nie nur um Tools. Es geht um Menschen, Fähigkeiten, Haltung und Mut. Genau hier setzt ihre gemeinsame Mission an: Sie zeigen, wie KI zum Katalysator für persönliches Wachstum und starke Teams werden kann – und wie wir Technologie so nutzen, dass wir kompetenter, kreativer und gelassener in der neuen Arbeitswelt agieren können.